# 政府营销与
# 形象传播

Government Marketing and
Image Communicating

朱华锋　朱芳菲／著

中国科学技术大学出版社

## 内容简介

本书实现了公共管理和企业管理的充分融合,运用企业管理的市场营销理论体系,创建出具有公共管理特色的政府营销独立而丰富的内容体系,将政府营销区分为政府国际营销和政府国内营销两大领域,国家营销、地方政府营销和部门政府营销三个层级,论述了政府营销的实践活动以及理论背景,搭建出政府营销的理论架构,提炼出政府营销观念,对政府营销战略以及产品、价格、通路和沟通四大政府营销策略进行了推演,对政府形象传播的传达机理、类型和任务进行了分析,介绍了管控政府营销过程及其绩效的方法。

### 图书在版编目(CIP)数据

政府营销与形象传播/朱华锋,朱芳菲著. —合肥:中国科学技术大学出版社,2017.8(2021.8重印)

ISBN 978-7-312-04259-1

Ⅰ.政… Ⅱ.①朱… ②朱… Ⅲ.①国家行政机关—市场营销学—研究②国家行政机关—形象—传播学—研究 Ⅳ.D035

中国版本图书馆 CIP 数据核字(2017)第 162969 号

| | |
|---|---|
| 出版 | 中国科学技术大学出版社<br>安徽省合肥市金寨路96号,230026<br>http://press.ustc.edu.cn<br>https://zgkxjsdxcbs.tmall.com |
| 印刷 | 合肥华苑印刷包装有限公司 |
| 发行 | 中国科学技术大学出版社 |
| 经销 | 全国新华书店 |
| 开本 | 710 mm×1000 mm 1/16 |
| 印张 | 19.75 |
| 字数 | 344 千 |
| 版次 | 2017 年 8 月第 1 版 |
| 印次 | 2021 年 8 月第 2 次印刷 |
| 定价 | 48.00 元 |

# 序　言

　　三十多年前,在我的建议下,将"市场营销"概念正式写入了我国"九五"计划和2010远景目标纲要,成为中国政府促进经济建设和国企改革发展的新概念、新思维。在各级党和政府的重视、支持下,在全国营销教师和企业界人士的齐心协力下,市场营销理论在中国企业的应用不断普及和深化,不断突破创新和发展,已经具备了鲜明的中国特色、中国模式、中国体系。多年来,市场营销理论为中国企业的市场开拓和品牌创建,为中国经济的长期持续快速发展和"中国制造"大国形象的建立,提供了强有力的支撑,做出了极其重要的贡献。

　　现在,中国人民又欣喜地看到,在以习近平总书记为核心的党中央的坚强领导下,中国政府运用充满中国特色的营销智慧,在国家治理上,发挥市场在资源配置中的决定性作用,实施供给侧结构性改革;在转变政府职能,提升政府效率,提高人民群众幸福感和获得感等方面取得了实际成效;在国际舞台上,精彩路演中国,营销中国形象,塑造东方大国品牌,并取得了丰硕的成果,赢得了世界各国人民的广泛好评与拥护。尤其值得自豪和骄傲的是,北京奥运会和上海世博会向世界人民展示了改革开放以来中国取得的新成就,APEC峰会和G20杭州峰会为国际社会繁荣和发展提供了新思维,"一带一路"战略形成了世界经济复苏和增长的新动力,得到了国际社会的广泛支持、高度赞誉与密切合作。

　　在中国政府以营销智慧率领中国人民建设小康社会实现中国梦、推进人类社会命运共同体建设的宏观背景下,国内营销学者在推动市场营销在公共管理和政府治理方面的应用,也深入开展了创新研究,并取得了一些优秀的创新研究成果。朱华锋教授领衔创作的《政府营销与形象传播》就是这方面的重要成果之一。这部书具有明显的创新特色和科学价值,是难得的颇具代表意义的优秀著作。

和市场营销一样,政府营销也起源于西方国家。在我国,随着经济体制改革、行政管理体制改革以及经济增长方式转变,政府营销理论研究与实践应用的意义越来越凸显。可以说,政府营销是转变政府职能与政府管理手段的需要,对于塑造政府形象、促进经济增长、建设和谐社会,具有明确的现实操作意义。在世界经济一体化的发展趋势中,各国经济发展和社会福祉的提升都与全球化密切相关,但少数发达国家却试图阻止全球化的发展进程,实施逆全球化。为此,中国等发展中国家必须采取非军事化的营销战略,推动人类命运共同体的构建。虽然政府营销在我国的研究已经开始起步,但还是一个新的研究课题;虽然已经有不少研究政府营销的论文发表,但国内学者系统全面研究政府营销的著作还很鲜见。关于政府营销方面的著作,主要是美国营销权威菲利普·科特勒领衔创作、对外经贸大学王永贵教授和俞利军教授领衔翻译的《菲利普·科特勒谈政府部门如何做营销》《国家营销》《地方营销》和《社会营销》等几部作品的译著。《政府营销与形象传播》是中国大陆学者系统全面论述政府营销的一本有分量的著作。对于这本专著的出版,我感到非常高兴,并乐意接受朱华锋教授的邀请,欣然为《政府营销与形象传播》作序,并向大家介绍和推荐这部著作。

从现有研究来看,政府营销的理论研究视角主要有公共经济学、公共管理学和市场营销学三个方向。公共经济学主要是从20世纪发达国家由于市场过度自由发展导致市场失灵到引入和加强政府干预、从政府过度干预经济形成政府失灵、再到政府回归公共产品服务职能的线索来研究政府营销行为的;而公共管理学是从政府效率、社会公平和政府绩效等视角来研究政府市场化再造等政府行为的;市场营销学则是从市场营销原理在政府治理中的应用来研究政府营销行为的。三种研究视角各有独特的研究方向,各自取得了一些研究成果。但是,政府营销行为毕竟是一种综合行为,而不是单一的经济行为、单一的市场行为或单一的管制行为。因此,对于政府营销的研究就需要有更加宽阔的视野、更加包容的视域和更加多元的视角。

《政府营销与形象传播》的作者团队来自安徽行政学院和安徽经济管理学院,既在行政学院公务员培训中教授政府营销课程,又在经济管理学院市场营销专业讲授政府营销课程，公共管理和企业管理两个学科专业的充分融合，形成了《政府营销与形象传播》研究与创作最主要的视角主线。

基于融合的研究视角，《政府营销与形象传播》的创新与特色主要表现在以下3个方面：

（1）理论体系较为完整

与已经出版的城市营销、公共产品与公共服务营销等特定的专项政府营销著作类研究成果相比，《政府营销与形象传播》为政府营销理论构建了更为完整的体系。作者将政府营销区分为政府国际营销和政府国内营销两大领域，中央政府营销（国家营销）、地方政府营销（区域营销，包括城市营销）和部门政府营销（与社会营销密切关联）三个层级。全书分为政府营销绪论——实践活动以及理论背景；政府营销导论——搭建政府营销理论架构；政府营销观念——端正治国理政指导思想；政府营销战略——优选政府营销目标方向；政府营销产品——创建政府公共服务价值；政府营销价格——控制政府营销推广成本；政府营销通路——畅通公共服务供给渠道；政府营销沟通——传播政府公共服务价值；政府形象传播——塑造卓越政府公共形象；政府营销管理——管控营销过程及其绩效等十章。

（2）内容丰富充实独特

作者认为政府营销的理论框架需要借鉴市场营销，但是不应该简单套用市场营销的内容、模式与策略。政府营销和市场营销之间存在相同的经济制度环境、相交的发展演变路径、相近的客户关系观念和相通的策略方法手段，但也存在营销主体、营销目的、营销性质和营销绩效等方面的不同。因此，政府营销具有与企业市场营销诸多不同的特性：营销主体的多元性、营销层级的多阶性、营销客体的多维性、营销对象的多种性、营销目标的公益性和营销绩效正外部性。

2002年英国牛津大学营销学教授库纳尔·巴苏在为我编著的《市场营销学通论》所做的序言中颇具预见性地指出："由西方主导营销领域的现象已经走到了尽头。中国正在以营销强国的姿态崛起。市场营销对中国经济和全球经济的贡献可谓是空前的。"这一科学论断用在评价《政府营销与形象传播》的理论贡献，可谓是恰如其分。这里仅举一例，对于政府营销观念，《政府营销与形象传播》没有简单套用市场营销生产观念、产品观念、推销观念和营销观念的演进,也没有简单套用公共管理学效率观念、公平观念、绩效观念和服务观念的逻辑,而是根据中外各国政府的执政治国思想,将政府营销观念概括提炼为国家统治观念、科学与民主观念、为人民服务观念、科学发展与和谐社会观念、构建人类命运共同体观念等五种。由此,也可以窥见《政府营销与形象传播》的创新价值和实践意义。

与此相类似的是,对于政府营销的策略组合,《政府营销与形象传播》虽然采用了企业市场营销4P策略的分析架构,但做出了具有政府营销特色的内涵界定:

作者认为政府营销中的产品是政府组织提供给外部市场和内部组织与公民(或居民)的、能够满足市场需求及增进社会公共利益的有形产品、服务、观念、政策和行为。政府营销中的产品主要区分为竞选纲领(施政纲领)、公共政策、公共服务、环境资源、物产资源、知识产权、人力资源和行为规范等八种类型,认为政府产品规划、政府新产品研发、政府产品的品牌与包装具有不同于企业产品营销的特性和要求。由此可见,《政府营销与形象传播》是一部非常严谨、颇具创新的著作。

在政府营销中,价格是一个非常重要的策略,同时价格也是一个内涵非常宽泛的概念。由于涉及政府营销的目标、社会公共利益,作为非营利组织的政府在制定价格策略时,有着与企业产品定价不同的原则和流程。作为社会公共管理机构,政府又可以运用与价格相关的多种手段来影响社会公众与目标市场的行为,这又是企业所不具备的优势和条件。《政府营销与形象传播》将政府营销中的"价格"含义与"价格"形态确定为政府公共产品与服务价值的价格与收费、鼓励政府倡导行为的经济性奖励与非经济性奖励、限制政府劝阻行为的经济性惩罚与非经济性惩罚三类。这种创新的研究路径和思路,是非常切合实际的。

对于政府营销通路,《政府营销与形象传播》认为政府职能的多样性、政府组织的唯一性决定了政府产品和服务范围及其传递通路的广泛性,决定了政府用户对于政府产品与服务通路的被动接受性和一定程度上的非选择性。政府营销的产品和服务内容多、差别大,这是任何一个规模再大的产业或企业都不能比拟的。因此政府营销通路也就比较复杂,政府产品与服务通路具有广泛性和差异性。可以说,各种政府产品与服务通路之间的差异超过了企业产品与服务通路之间的差异。该书将政府营销通路分为政令贯彻执行通路、公共产品与服务通路、招商引资与吸引旅游通路、行为倡导与劝阻通路四种基本类型,固定实体通路、流动政务通路、电子政务通路和管线传递通路四种外在形式,认为政府营销通路设计需要遵循目标导向、便利用户和成本经济三大原则。

对于政府营销传播,该书认为政府营销的沟通方式因沟通对象与政府的关系不同而存在明显的差异,并给予政府营销对象外部客户和内部客户的区分,将政府营销的沟通传播分为对外沟通和对内沟通两大范围,不同的沟通范围和沟通对象需要采用不同的沟通传播方式,政府营销对外沟通主要采取付费广告、公共宣传、外交访问、节庆活动、公共事件营销和文化活动等形式,政府营销的对内沟通主要采用新闻媒体宣传沟通、政府自媒体沟通、公益广告、政府广告、组织传达和人员沟通等形式。

(3)实践应用可行性强

《政府营销与形象传播》理论研究与实践运用兼顾,语言清新朴实,可读性强,没有专业理论著作的艰深与晦涩,所提出来的政府营销策略手段,在政府营销实践中均可以进行尝试和运用。

比如,在政府营销价格策略中,作者对公共产品的定价机制与定价依据、政府公共产品的定价流程、政府公共服务收费标准的制定与审核,对吸引外资与招商引资、扩大出口与国际营销、鼓励消费与拉动内需等热点政府营销激励政策,对旅游服务价格与服务收费监管、劳动者最低工资标准和国企高管年薪与待遇管理等热点问题进行了政策解读。坚持认为政府产品的定价流程和价格策略必须具备公益性、透明性和合法性。

再比如,将政府形象的传导机理解析为自然展现形象、历史积淀形象、文化演绎形象、教育传承形象、政治捍卫形象、社会固化形象、科技发展形象、经济强化形象、行为决定形象、沟通传播形象,将政府形象传播的任务设定为依据真实形象传播客观形象、消除负面形象建立正面形象、改变弱势形象建立优势形象、消除矛盾形象建立整合形象、消除杂乱形象建立清晰形象、改变虚假形象建立真实形象、管理危机事件修复受损形象、处置突发事件维护效能形象,将政府形象设计塑造的流程区分为政府形象调研分析、政府形象定位设计、政府形象塑造实施、政府形象传播执行、形象塑造效果评估等步骤,这些都具有具体、细致、可行的操作性。

《政府营销与形象传播》对于探索和建立中国政府营销理论的内容架构、对于探索政府营销理论在实践中的运用,具有比较系统的建设性意义。对于中国地方政府和部门政府转换职能、提升绩效、改善形象,打造亲民政府、效能政府和廉洁政府,实现创新发展、协调发展、绿色发展、开放发展和共享发展,提供了市场营销学者的认识解读和贯彻实施策略方法。对于人类命运共同体伟大构想和"一带一路"伟大倡议的贯彻实施,做出了市场营销学者的策略思考。因此,对于中国政府营销的研究者、实践者和学习者将是一本具有系统性价值的专业读物,对于公共管理专业、行政管理专业的教学,对于MPA的教学,也将具有一定的使用价值。希望该书能受到广大读者的欢迎,也希望作者今后能够继续跟踪研究,为读者提供更加丰富的研究成果,为社会奉献更多的创新思想和精神财富。

郭国庆

---

郭国庆,中国人民大学商学院教授、博士生导师,中国人民大学中国市场营销研究中心主任,英国牛津大学企业声誉中心国际研究员,中国高校市场学研究会顾问,中国商业史学会副会长,国家自然科学基金委员会管理科学部评审组专家,《Journal of Chinese Marketing》(《中国营销学报》)副主编,第八、九、十届全国政协委员,第十一届全国人大代表。

# 要目概览

第一章　政府营销绪论——实践活动以及理论背景

第二章　政府营销导论——搭建政府营销理论架构

第三章　政府营销观念——端正治国理政指导思想

第四章　政府营销战略——优选政府营销目标方向

第五章　政府营销产品——创建政府公共服务价值

第六章　政府营销价格——控制政府营销推广成本

第七章　政府营销通路——畅通公共服务供给渠道

第八章　政府营销沟通——传播政府公共服务价值

第九章　政府形象传播——塑造卓越政府公共形象

第十章　政府营销管理——管控营销过程及其绩效

# Main Contents

Chapter 1   Introduction of Government Marketing:
Practice Activities and Theoretical Background

Chapter 2   Guidelines of Government Marketing:
Building Government Marketing Framework

Chapter 3   Concepts of Government Marketing:
Correcting Governance Orientation

Chapter 4   Strategies of Government Marketing:
Optimizing Direction and Target

Chapter 5   Product Strategies of Government Marketing:
Creating Value of Public Service

Chapter 6   Pricing Strategies of Government Marketing:
Controlling Market-promotion Costs

Chapter 7   Placing Strategies of Government Marketing:
Delivering Public Service Smoothly

Chapter 8   Promoting Strategies of Government Marketing:
Communicating Value of Public Service

Chapter 9   Government Image Communicating:
Building Excellent Public Image of Government

Chapter 10   Government Marketing Management:
Controlling Marketing Process and Performance

# 目　　录

序言 ………………………………………………………………（ⅰ）

**第一章　政府营销绪论——实践活动以及理论背景** …………（ 1 ）
　　一、政府营销的实践活动 …………………………………（ 2 ）
　　二、政府营销的理论背景 …………………………………（ 18 ）
　　三、国内政府营销研究总览 ………………………………（ 28 ）

**第二章　政府营销导论——搭建政府营销理论架构** …………（ 45 ）
　　一、政府营销的概念范畴 …………………………………（ 45 ）
　　二、政府营销的研究对象 …………………………………（ 50 ）
　　三、政府营销理论研究与实践的意义 ……………………（ 57 ）
　　四、政府营销的理论框架 …………………………………（ 62 ）
　　五、政府营销的相近学科 …………………………………（ 65 ）

**第三章　政府营销观念——端正治国理政指导思想** …………（ 71 ）
　　一、企业市场营销观念的演变 ……………………………（ 71 ）
　　二、西方行政管理观念的演变 ……………………………（ 80 ）
　　三、政府营销观念的归纳提炼 ……………………………（ 87 ）

**第四章　政府营销战略——优选政府营销目标方向** …………（ 99 ）
　　一、政府营销战略的概念 …………………………………（ 99 ）
　　二、政府营销环境分析 ……………………………………（100）
　　三、政府市场细分 …………………………………………（113）
　　四、政府市场优选 …………………………………………（114）
　　五、SWOT 分析与战略选择 ………………………………（117）
　　六、政府市场定位 …………………………………………（120）

## 第五章　政府营销产品——创建政府公共服务价值 (138)
- 一、政府产品概念 (138)
- 二、政府产品类型 (139)
- 三、政府产品整体概念 (156)
- 四、政府产品寿命周期 (158)
- 五、政府新产品研发 (161)
- 六、政府产品品牌与包装 (165)
- 七、政府产品组合 (166)

## 第六章　政府营销价格——控制政府营销推广成本 (167)
- 一、政府营销中价格的含义 (167)
- 二、政府公共产品与服务定价 (170)
- 三、政府营销热点项目的激励与监管 (177)
- 四、政府定价策略的运用与价格调整 (187)

## 第七章　政府营销通路——畅通公共服务供给渠道 (190)
- 一、政府营销通路的含义 (190)
- 二、政府营销通路的基本类型 (192)
- 三、政府营销通路的外在形式 (196)
- 四、政府营销通路设计的基本原则 (199)
- 五、我国政府营销通路改革与创新 (206)

## 第八章　政府营销沟通——传播政府公共服务价值 (212)
- 一、认识政府营销沟通的必要 (212)
- 二、确定政府营销的沟通对象 (214)
- 三、确定政府营销的沟通目标 (215)
- 四、确定政府营销的沟通内容 (217)
- 五、整合政府营销的沟通方式 (220)
- 六、发挥政府营销的沟通艺术 (232)
- 七、选择政府营销的沟通媒体 (234)
- 八、确定沟通时机与沟通触点 (236)
- 九、确定政府营销的沟通频率 (238)
- 十、控制沟通费用与沟通效果 (239)

**第九章　政府形象传播——塑造卓越政府公共形象** …………（241）
　一、形象传播的理论基础 ………………………………………（241）
　二、形象塑造的科学流程 ………………………………………（247）
　三、形象塑造的传达机理 ………………………………………（256）
　四、政府形象传播的类型 ………………………………………（261）
　五、政府形象传播的任务 ………………………………………（264）

**第十章　政府营销管理——管控营销过程及其绩效** …………（270）
　一、制订政府营销计划 …………………………………………（270）
　二、推动政府营销计划执行 ……………………………………（272）
　三、监控政府营销过程 …………………………………………（274）
　四、评估政府营销绩效 …………………………………………（281）

**参考文献** …………………………………………………………（296）

**后记** ………………………………………………………………（301）

# 第一章 政府营销绪论
## ——实践活动以及理论背景

中国自十一届三中全会决定实施改革开放以来,在引进外资方面制定了很多优惠政策,也取得了良好的成效,引进外资约1.77万亿美元,设立了近90万家企业。外资还带来了管理经验、市场信息和技术,对中国经济发展起到了重要作用。

然而,2016年底,福耀玻璃董事长、中国"首善"曹德旺在美国投资建厂的行动及其原因解释在中国引起了广泛关注和深入讨论。在美国政府提出制造业回流的政策背景下,不仅出现了美国企业从中国等新兴市场国家撤回,而且还出现了中国等新兴市场国家的企业在美国投资办厂。曹德旺指出,美国除人工成本比中国高以外,天然气价格是中国的五分之一,物流成本和税收也比中国低,美国的土地基本不要钱,买地的钱在政府各种补贴后等于没花钱。对此,人民日报评论说,"中国经济容得下企业家讲问题"。

2017年1月17号,国务院正式公布了《国务院关于扩大对外开放积极利用外资若干措施的通知》(国发〔2017〕5号),通知指出:利用外资是我国对外开放基本国策和开放型经济体制的重要组成部分,在经济发展和深化改革进程中发挥了积极作用。当前,全球跨国投资和产业转移呈现新趋势,我国经济深度融入世界经济,经济发展进入新常态,利用外资面临新形势新任务。因此,需要深入贯彻落实《中共中央国务院关于构建开放型经济新体制的若干意见》,进一步积极利用外资,营造优良营商环境,优化服务改革,降低制度性交易成本,实现互利共赢。

国家层面的利用外资、地方层面的招商引资是政府营销的一大亮点和重要举措。但是政府营销的范畴却远不止利用外资和招商引资这两个方面。世界各国政府早就开始了各种政府营销的实践探索,形成了一些优秀的政府营销案例,也积累了一些政府营销经验。本书开篇就从政府营销的实践活动讲起。

# 一、政府营销的实践活动

## （一）美国的政府营销活动

### 1. 总统竞选的政治营销

2016年是美国总统选举年，据联邦选举会员会（FEC）的统计，竞选总统的候选人收到的个人竞选捐款共计13亿美元，但实际发生的竞选经费远不止这个数字。2004年小布什与戈尔竞选花费近7亿美元，2008年奥巴马与麦凯恩竞选花费超过10亿美元，而2012年奥巴马与罗姆尼竞选花费首次突破了20亿美元。

政治营销概念首次出现是在1956年，引起学术界关注是从美国总统大选开始的，尤其是1960年肯尼迪和尼克松的总统竞选电视辩论，通过大众媒体传播使总统竞选引起更广泛的关注。1969年，麦金斯通过系统分析美国选举工程以及1968年尼克松利用媒体展示公众形象成功当选的案例写出《推销总统》一书。1994年，纽曼以克林顿竞选总统为案例出版了《营销总统：政治营销的竞选战略》一书。[①]

### 2. 奥运会的商业运作

在奥运会创办初期，其创始人顾拜旦男爵曾提出举办奥运会需遵循"非职业化、非政治化、非商业化"三条基本原则。根据国际奥委会的规定，举办奥运会所需费用主要由举办城市和所在国家的政府承担，尽管有一些商业赞助和门票收入，但大都入不敷出。特别是自1968年墨西哥城奥运会以来，连续4届M打头的奥运会上（墨西哥城、慕尼黑、蒙特利尔和莫斯科四座城市的英文首字母均为M），都发生了死人、赔钱和抵制事件，被称为四届"霉会"。1972年，联邦德国承办第20届慕尼黑奥运会，所欠债务十几年未能还清；1976年，加拿大举办第21届蒙特利尔奥运会，花费35亿美元，亏损10亿美元。这让

---

① 赵可金.美国政治营销的兴起[J].美国研究，2008(2).

现代奥运会的发展举步维艰。

1978年,洛杉矶在没有对手的情况下获得了第23届奥运会的举办权,一时舆论哗然,洛杉矶市民支持率仅为34%。洛杉矶市政府、加利福尼亚州政府以及美国联邦政府都明确表示不提供任何财政支持。不少洛杉矶市民要求政府放弃举办权。1980年,萨马兰奇出任新一届国际奥委会主席,他果断开启了奥运会商业化的历程,与美国政府一起授权美国商人尤伯罗斯开展奥运会商业化运作:通过采取限定奥运赞助商、出售奥运电视转播权等方式获取收入,实现盈利2.5亿美元。1984年美国洛杉矶奥运会成为奥运营销史上标志性的一年,奥运营销舞台从此异彩纷呈。1985年,在洛杉矶奥运会经验的启发下,国际奥委会提出"奥林匹克全球合作伙伴TOP计划",将企业参与奥运营销的热情推向了一个前所未有的高潮,并从奥运资源的营销中收获了从品牌价值到利润的巨大回报。

### 3. 美国的招商引资

近30年来,中国各地的招商引资既是一个热门话题,也是一种激烈竞争。而美国40多年前就上演了类似的场景,大多数州都有一个经济发展机构或非营利组织,其目的是寻找、拜访和恳请外部公司将其资源投入到这些地方。

20世纪80年代,美国田纳西州和肯塔基州为吸引日本丰田汽车公司投资建厂开展了激烈的竞争。接连好几个月,田纳西州的官员不断会见日本代表团,允诺一个又一个需求。他们同意改进高速公路和修建新的下水道;他们许诺给予税收减免、降低公用事业费用并提供周六语言课程。所有这些许诺都付诸实施了。

肯塔基州则开展了一场精神竞赛来诱惑丰田汽车公司。他们花费1.25亿美元(其中有5 500万美元用在员工培训上)说服丰田将汽车厂建在该州佐治亚镇。加上所有的免税优惠,总计费用超过35 000万美元。当地官员竭力辩护,认为现在和未来的好处远远超过这些让步。

最终肯塔基州得到了日本丰田汽车公司的青睐,1988年丰田汽车公司在肯塔基州的乔治敦建成了其在美国的最大工厂——丰田汽车肯塔基工厂,工厂投资55亿美元,占地5.3平方千米,工厂以及周边的供应商,几乎构成了乔治敦的全部,工厂年产汽车50万辆,主要生产凯美瑞轿车。

2013年肯塔基州宣布,将向丰田汽车公司提供1.465亿美元的税收优惠,以吸引丰田扩建工厂、投产新车,增加当地的就业机会。2015年丰田汽车位于美国肯塔基州的新生产技术中心正式开工建设,该技术中心占地面积约为2.3万平方米,具有测试设施以及可容纳700名员工的办公区域。丰田集团投资了约8000万美元用于新生产技术中心的建设,预计该工程于2017年竣工并投入使用。

## (二) 中国的政府营销活动

### 1. 国家营销:从国际盛会到"一带一路"

(1) 国际体育盛会——从2008年北京奥运会到2022年北京冬奥会

早在1908年,《天津青年》就发表文章,提出中国奥运三个猜想:中国何时才能派一位选手参加奥运会? 中国人何时才能在奥运会上夺得金牌? 中国何时才能举办奥运会?

1932年刘长春独自一人代表中国参加美国洛杉矶第10届奥运会。这是中国人奥运征程的第一步。

1945年抗战胜利后,中华民国国民政府曾经申报过1952年奥运会。据外交官王正廷的《回忆录》记载:由于国民政府行政院没有下设相关的体育管理部门,刚刚还都南京的国民政府根本不可能举全国之力来申办,只能依仗半官方半民间的"中华全国体育协进会"为南京"申奥",由于自身力量微弱,当时的工作人员只有十几人,加上时间仓促,申办报告甚至都没能在截止日前送达国际奥委会。

1984年中国重返奥运赛场,许海峰摘取洛杉矶奥运会中国队第一枚金牌。在这次奥运会上,首次集体参赛的中国代表队以摘取了15枚金牌的好成绩,位居金牌排行榜的第四名。

取得奥运金牌"零的突破"之后,举办奥运会就成为中国人民渴望实现的梦想。1990年亚运会闭幕式前后,一些北京市民打出了"亚运成功、众盼奥运"的口号。1990年7月3日,年过八旬的改革开放的总设计师邓小平兴致勃勃地来到国家奥林匹克中心,参观刚落成的田径场和游泳馆,鼓励有关负责人要敢于申办奥运会。

1991年中国首都北京以"开放的中国盼奥运"为口号申办2000年奥运会,然而遭到了以美国为首的反华势力的阻挠。1993年,在申奥表决前,美国国会众议院通过决议,反对北京举办2000年奥运会。60名参议员给国际奥委会写信，联名反对北京申办。最终，北京以两票之差败给了悉尼。

1998年11月，国务院总理办公会议和中央政治局常委会议先后对申办工作进行了研究，决定由北京申办2008年奥运会。1999年9月6日，经党中央、国务院批准，由国家体育总局、北京市人民政府和国务院相关部门组成北京2008年奥运会申办委员会，申办大幕正式拉开。北京奥申委组织中国各地最优秀的艺术家设计申奥会徽和申奥口号，拍摄申奥电视宣传片，选派申奥形象大使向国际奥委会成员宣传北京。北京奥申委多次到世界各国访问，争取世界人民和国际奥委会成员的支持。中国的外交系统为申奥做出了最大努力。党和国家领导人高度重视北京申奥工作，2000年9月9日，时任国家主席江泽民致信国际奥委会主席萨马兰奇先生，完全支持北京申办2008年奥运会。2001年7月13日，在国际奥委会第112届全体会议上，时任国务院副总理李岚清领衔中国代表团做申奥陈述。当萨马兰奇宣布北京成为2008年夏季奥运会主办城市时，首都北京庆祝申奥成功的群众超过百万人，天安门广场庆祝人数突破40万人，寻呼台发出祝贺信息100多万条，新浪网当晚访问量突破3 000万人次，15万面申奥标志旗和国旗被抢购一空。

奥运连国运。2001年北京申奥成功，除申奥策略和方法的成功之外，更加宏观的原因和背景是进入新世纪的中国，社会稳定，经济发展，取得了举世瞩目的成就，西方国家纷纷同中国改善和发展关系。2008年中国人民在以胡锦涛为总书记的党中央领导下，在北京成功举办了第29届奥运会，并且获得的奥运金牌数量首次位居第一。至此，中国回答了《天津青年》100年前的三个世纪之问。北京奥运会的成功举办对中国具有非常重大的意义，对内进一步凝聚了全国各族人民的共识和力量、振奋了民族精神；对外进一步促进了世界人民对中国的了解，进一步提升了中国在世界上的形象和地位。

2008年初，习近平担任北京奥运会筹备领导小组组长，从此与奥运结缘。自担任中共中央总书记和国家主席以来，他高度重视参与国际体育赛事。2013年11月19日，巴赫代表国际奥委会向习近平授予奥林匹克金质勋章，表彰习近平对促进世界体育事业和奥林匹克精神所作的杰出贡献。在会见巴赫时，习近平表达了中方对申办冬奥会的渴望和信心。2014年8月16日，在出席南京青奥会开幕式时，习近平再次会见巴赫并又提到申办冬奥会，他说："北京市和张家口市是2022年冬奥会候选城市，中国政府和人民都希望在成功举办北京奥运会后再办一届冬奥会，为奥林匹克运动做出新贡献。"

2015年7月31日，国际奥委会投票决定将2022年冬奥会举办权交给北京,习近平当日即致信国际奥委会主席巴赫,感谢国际奥委会的信任和长期以来的大力支持。2015年8月20日,习近平主持召开中共中央政治局常委会会议,专题听取申办冬奥会情况汇报,研究筹办工作,提出了坚持"绿色办奥、共享办奥、开放办奥、廉洁办奥"的要求。2015年11月13日,习近平对做好北京冬奥会、冬残奥会筹办工作做出重要指示,强调要加强组织领导,统筹推进各项工作,确保把北京冬奥会、冬残奥会办成一届精彩、非凡、卓越的奥运盛会。2016年3月18日,习近平在中南海主持召开会议,专题听取北京冬奥会、冬残奥会筹办工作情况的汇报。他强调,筹办好北京冬奥会、冬残奥会,意义重大,责任重大。自北京获得冬奥会举办权后的7个月内,习近平总书记5次关心冬奥会工作,可见他的重视。① 2017年1月18日,习近平主席访问了位于瑞士洛桑的国际奥委会,并参观了国际奥林匹克博物馆。1月23日,习近平主席又到河北省张家口市考察北京冬奥会筹办工作,强调筹办2022年北京冬奥会是国家的一件大事,各有关地方有关部门要着眼于办成一届精彩、非凡、卓越的奥运盛会,科学合理制定规划,节约集约利用资源,按进度高质量完成筹办工作各项任务。

从2008年到2022年,从夏季到冬季,中华民族在对国际奥林匹克运动不断做出贡献的同时,也将不断走向世界。

(2) 国际首脑峰会——从2001年上海APEC到2014年北京APEC

2001年10月21日,亚太经合组织(APEC)第九次领导人非正式会议在上海举行,这是中国首次主办APEC领导人非正式会议,也是新中国成立以来承办的规模最大、层次最高的国际会议,是一次举世瞩目的世纪盛会。会议的主题是"新世纪、新挑战:合作、参与、促进共同繁荣"。各方围绕全球及地区宏观经济形势、人力资源能力建设以及APEC的未来发展方向等议题进行了务实友好、坦诚热烈的讨论,形成了广泛的共识。会议通过了《领导人宣言》和《APEC领导人反恐声明》。此次会议的成功举行,向世界全面地展示了中国改革开放以来的巨大成就,也宣传了中国将一如既往地实行改革开放、融入国际社会的坚定信念。2001年11月10日晚,世界贸易组织(WTO)第四届部长级会议审议通过了中国加入世界贸易组织的申请,中国从12月11日起正式成为世贸组织成员。自此之后,中国制造阔步走向世界。

继2001年举办上海APEC峰会13年之后,2014年11月中国再一次在北

---

① 7个月内5次谈冬奥 看习近平的奥运情缘[EB/OL].[2016-03-21]. http://cpc.people.com.cn/xuexi/n1/2016/0321/c385474-28215381.html.

京举办APEC峰会,会议的主题是"共建面向未来的亚太伙伴关系"。中国国家主席习近平在北京主持了APEC第二十二次领导人非正式会议、东道国伙伴对话会并举行相关国事活动。

可以说2001年上海APEC峰会表明改革开放的中国愿意接受国际规则参与国际事务,2014北京APEC峰会则表明中国将参与国际规则制定。具体来说,北京APEC会议取得了八大成果:

一是明确了未来亚太合作的方向与目标。会议发表的《北京纲领》和《APEC成立25周年声明》提出,本着互信、包容、合作、共赢精神,构建面向未来的亚太伙伴关系;着力打造发展创新、增长联动、利益融合的开放型亚太经济格局;推动实现共同发展、繁荣和进步的亚太梦想,为亚太地区长远发展和共同繁荣勾画了新愿景,指引了新方向,注入了新动力。

二是作出了启动亚太自贸区进程的重大决定。会议批准了《APEC推动实现亚太自由贸易区路线图》,决定开展亚太自贸区联合战略研究,建立亚太地区自贸信息交流机制,制订自贸区能力建设行动计划,致力于加速将亚太自贸区从愿景变为现实。这标志着亚太自贸区进程正式启动,体现了APEC推进区域经济一体化的信心和决心。

三是勾画了建设亚太互联互通网络的新蓝图。本次会议批准了《亚太经合组织互联互通蓝图》这一里程碑式的文件,各方决心在2025年前实现硬件、软件和人员交流互联互通的远景目标和具体指标,并决定拓展基础设施投融资领域务实合作,推广公私合作伙伴关系模式,实施全球价值链、供应链等领域合作倡议,将为亚太长远发展夯实基础。

四是找到了支撑亚太经济发展的五大新支柱。会议决定以经济改革、新经济、创新增长、包容性支持、城镇化为五大支柱,推进务实合作、经验分享和能力建设。与会经济体还决心探索适合自身实际的发展道路和发展模式,加强交流互鉴,将丰富亚太发展的新理念新思路,形成多元发展、齐头并进的良好局面。

五是开辟了一系列全球性问题的合作新领域。本次会议专门将帮助非洲国家应对和防控埃博拉疫情写入《宣言》。会议支持中方起草并通过的《APEC北京反腐败宣言》,各方决心携手打击腐败行为,拒绝成为腐败分子及其非法资产的避风港。同意充分利用反腐败合作机制与平台,加强在遣返或引渡腐败官员、没收和返还腐败资产等领域的合作与协调。

六是举办了亚太经合组织东道主伙伴对话会。在本次APEC领导人非正式会议之前,习近平主席主持"加强互联互通伙伴关系"东道主伙伴对话会,宣布设立丝路基金,提速"一带一路"建设。东道主伙伴对话会的成功,亚投行和丝路基金"姊妹篇"的面世,大大提升了"一带一路"的国际关注度和认同度。

七是促进了中国与亚太主要国家双边关系的新发展。习近平主席与美国总统奥巴马、俄罗斯总统普京等会见会谈,有力推进了双边交流合作。习近平主席还在 APEC 会议期间应约会见了日本首相安倍晋三,两国关系朝着改善方向迈出重要一步。

八是广泛宣示中国内外政策,赢得更多国际理解和支持。针对外界对中国经济发展前景的关切,习近平系统阐述了中国经济新常态的特点和前景,强调中国经济增长更趋平稳,增长动力更为多元,中国发展给亚太和世界带来的商机是持久和无限的。随着综合国力上升,中国有能力、有意愿向亚太和全球提供更多公共产品。

中国外交部长王毅说,北京 APEC 是中国特色大国外交的成功实践,意义重大,影响深远。中方将总结会议的成功经验,进一步发出中国声音,提出中国方案,贡献中国智慧,努力将中国的机遇转化为世界的机遇,将世界的机遇转化为中国的机遇,实现中华民族伟大复兴的中国梦。①

(3)"一带一路":从美好倡议到国际认可实施

2000 多年前,中华民族的先辈们筚路蓝缕,穿越草原沙漠,开辟出连通亚欧非的陆上丝绸之路,中华民族的先辈们扬帆远航,穿越惊涛骇浪,闯荡出连接东西方的海上丝绸之路。古丝绸之路打开了各国友好交往的新窗口,书写了人类发展进步的篇章。积淀了以和平合作、开放包容、互学互鉴、互利共赢为核心的丝路精神。这是人类文明的宝贵遗产。

进入 21 世纪,人类社会走向大发展大变革大调整时代。世界多极化、经济全球化、社会信息化、文化多样化深入发展,和平发展的大势日益强劲,变革创新的步伐持续向前。各国之间的联系更加紧密,世界人民对美好生活的向往更加强烈。但是人类也正走向挑战频发的历史阶段,世界经济增长需要新动力,发展需要更加普惠平衡,贫富差距鸿沟有待弥合。世界秩序维护和国际挑战问题的解决,需要借鉴历史经验和文化遗产,创新国际治理和国际发展新思维。

2013 年 9 月 7 日,习近平总书记访问哈萨克斯坦时提出,要用创新的合作

---

① 王毅谈北京 APEC 人大成果:明确亚太合作方向与目标[EB/OL].[2014-11-13]. http://www.chinanews.com/gn/2014/11-13/6773005.shtml.

模式,共同建设"丝绸之路经济带",以点带面,从线到片,逐步形成区域大合作。这是中国领导人首次在国际场合公开提出共同建设"丝绸之路经济带"的重大战略构想。

2013年10月3日,习近平总书记在印度尼西亚国会发表演讲时提出,中国致力于加强同东盟国家互联互通建设,倡议筹建亚洲基础设施投资银行,愿同东盟国家发展好海洋合作伙伴关系,共同建设21世纪"海上丝绸之路"。

2013年12月,习近平总书记在中央经济工作会议上提出,推进"丝绸之路经济带"建设,抓紧制定战略规划,加强基础设施互联互通建设。建设"21世纪海上丝绸之路",加强海上通道互联互通建设,拉紧相互利益纽带。

2014年2月,国家主席习近平与俄罗斯总统普京就建设"丝绸之路经济带"和"海上丝绸之路",以及俄罗斯跨欧亚铁路与"一带一路"的对接达成了共识。

2014年3月,国务院总理李克强在《政府工作报告》中提出抓紧规划建设丝绸之路经济带、21世纪海上丝绸之路,推进孟中印缅、中巴经济走廊建设,推出一批重大支撑项目,加快基础设施互联互通,拓展国际经济技术合作新空间。

2014年11月,习近平总书记在中央财经领导小组第八次会议中强调,丝绸之路经济带和21世纪海上丝绸之路倡议顺应了时代要求和各国加快发展的愿望,提供了一个包容性巨大的发展平台,具有深厚历史渊源和人文基础,能够把快速发展的中国经济同沿线国家的利益结合起来。

2014年11月,习近平总书记在APEC北京峰会上宣布,中国将出资400亿美元成立丝路基金,为"一带一路"沿线国家基础设施建设、资源开发、产业合作等有关项目提供投融资支持。

2014年12月,中央经济工作会议提出要重点实施"一带一路"倡议,争取2015年有个良好开局。

2015年2月,推进"一带一路"建设工作会议在北京召开,安排部署2015年及今后一段时期推进"一带一路"建设的重大事项和重点工作,努力实现"一带一路"建设良好开局,推动中国和沿线国家互利共赢共同发展。3月,为推进实施"一带一路",中国政府制定和发布了《推动共建丝绸之路经济带和21世纪海上丝绸之路的愿景与行动》,"一带一路"倡议进入实施推进阶段。

2015年5月7日,中国国家主席习近平开启对欧亚三国的访问,首站抵达哈萨克斯坦。此次访哈可视作是"丝绸之路经济带"的落实之旅,将进一步助推"一带一路"的建设。

2015年3月,博鳌亚洲论坛2015年年会开幕式上,习近平发表主旨演讲,表示"一带一路"建设秉持的是共商、共建、共享原则,不是封闭的,而是开放包容的;不是中国一家的独奏,而是沿线国家的合唱,"一带一路"建设不是要替代现有地区合作机制和倡议,而是要在已有基础上,推动沿线各国实现经济战略相互对接、优势互补。

2016年8月,"一带一路"建设工作座谈会召开,习近平出席推进并发表重要讲话。

2017年2月,推进"一带一路"建设工作会议在北京召开,会议总结2016年"一带一路"建设工作,研究2017年总体工作思路,部署下一步重点工作。

2017年5月14日,"一带一路"国际合作高峰论坛在北京举办,国家主席习近平出席开幕式并发表题为《携手推进"一带一路"建设》的主旨演讲。讲述了实施"一带一路"战略的国际背景,回顾了古代丝绸之路和海上丝绸之路对于世界经济的意义,总结了"一带一路"倡议提出以来取得的成就。

习主席说:"4年来,全球100多个国家和国际组织积极支持和参与"一带一路"建设,联合国大会、联合国安理会等重要决议也纳入"一带一路"建设内容。"一带一路"建设逐渐从理念转化为行动,从愿景转变为现实,建设成果丰硕。"

"这是政策沟通不断深化的4年。""我们同有关国家协调政策,包括俄罗斯提出的欧亚经济联盟、东盟提出的互联互通总体规划、哈萨克斯坦提出的'光明之路'、土耳其提出的'中间走廊'、蒙古提出的'发展之路'、越南提出的'两廊一圈'、英国提出的'英格兰北方经济中心'、波兰提出的'琥珀之路'等。中国同老挝、柬埔寨、缅甸、匈牙利等国的规划对接工作也全面展开。中国同40多个国家和国际组织签署了合作协议,同30多个国家开展机制化产能合作。本次论坛期间,我们还将签署一批对接合作协议和行动计划,同60多个国家和国际组织共同发出推进'一带一路'贸易畅通合作倡议。各方通过政策对接,实现了'一加一大于二'的效果。"

"这是设施联通不断加强的4年。""我们和相关国家一道共同加速推进雅万高铁、中老铁路、亚吉铁路、匈塞铁路等项目,建设瓜达尔港、比雷埃夫斯港等港口,规划实施一大批互联互通项目。目前,以中巴、中蒙俄、新亚欧大陆桥等经济走廊为引领,以陆海空通道和信息高速路为骨架,以铁路、港口、管网等重大工程为依托,一个复合型的基础设施网络正在形成。"

"这是贸易畅通不断提升的4年。""2014年至2016年,中国同'一带一路'沿线国家贸易总额超过3万亿美元。中国对'一带一路'沿线国家投资累计超过500亿美元。中国企业已经在20多个国家建设56个经贸合作区,为有关国家创造近11亿美元税收和18万个就业岗位。"

"这是资金融通不断扩大的4年"。"中国同'一带一路'建设参与国和组织开展了多种形式的金融合作。亚洲基础设施投资银行已经为'一带一路'建设参与国的9个项目提供17亿美元贷款,'丝路基金'投资达40亿美元,中国同中东欧'16+1'金融控股公司正式成立。这些新型金融机制同世界银行等传统多边金融机构各有侧重、互为补充,形成层次清晰、初具规模的'一带一路'金融合作网络。"

"这是民心相通不断促进的4年。""'一带一路'建设参与国弘扬丝绸之路精神,开展智力丝绸之路、健康丝绸之路等建设,在科学、教育、文化、卫生、民间交往等各领域广泛开展合作,为'一带一路'建设夯实民意基础,筑牢社会根基。中国政府每年向相关国家提供1万个政府奖学金名额,地方政府也设立了丝绸之路专项奖学金,鼓励国际文教交流。各类丝绸之路文化年、旅游年、艺术节、影视桥、研讨会、智库对话等人文合作项目百花纷呈,人们往来频繁,在交流中拉近了心与心的距离。"

丰硕的成果表明,"一带一路"倡议顺应时代潮流,适应发展规律,符合各国人民利益,具有广阔前景。"一带一路"建设已经迈出坚实步伐,要乘势而上、顺势而为,推动"一带一路"建设行稳致远,迈向更加美好的未来。为此,习主席提出了五点建议:

第一,将"一带一路"建成和平之路;第二,将"一带一路"建成繁荣之路;第三,将"一带一路"建成开放之路;第四,将"一带一路"建成创新之路;第五,将"一带一路"建成文明之路。

### 2. 社会营销:从预防艾滋到健康中国

随着改革开放,国外流行的艾滋病也悄悄流入中国。为预防和控制艾滋病,中国政府、中国领导人和有关公益机构以及志愿者,纷纷参与工作。

经国务院1987年12月批准,1988年1月由原卫生部、外交部、公安部、原国家教育委员会、国家旅游局、原中国民用航空局、国家外国专家局共同发布了《艾滋病监测管理的若干规定》。

1988年中国成立了环球性病艾滋病基金会,1994年更名为中国预防性病艾滋病基金会。基金会的宗旨是：遵守国家宪法、法律、法规和政策，遵守社会道德风尚，团结国内外力量，开展对性病、艾滋病的宣传教育和防治研究，为控制性病和艾滋病，造福人类作出贡献。基金会成立以来，为中国预防艾滋病事业做了大量工作。

2006年1月，国务院颁布了《艾滋病防治条例》，制定了《中国遏制与防治艾滋病行动计划（2006~2010年）》，积极履行向国际社会做出的承诺，完成了"三个一"框架的建立，即制定了一个国家的防治规划，建立了国家统一的协调机制，建立了统一的艾滋病防治监督与评估体系。

原中共中央总书记、原国家主席胡锦涛同志一直高度关注和重视艾滋病防治工作，2004年他前往北京佑安医院，看望艾滋病患者和医务人员，了解艾滋病防治工作情况，并与艾滋病患者亲切握手。2007年11月，在第20个世界艾滋病日到来之际，胡锦涛同志来到北京市朝阳区考察艾滋病防治工作。

2012年11月30日，习近平迎来就任党的总书记后的首个世界艾滋病日。这一天上午，他来到北京市丰台区蒲黄榆社区卫生服务中心石榴园分中心的北京市社区药物维持治疗第七门诊部，看望艾滋病患者，参加艾滋病防治志愿者培训交流活动。在此之前，习近平对艾滋病防治工作做出批示。他强调："做好艾滋病防治工作，关系人民生命健康、关系社会和谐稳定，是党和政府义不容辞的责任。各级党委和政府要坚持以人为本、以民为本，以对人民高度负责的精神，切实把艾滋病防治工作抓紧抓好。"

习近平的夫人彭丽媛女士的"红丝带"情缘更为老百姓所熟知。早在2006年，彭丽媛就担任中国预防艾滋病义务宣传员。2011年6月，彭丽媛又被世界卫生组织聘为"抗击结核病和艾滋病亲善大使"。探望艾滋儿童、在政协会议上呼吁关怀艾滋儿童心理、拍摄艾滋病公益宣传广告、出席国际艾滋病会，只要有助于推动艾滋病防控工作的活动，彭丽媛都事必躬亲。

不只是预防艾滋病，中共中央和国务院还将医疗卫生工作提升到健康中国高度上来，并大力推进健康中国的贯彻实施。

2016年8月19、20日，全国卫生与健康大会在北京展开。中共中央总书记、国家主席、中央军委主席习近平出席会议并发表重要讲话。

2016年8月26日，中共中央政治局召开会议，审议通过《"健康中国2030"规划纲要》。习近平总书记在会上强调，《"健康中国2030"规划纲要》是今后15年推进健康中国建设的行动纲领。要坚持以人民为中心的发展思想，牢固树立和贯彻落实创新、协调、绿色、开放、共享的发展理念，坚持正确的卫生与健康工作方针,坚持健康优先、改革创新、科学发展、公平公正的原则,以提高人民健康水平为核心,以体制机制改革创新为动力,从广泛的健康影响因素入手,以普及健康生活、优化健康服务、完善健康保障、建设健康环境、发展健康产业为重点,把健康融入所有政策,全方位、全周期保障人民健康,大幅提高健康水平,显著改善健康公平。

2016年10月,中共中央、国务院印发了《"健康中国2030"规划纲要》,并发出通知,要求各地区各部门结合实际认真贯彻落实。纲要明确了健康中国计划的指导思想、战略主题和战略目标等总体战略,提出了加强健康教育、塑造自主自律的健康行为、提高全民身体素质等普及健康生活的主要途径,提出了强化覆盖全民的公共卫生服务、提供优质高效的医疗服务、充分发挥中医药独特优势、加强重点人群健康服务等优化健康服务的方式,提出了健全医疗保障体系、完善药品供应保障体系两大完善健康保障,明确了深入开展爱国卫生运动、加强影响健康的环境问题治理、保障食品药品安全、完善公共安全体系等建设健康环境的任务、确定了优化多元办医格局、发展健康服务新业态、积极发展健身休闲运动产业、促进医药产业发展等发展健康产业的路径,明确通过深化体制机制改革、加强健康人力资源建设、推动健康科技创新、建设健康信息化服务体系、加强健康法治建设、加强国际交流合作以健全支撑与保障,以加强组织领导、营造良好社会氛围、做好实施监测等工作以强化组织实施。

### 3. 政策营销:房地产政策——从去库存到防风险

2015年,地产商纷纷制造房价上涨氛围,利用置业者买涨不买跌的心理,以涨促销。但实际上按照国家统计局的数据,截至当年9月末,全国商品房待售面积66 510万平方米,比8月末增加186万平方米。其中,住宅待售面积42 474万平方米,全国房地产的实际情况是库存较高,国家主席和国务院总理都指出,房地产存在高库存问题,且对经济和房企造成了负面影响。为此,2015年12月中央城市工作会议指出,2016年经济社会发展五大任务之一就是化解房地产库存。2016年初,"化解房地产库存,促进房地产业持续发展"被中央确定为当年"三去一降一补"的重点任务之一。房地产去库存的政策措施包括:加快农民工市民化、扩大住房有效需求,支持地方政府购买存量房用于公租房,鼓励机构和个人购买存量商品房用于租赁投资,鼓励房地产开发企业顺应市场适当降价促销,取消限购政策,降低房贷门槛和房贷利率。政策的本意是降低三、四线城市的商品房库存。然而,政策实施以后,效果与政策目标相距甚大,三、四线城市房地产库存量依然高,房价持续低迷;北京、上海、广州、深圳四个一线城市和合肥、苏州、南京、厦门(民间称"房价四小龙")等部分二线城市却随着调控政策的放松、首付比例和房贷利率的降低,投资炒房再起,房价一路狂飙猛进,积累了一定的房地产局部风险。

为此,2016年4月29日,中共中央政治局召开会议分析研究当前经济形势和经济工作。在房地产方面,会议强调,要按照加快提高户籍人口城镇化率和深化住房制度改革的要求,有序消化房地产库存,注重解决区域性、结构性问题,实行差别化的调控政策。

5月9日,代表官方的权威人士在谈及中国经济大势时提出:"房子是给人住的,这个定位不能偏离,要通过人的城镇化'去库存',而不应通过加杠杆'去库存',要逐步完善中央管宏观、地方为主体的差别化调控政策。"

面对一线城市和部分二线城市房价的高涨,在国庆黄金周到来之际,部分房价涨幅过高的城市密集出台调控措施。据中房网统计,自9月30日以来,全国28个城市出台了46次楼市调控措施,措施主要包括限购、提高首付比例、规范房地产企业营销行为、严格查处炒作和虚假广告行为等。

根据国家统计局发布的2016年12月70个大中城市住宅销售价格统计数据,12月份一线城市新建商品住宅价格环比由上月的上涨0.1%转为持平;二线城市新建商品住宅价格上涨0.2%,比上月回落0.2个百分点;三线城市新建商品住宅价格上涨0.4%,比上月回落0.4个百分点。从同比看,一、二线城市房价涨幅进一步回落。其中,一线城市新建商品住宅和二手住宅价格同比涨幅均连续3个月回落,二线城市继上月二手住宅价格同比涨幅回落。15个一线和热点二线城市因地制宜、因城施策实施调控政策,政策效果明显,房价快速趋稳回落。其中,北京、上海、深圳、合肥、南京、厦门等12个城市12月份新建商品住宅价格环比下降,降幅在0.1至0.4个百分点之间,2个城市环比持平,广州市环比上涨0.7%,但已连续三个月涨幅回落。新一轮房地产调控取得阶段性成效。

2016年12月14日至16日召开的中央经济工作会议针对房地产市场指出:促进房地产市场平稳健康发展。要坚持"房子是用来住的,不是用来炒的"的定位,综合运用金融、土地、财税、投资、立法等手段,加快研究建立符合国情、适应市场规律的基础性制度和长效机制,既抑制房地产泡沫,又防止出现大起大落。要在宏观上管住货币,微观信贷政策要支持合理自住购房,严格限制信贷流向投资投机性购房。要落实"人地挂钩"政策,根据人口流动情况分配建设用地指标。要落实地方政府主体责任,房价上涨压力大的城市要合理增加土地供应,提高住宅用地比例,盘活城市闲置和低效用地。特大城市要加快疏解部分城市功能,带动周边中小城市发展。要加快住房租赁市场立法,加快机构化、规模化租赁企业发展。加强住房市场监管和整顿,规范开发、销售、中介等行为。相信随着2016年底中央经济工作会议房地产政策的执行落实,2017年的房价能够继续保障稳定从而惠及民生,房地产市场能够健康发展从而惠及中国经济。

从市场营销和需求管理的角度来分析,5月份权威人士的表态和国庆期间的调控政策,是对房地产市场过度需求的限制性营销,而12月中旬的中央经济工作会议提出的"房子是用来住的,不是用来炒的"的定位,将房地产定性为消费品而非投资品,可以说是将炒房需求定性为有害需求,进而采取抵制性营销。

### 4. 地方营销:海南国际旅游岛——从地方战略到国家战略

2009年12月31日,国务院颁布了《关于推进海南国际旅游岛建设发展的若干意见》(以下简称《意见》),这是国务院着眼我国改革开放和现代化建设全局作出的一项重大战略决策。"这个《意见》的出台,标志着海南国际旅游岛建设正式上升为国家战略,是继1988年建省办经济特区之后,海南发展史上又一件具有里程碑意义的大事。"海南省委书记卫留成表示,"抓住这个机遇,落实这个措施,就可以缩短我们和发达地区发展的差距。"

中国海南改革发展研究院院长迟福林是最早提出"国际旅游岛"概念的人。海南省发改委的人习惯称他为"国际旅游岛的总工程师"。1998年,受海南省委的委托,他们做了一个课题——"以产业开放拉动产业升级"。经过两年研究,迟福林得出一个结论:旅游产业的开放,应是海南产业开放的突破口。2000年,他提出了"国际旅游岛"的概念,并在2001年正式向海南省委、省政府提出建议。海南建省也曾是国家经济战略布局的重点。然而海南的发展并不顺利。先是1989年因为土地使用权出让引发了"洋浦风波",紧接着20世纪90年代初,又出现了房地产"泡沫经济"和随后而至的金融信用危机等事件,接二连三的打击导致海南经济特区的地位开始被人们遗忘。"海南在过去的20年里曾经错失了很多大开放、大发展的机遇。21世纪伊始,中国加入世贸组织(WTO),海南迎来了新的挑战和发展机遇。"迟福林追溯起"国际旅游岛"这个构想的诞生原因解释:"海南是一个岛屿,不开放就没有出路,我们当时就在以产业开放拉动产业升级的路子上进行探讨,因此就想出建国际旅游岛这样一个招数。"

但是对于要不要建国际旅游岛,当时在海南省也有过一些不同的观点,因此一直没有进展。2005年,三亚市向国家发改委提议,把三亚作为旅游综合改革试验区,建设国际滨海旅游城市。时任省长卫留成认为,要变还不如整个海南一起变,于是"最后干脆把国际旅游岛作为海南省区域发展的战略"。2007年4月,海南省第五次党代会召开,"国际旅游岛"的构想才作为海南的重大决策和战略性发展目标提出来。"要以建立国际旅游岛为载体,全面提升旅游开发开放水平。"时任省委书记卫留成将被冷落了7年之久的"国际旅游岛"提上海南的发展日程。从此,海南建设国际旅游岛的步伐骤然加快。

2008年是海南建省20周年,胡锦涛到海南视察时提出,希望海南着力深化改革开放,更好地发挥改革开放的排头兵作用。2009年初,温家宝参加博鳌论坛后视察海南。温总理当时做了一个长篇讲话,表示国家将全力支持海南。国际旅游岛将作为一项国家战略实施。随后,由国家发改委牵头,20多个部委参与研究国际旅游岛建设规划意见。

根据国务院已经公布的《关于推进海南国际旅游岛建设发展的若干意见》,国务院对海南国际旅游岛的战略定位是:① 我国旅游业改革创新的试验区;② 世界一流的海岛休闲度假旅游目的地;③ 全国生态文明建设示范区;④ 国际经济合作和文化交流的重要平台;⑤ 南海资源开发和服务基地;⑥ 国家热带现代农业基地。发展目标要求是:① 到2015年,旅游管理、营销、服务和产品开发的市场化、国际化水平显著提升。旅游业增加值占地区生产总值比重达到8%以上,第三产业增加值占地区生产总值比重达到47%以上,第三产业从业人数比重达到45%以上,力争全省人均生产总值、城乡居民收入达到全国中上水平,教育、卫生、文化、社会保障等社会事业发展水平明显提高,综合生态环境质量保持全国领先水平。② 到2020年,旅游服务设施、经营管理和服务水平与国际通行的旅游服务标准全面接轨,初步建成世界一流的海岛休闲度假旅游胜地。旅游业增加值占地区生产总值比重达到12%以上,第三产业增加值占地区生产总值比重达到60%,第三产业从业人数比重达到60%,力争全省人均生产总值、城乡居民收入和生活质量达到国内先进水平,综合生态环境质量继续保持全国领先水平,可持续发展能力进一步增强。为了支持海南,国家将在政策、资金、项目安排等方面给予特殊扶持。

但是,2010年春节期间,海南省建设国际旅游岛的规划尚在制定之中,海南楼市和酒店房价就出现了疯涨,投机者借国际旅游岛国家战略的利好概念,在"洗劫"海南地产和酒店房价之中,向海南国际旅游岛的建设者们发起了政府管理挑战。这也说明不仅政府营销的规划和决策很重要,而且政府营销的执行和过程管理也非常重要。

5. 城市营销:营销昆明——从中国到世界

营销昆明是中国城市营销的第一个案例。但在昆明之前,还有一个更典型的区域营销案例是"寻找香格里拉"。20世纪30年代,英国作家詹姆斯·希尔顿在其著名小说《消失的地平线》中首次描绘了一个远在东方群山峻岭之中的和平宁静之地"香格里拉",引起世人向往,拍成同名电影并荣获多项奥斯卡奖之后,更使香格里拉为世人熟知。但是美丽的香格里拉到底在哪里,一直是一个谜。1996年云南省政府组织考察论证,1997年宣布在云南西北部青藏高原腹地找到了人类寻觅了半个世纪的世外桃源香格里拉,这里是滇、川、藏三省区交界地,也是世界自然遗产"三江并流"所在地,自然风景极其优美,香格里拉的藏语意为"心中的日月",2001年底云南设立香格里拉县,将香格里拉打造成为著名旅游目的地。后于2014年底撤县建立香格里拉市。

1999年,以"人与自然——迈向21世纪"为主题的世界园艺博览会在昆明成功举办。昆明世博会为期184天,共有69个国家和26个国际组织参会,国内外参观人数达到950万人次,整个会期共达成经贸合作项目325个,协议总投资和经贸总成交150多亿元。这似乎是营销昆明的起点,其实不是。中国贸促会原来向国际展览局申请在北京举办,后经国际展览局同意和中国国务院批准移址昆明举办,中国政府成立了由时任国务院副总理李岚清担任主任委员、中央17个部委领导同志参加的"中国99昆明世界园艺博览会组织委员会",因此昆明世博会其实是一次国家营销活动。

营销昆明的最初想法,是主管外贸和旅游的副市长雷晓明对昆明拥有大量外贸和旅游资源但业绩平平的不满情绪中酝酿出来的。昆明世博会和"寻找香格里拉"区域营销的成功无疑给该想法带来了启发。2000年元旦,阳光明媚、鲜花盛开的城市画面,伴随着"昆明天天是春天"的广告词,耗资700万元的中国第一个城市广告诞生了。昆明通过电视广告的形式在差异化中完美地表达出了自己,其直接效应是2000~2001年到昆明的游客没有因为世博会的闭幕而减少。2001年11月,在昆明市政府的安排下,由市外经贸局和市政府新闻办牵头20个单位部门、开发区参加的昆明市"营销昆明"计划正式启动了。2002年4月,市外贸局将首批筛选出来的10多家优秀企业和数十个产品送往越南,在河内和胡志明市进行营销洽谈,签回500多万美元的合同;随后,昆明市政府在加拿大蒙特利尔组织了一次营销昆明产品和投资环境的专项说明会,并在加拿大专门设立了一个长期工作的窗口。

在"营销昆明"的计划里,产品营销只是第一步,接下来把人文、历史、自然资源、产业和投资环境整合起来,结合昆明社会、经济、人文等方方面面的独有优势,进行强有力的整合营销传播,最终将昆明打造成一个内生性极强的经济体。

比如,舞蹈家杨丽萍和她的《云南映象》一跳就是10年。2003年8月8日,《云南映象》在昆明会堂举行首演,座无虚席,火爆空前。2004年开始,《云南映象》开始全球巡演,先后走过亚洲、美洲、欧洲42个城市,至今商演4000多次,票房总额早已过亿。世界观众不但记住了杨丽萍,也通过云南原生态民族舞蹈艺术了解了昆明。

现在营销昆明再升级,将昆明打造成世界知名开放城市。昆明自古就是南方丝绸之路上的重要枢纽,是内地和西南地区通往东南亚、南亚的重要门户,中原文化、少数民族文化与东南亚文化、南亚文化在这里交融;到近代,随着滇越铁路通车,为昆明建设国际化开放城市奠定了文化基础。当下,在大力推进桥头堡建设的过程中,云南省委、省政府寄予昆明对外开放的期望是:要借鉴国际知名城市建设经验,注重融合东南亚、南亚文化元素,努力把昆明打造成为一个既有历史底蕴,又有时尚色彩,特色鲜明、功能完善的区域性国际城市和世界知名的旅游城市。昆明处于亚洲的地理中心和五小时航空圈中心,处于东盟"10+1"自由贸易区、大湄公河次区域经济合作圈、泛珠三角区域经济合作圈"三圈"交汇点,是中国面向南亚、东南亚乃至中东、南欧、非洲的门户。昆明正积极发挥沿边区位优势,着力打造世界知名的西南开放城市品牌。

## 二、政府营销的理论背景

政府营销的产生背景与20世纪以美国为主要代表的西方发达国家的政治经济发展阶段、重大历史问题及其政府治理的理论学说与政府管理行为演变有着紧密联系。当然,公共经济学者、公共管理学者和市场营销学者对政府营销产生背景也各有自己的认知和见解,形成差异明显的观点。

## （一）公共经济学者视角的政府营销产生背景

公共经济学也称政府经济学，是研究政府公共政策与政府行为的经济学说。

在1929年美国大萧条引起世界经济危机之前，英美等发达国家实行的是完全自由的市场经济体制，各国政府基本不干预企业与国民的经济活动。美国大萧条和世界经济危机暴露了古典经济学信奉的"能够自发调节市场"的市场机制也会出现失灵——"市场失灵"。

凯恩斯（1883～1946）对1929～1933年的资本主义国家经济危机进行了深入的思考，于1936年发表了《就业、利息和货币通论》一书，创建了宏观经济学说，主张政府干预经济。美国总统罗斯福拯救大萧条的"新政"（1933～1936）果断采取了改革（reform）、复兴（recovery）、和救济（relief）（简称3R）的政府干预手段。由于二者具有相同的主张，因而从各自独立走向了结合，30年代后期，凯恩斯主义渗入白宫班底，成为美国政府干预经济的理论依据。二战导致美国军火生意旺盛，与凯恩斯主义及美国政府一起拯救了美国经济。

二战以后，由于美国政府干预经济的效果明显，凯恩斯主义进而渗透到英国、法国、意大利、联邦德国等国家，实现了这些国家充分就业与经济高速增长，使资本主义国家原来矛盾尖锐的劳资关系得到缓和。凯恩斯与西方政府的关系也越发紧密。

但是，1973年和1979年的两次国际石油危机导致美国经济陷入滞涨（即经济增长停滞与通货膨胀并存，并伴随高失业率），凯恩斯主义理论对此既无法解释也无法解决，从而引发了"政府失灵"问题。因此，20世纪70年代以后凯恩斯主义在政府决策层中的无可争议的统治地位不复存在，主张减少或调整政府干预的公共产品理论和公共选择理论地位开始上升。

公共产品理论认为由于公共产品存在外部效应，无法由市场进行有效生产与分配，主张政府从全面干预经济调整为主要提供公共产品，提高公共产品的供给效率，纠正市场失灵，实现社会平等和经济稳定。

公共选择理论也主张由政府提供公共产品，但由于公共选择的复杂性，政府机构和政府官员代替公民所做的公共选择虽然应该比市场自由选择更有效率，但也可能出现失职失准问题，同样也会出现"政府失灵"问题，因而主张对政府行为加强监管。

公共产品理论和公共选择理论由于存在批评政府、限制政府和监管政府的主张,因而并不受政府当局的欣赏,不可能被政府像对凯恩斯理论一样奉为理论依据,但却受到了社会大众的推崇,迫于经济压力和社会严力,政府又不得不接受公共产品和公共选择理论的批评,调整政府行为,以取悦于选民和公民,①从而为政府营销提供了经济学理论基础。

## (二) 公共管理学者视角的政府营销产生背景

公共管理学是研究政府行政管理行为的学说。

封建社会和早期资本主义社会政府行政效率同当时的社会生产率相一致,都是低效的,甚至更低效,因为政府拥有高高在上的统治权力。而随着社会生产力的发展,尤其是以泰勒科学管理为标志的西方企业管理科学的诞生,企业的生产效率和管理效能得到明显提高,传统公共行政学说就主张公共行政管理要向私营部门的企业管理学习,努力改变行政管理缓慢低效状况,提高公共行政管理效率。

长期简单推行公共行政效率的提高,造成了为效率而效率、为效率而有失公平的问题,因此,新公共行政学说出现了,它强调公共行政管理必须优先保证社会公平。

效率和公平总是一对难以协调的矛盾,当新公共行政学说及其在政府管理中的应用强化了社会公平之后,政府运行低效率的问题又出现了,成为必须解决的问题。于是20世纪70年代新公共管理学说出现了,它主张为了解决政府公共管理的低效率与不公平问题,应该将公共管理的主体扩展到政府以外的各种社会机构,非营利组织和企业组织都可以为社会提供公共产品,以提高公共产品供给数量和效率,同时向高效运作的私营企业学习管理方法,全面提高政府公共管理的效率与效果。

新公共管理学说的代表人物及其代表作品是美国公共管理学家奥斯本和盖布勒的《改革政府》(或译为《重塑政府》,原文为《Reinventing Government》,1992年出版),主张用企业家精神改革政府,建立企业家型政府。

新公共管理学说受到了英美政府的大力推崇,20世纪80年代英国的撒切尔政府和美国里根政府以及90年代的克林顿政府,都大力推进了政府改革运

---

① 方福前.当代西方经济学主要流派[M].2版.北京:中国人民大学出版社,2014.

动,借助企业管理的方法提高政府管理绩效。

由于公共经济学的公共产品理论、公共选择理论,公共管理学的新公共管理学理论几乎同时在20世纪八九十年代处于理论的高峰时期,并都处于与政府管理当局执政思想与执政行为更为密切结合的理论高度,因而成为政府营销产生的理论背景。

但是,虽然新公共管理主张政府服务应该像企业一样以顾客为导向,具有企业市场营销的基本观念,可由于公共经济学者和公共管理学者对市场营销的策略知之不多,因而市场营销学者并不认可这种解读,并不认为政府营销理论是由公共经济学和公共管理学派生或催生出来的学问。

以新公共管理学说的代表人物来说,奥斯本长期担任美国共和党和民主党主要政府领导人和候选人的顾问,盖布勒是加州维塞利亚市的前政府官员,也在俄亥俄州万利达亚市政府任职,在这两个地方他都亲自进行过政府改革。他们的著作对美国政府改革起到了很大的作用,受托主持美国政府改革的时任副总统戈尔的改革思路大部分来自于他们的《改革政府》一书。克林顿曾说"每一位当选官员都应该阅读本书,我们要使政府充满新的活力,就必须对政府进行改革。本书给我们提供了改革的蓝图。"

奥斯本和盖布勒在《改革政府》中要求政府满足顾客的需要,而不是官僚政治的需要。指明以市场为导向的政府会通过市场力量进行变革。书中提到最多的企业管理学家是彼特·德鲁克,提到最多的管理方法是爱德华兹·戴明的全面质量管理。而对于已经成名成家、被誉为"现代营销之父"的菲利普·科特勒则没有提及,其他市场营销学者的名字和著作也没有提及,甚至连市场营销的概念都没有提到,更不用说70年代首提、80年代方兴未艾的社会营销等政府营销的先导概念。

## (三)市场营销学者视角的政府营销产生背景

政府营销概念于1981年由Michael P. Mokwa和Stephen E. Permut首次提出,他们合作出版了《Government Marketing: Theory and Practice》一书。

与政府营销相关的概念"政治营销",是1956年由美国学者斯坦利·凯利在《专业公关与政治权力》一书中最早提出的,源于政治公关的政治营销长期以助力美国总统竞选的概念出现,因应用范围极小而未得到广泛传播,直到90年代将概念拓展到政治竞选之外。

对政府营销理论著述最早、最多、影响最大的学者是"现代营销之父"菲利普·科特勒。自1960年4P营销策略组合理论提出以来,再经过70年代市场细分等概念的提出,现代市场营销理论已经比较系统而完善。1969年,菲利普·科特勒和西德尼·莱维提出了"营销概念的扩展"①,认为营销不仅适用于产品和服务,也适用于组织、人、地方和意识形态,可以扩展到非营利组织的宗教营销、教育营销、健康营销和文化营销等领域。所有的组织,不管是否开展货币交易,不管干得好或坏,事实上都是在做营销。这篇文章为市场营销从企业扩展到其他组织包括政府提供了最初的设想,为此,1970年的美国营销协会年会将最佳论文奖颁给了他们。

1971年,菲利普·科特勒和杰拉尔·德扎尔特曼首次提出社会营销概念,指出市场营销在环境保护、计划生育、改善营养等社会目标方面的作用,80年代世界银行、世界卫生组织以及疾病控制与预防中心开始使用社会营销概念。

1975年,菲利普·科特勒等提出第三部门营销概念,将营销范围从第一部门(企业)扩大到第二部门(政府)和第三部门(非营利组织)。

1989年,菲利普·科特勒和Ned Roberto(内德·罗佰托)合著出版《Social Marketing——Strategies for Changing Public Behaves》(《社会营销——改变公共行为的战略》)。

1996年,菲利普·科特勒、Ned Roberto(内德·罗佰托)和Nancy Lee(南希·李)合著出版《Social Marketing ——Improving the Quality of Life》(《社会营销——提升生活质量的方法》)。

1993年,菲利普·科特勒与美国西北大学教授Donald H. Haider(唐纳德·H·海德)和Irving Rein(欧文·雷恩)合著出版《Marketing Places: Attracting Investment, Industry, and Tourism to Cities, States, and Nations》(《地方营销:为国家、地区和城市吸引投资、产业和旅游》)。

1997年,菲利普·科特勒和Somkid Jatusripitak(桑基德·加图斯里皮塔克)、Suvit Measincee(苏维特·米幸西)合著出版《The Marketing of Nations》(《国家营销》)。

2007年,菲利普·科特勒和Nancy Lee(南希·李)合著出版《Marketing in the Public Sector——A Roadmap for Improved Performance》(《公共部门营销——绩效提升之路》)。

---

① Kotler P, Levy S J. Broadening the Concept of Marketing[J]. Journal of Marketing, 1969(1):33.

2009年，菲利普·科特勒和Nancy Lee(南希·李)合著出版《Up and Out of Poverty——The Social Marketing Solution》(《摆脱贫困——社会营销之道》)。

菲利普·科特勒在涉及公共部门营销的著作中，提到的经济学家有托马斯·芒、魁奈、卡尔·马克思、凯恩斯、哈耶克、弗里德曼、熊彼得、哈罗德、罗斯托等，但未见提及公共经济学家和公共管理学家，也没有提及政府改革等前提问题，而是直接讨论政府应该怎样开展营销。

菲利普·科特勒毕生精力集中于营销教育与企业营销咨询，并没有在公共管理学界和政府部门担任职务或从事咨询服务工作。应该说，其政府营销思想并未受到公共管理理论和政府管理者的影响，其政府营销理论也并未正式取得美国政府官方认同，科特勒本人似乎对此也不太在意，并未倾心致力于其政府营销学术研究的官方采纳。也就是说，美国的政府营销在实践中已经运用，但是并没有采用营销学权威们的政府营销的概念和名义。

对政府营销做出贡献的市场营销学者及其著述还包括：

Cromption Jone 和 Lamb Jr. C. W 1986 年出版《Marketing Government and Social Services》；Larry L. Coffman 1986 年出版《Public-sector Marketing——A Guide for Practioners》以及 Titman 和 Lionel 1995 年出版《Marketing in the New Public Sector》，提出公共部门营销的 6P 策略(传统 4P＋Plan ＋ People)。

Buurma 和 Hans 2001 年发表《Public policy marketing：Marketing exchange in the public sector》一文，指出政策营销是公共部门利用营销的观念与活动，使得公共政策获得公众的接受和支持，并将公共部门营销分为 4 类：① 公共部门的商业化和市场化以降低价格并符合顾客需要；② 利益营销保证公共部门的生存和发展；③ 地方向外营销以促进本地发展；④ 利益营销达到政治目标。

国外学者也认为最早将市场营销引入公共领域的是菲利普·科特勒的"扩大的市场营销"。S. Osborne 和 C. Chew 在 2009 年的著作中写道：Kotler 和 Levy(1969)认为市场营销是一种普遍的社会活动，所有的组织都关心它的"产品"在特定消费者群体中的形象，并且力图寻找各种工具来提高产品的接受度。

这一观点随之被众多市场营销学者和实践者接受，并且成为将市场营销引入公共领域的起点——如对社会变革和公共教育(社会营销)的探讨，对公共服务定量配给的探讨(反营销)，以及对公共服务组织通过筹款获得资源的探讨。

就英国的情况来说,市场营销功能在公共服务组织中的出现始于20世纪80年代保守党的政府市场化运动。政府市场化运动成为英国公共服务组织运用市场营销功能的核心动力。但是英国的医疗机构和社会福利机构运用市场营销功能之时也出现了一些问题,医疗机构虽然通过市场营销功能实现了自身的财务目标,但却忽视了当地社区整体的医疗健康政策和医疗公共需求。在英格兰,中央政府鼓励社会福利局传播"以顾客为中心"的理念,并将其作为福利局的主导行为范式,但福利局也被政府要求执行一些与"以顾客为中心"相冲突的政策,使得服务顾客的营销工作难以开展。因此,在英国,由于交易型营销在公共服务运用中产生了一些负面影响,引起了政府部门的担心,进而限制了更多市场营销策略和方法在公共领域的应用,甚至阻止了更具先进性、公益性和社会责任感的营销理念、营销方法在公共领域的应用,政府在公共领域的市场营销的提法变得更为谨慎。

因此,市场营销学者认为,政府营销是市场营销在政府公共部门的应用,是市场营销理论和实践自身不断发展的结果,而不是公共经济学者和公共管理学者所说的由他们创造的概念与催生的学说。

## (四)关于政府营销产生背景原因的分析

在政府营销产生的上述三种视角、三种线索中,公共经济学的线索虽然是最早的,但也是最间接的,远没有公共管理学和市场营销学的视角和线索那么有直接的事实依据。因此,对于政府营销产生背景与原因,争论主要在公共管理学和市场营销学之间。一种说法是公共管理学者推动政府市场化改革,引入了企业营销理念与手段,从而产生了"政府营销";另一种说法是市场营销学者致力于营销观念和营销手段的拓展,将市场营销理论与方法扩展到政府等公共部门,从而产生了"政府营销"。

但是,以国内现有的文献资料来看,美国政府并未以官方的角度正式认可并使用政府营销概念。因此,目前尚处在学术研究领域的"政府营销"究竟是何种力量推动的,并没有政府官方的说法。因此,公共管理学者和市场营销学者都认为自己是政府营销概念和理论的贡献者。

了解近100年来的社会经济大背景,了解公共经济学、公共管理学、企业管理学和市场营销学的百年发展轨迹,对于厘清政府营销产生原因是非常有帮助的。如图1.1所示。

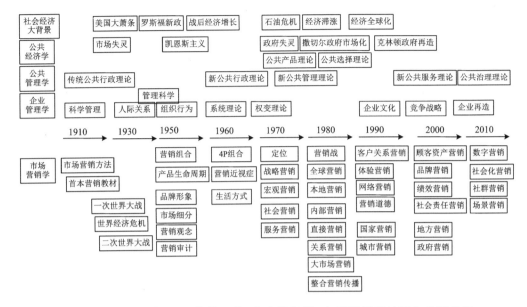

**图1.1 公共经济学、公共管理学、企业管理学、市场营销学的百年发展轨迹**

从国内的研究情况来看，国内的公共管理学者认为是公共管理运动导致了英美等国的政府市场化改革，而后才有了"政府营销"。但市场营销学者并不认可这种观点，认为这种观点只是表面逻辑和望文生义的简单推论。

事实上，公共管理学说和公共管理运动确实推动了政府的市场化改革，但客观来说，重塑政府运动的改革重点和改革成果主要体现在政府自身的改革上，并未在正确运用具有社会责任担当的市场营销上，采取了多少实际举措，取得多少实际成效。在市场营销学者看来，由于专业领域不同，政府市场化改革中运用所谓的"市场营销"手法是相当陈旧的，并不是私营部门所运用的真正追求顾客满意和社会价值的"现代营销"，而是以追求政府自身财务目标而实际损害社会公共利益的"过时营销"。

但是，仅仅靠市场营销学者单方面将市场营销观念与方法向政府拓展，也是势单力薄的。如果没有新公共管理运动，没有政府市场化改革的潮流推动，仅靠市场营销学者推动政府营销理论被官方认可，并以政府营销理论为指导以推动政府营销实践全面深入持续地开展，也是不现实的。

因此，公共管理学者和市场营销学者应该放弃谁是政府营销概念和理论的推动者的争论，共同努力深化政府营销理论研究，共同促进政府营销主体的正式官方认可，并进而采纳运用到政府治理实践中去。两个学科两支队伍应该从两个方向汇聚起来,将政府营销尽快从学术研究层面推进到具有"正式名分"的实践应用层面。

在中国,在企业体制改革以后推开的公共事业体制改革,也为市场营销在公共服务领域的应用打开了大门。但同样由于存在某些负面作用与现象,政府在坚持市场化改革的大方向下,官方一直避免使用"市场营销""公共营销""政府营销"等概念,"政府营销"概念仍然处于学术探讨范围,没有成为"官方语言"进入政府文件。但中央政府隆重举办的奥运会、世博会、APEC峰会、G20峰会、实施的"一带一路"倡议,就是国家层面的政府营销行为;改革开放初期就实行的引进外资,就是政府营销行为;地方政府的招商引资、发展旅游,还是政府营销行为;"跑步进京"申请中央政策、项目和资金,也是政府营销行为。

中国公共事业部门市场化改革以后出现的负面现象主要表现在:① 中小学义务教育课外收费补课;② 医疗机构以药养医,形成高药价看病难看病贵,医疗部门官员寻租腐败,医生收受患者红包;③ 新闻媒体因为创收需要或有偿新闻或有偿不闻或敲诈新闻;④ 地方政府为招商引资大搞政策优惠税费减免竞争,导致合理税费流失;⑤ 地方政府为提高政绩引进污染企业,破坏了生态环境,损害了当地居民的身心健康;⑥ 地方政府为了经营城市、为了形象工程,过度依赖房地产,形成了土地财政,抬高了房价,影响了居民安居乐业;等等。

1997～2000年,全国性的国企改制解决了地方中小型国有企业效益低下、亏损普遍的问题,但也存在职工下岗导致社会震荡、少数官商合谋贱卖国有资产导致国有资产流失的质疑。2002年以后,尤其是应对2008年国际金融危机之时,国企尤其是央企在关系到国计民生的领域重新发力扩张的时候,社会上又出现了国进民退的质疑。全国各地甚至部队医院都存在公立医院出租或由莆田系承包部门科室,虽然减轻了公立医院的财务压力,但也导致了一些藏污纳垢的问题。2000年初,江苏宿迁市政府在遭到医护人员抵制的情况下,将所有公立医院整体出售,不但未解决看病贵的问题,且大病治疗能力下降,十年之后不得不重建公立医院。2003年,齐齐哈尔自来水公司被出售给私人企业后,只收费不投入,不清洗供水管网,导致水质下降,甚至还大幅度提高水价,甚至超过北京上海等一线城市,成为"全国最高水价"。后经查是腐败官员为迎合有"最美全国政协委员"之称的女老板,违规强卖国有资产造成的。

其实公共部门的市场化和私有化与实施政府营销是两个不同的概念,公共部门的市场化和私有化并不等于实施了好的市场营销,更不能说公共部门的市场化和私有化就是政府营销行为。公共部门市场化和私有化以后,从理想的情况看,由于机制的推动,应该能更多地开展市场营销。但公共部门不采取市场化和私有化,也照样能开展好的营销活动,成就优秀的政府营销。

各国政府推行的市场化改革,以及在市场化改革大背景下运用的未被官方正式认可概念的"市场营销""政府营销",也取得了多方面的良好作用。期间产生和存在的问题,不是根本性的问题,而是发展中的问题,是可以在发展中进一步改进的问题,这也是世界各国学者仍然继续深入研究政府营销的原因所在。

我们认为,市场营销在公共领域的实际应用产生负面问题与影响的主要原因在于:政府机构和政府官员对营销理论和营销实战方法了解不够深入全面,停留在早期交易导向利润目标的推销或强销概念阶段,忽视了具有社会责任感的营销观念和营销目标,缺乏对先进营销理念和实战方法的认知,对企业私营部门运用的落后的营销观念乃至"欺诈营销"缺乏鉴别和监管能力,以至于坚持社会责任感的价值营销没有被引入,而能快速解决政府及其部门机构与人员财务压力的交易型营销却得到赏识和重用,甚至于在企业私营部门都认为是商业丑闻的行贿当权者和交易决策者等行为出现在公共事业的市场化改革大幕背后。这些在十八大严厉反腐之中被曝光。中国公共事业领域市场营销的初级尝试所产生的负面影响,又导致政府对"市场营销"概念的敏感和警惕,使得更先进更合规的营销理论与营销方法也被排斥在外。这和英美国家的情况极为相似,与世界各国政府官员的行事原则极其相关,即宁愿保守不愿激进,宁愿稳妥不愿冒险,宁愿不出事也别找事。

企业等私营部门的市场营销也是不断发展的,并推动了企业发展、品牌形象建设、经济发展和消费者利益提升。诚然,企业等私营部门的市场营销也存在良莠不齐的现象,存在"欺诈营销""暴力营销"等不当手法,这不仅是消费者、社会公众和政府组织所不齿的,也是价值营销者所痛恨的,正是这些丑恶现象使得市场营销的形象被抹黑、被妖魔化,被贴上"无商不奸"的标签,这也是价值营销者倾力与之相区分的、相斗争的,并希望与全社会一起,共同打造价值营销的和谐氛围与正面形象。

为此,我们建议政府不要因为尝试市场营销出现了阶段性存在的负面影响而因噎废食,而要提高真假伪劣营销的鉴别能力,将真正负责任有价值的营销理念与营销方法引入公共事业领域,为公共事业健康持续发展提供支持。

其实，中国政府对市场营销在国有企业的运用也是经历了一个过程的。改革开放初期，市场营销理论很快被引入中国，但最先只是在高等学校进行理论教育，而后随着中外合资企业等三资企业的建立和运营而在中国得到应用，直到1996年全国"两会"期间才被首次写入政府文件，成为官方词汇和语言，成为推动国有企业发展的重要方法。

在中国，尽管中央政府和各级地方政府也开展了改革开放、吸引外资、招商引资、扩大出口、发展旅游、简政放权等实质为政府营销的重大战略决策与行动，但并没有采用政府营销的概念与名义，而很多政府官员对政府营销的概念知之甚少，一旦听说便会质疑"政府也需要营销？营销不是企业才搞的吗？"

但这并不能否认政府在不明确概念的情况下开展了实质为政府营销的活动。不知而做并不矛盾。正如政府营销开展得非常好、使得国家快速进入发达国家的新加坡的建国领袖李光耀所说的："我和新加坡在多年之后才意识到，这些年来让新加坡和许多别的国家不同的是实施了塑造国家品牌工程的创举。但是，我过去根本就不知道品牌这个词。"①

相信通过政府营销学者的推动，政府营销也能从学术研究层面进入政府政策层面，成为官方语言，成为促进政府工作、提升政府形象、增进社会福祉的有效工具。

## 三、国内政府营销研究总览

### （一）政府营销的国内研究成果

国内政府营销方面的研究起步时间不太长，自主研究成果也不算多，研究文献总量也不够丰富，但与笔者2010年出版《政府营销论纲》时相比，已经出现了一些新的变化，增加了一些研究成果，截止到2016年年底，成果形式主要有学术研究论文、学位论文、教学培训课程与课件、会议研讨论文和观点交流、营销实践活动宣传报道、学术著作和实战案例丛书等。

---

① 许木松. 国家营销：新加坡国家营销之道[M]. 杭州：浙江人民出版社，2012.

1. 学术研究论文和学位论文

学术研究论文是提出和倡导政府营销、探讨政府营销方法的主要成果形式,学位论文由于篇幅长于学术期刊发表的研究论文,因而成为较为全面论述政府营销某个方面的成果形式,两者都可以在中国知网上检索查询,因此这里合并在一起讨论。此外,还有一些关于国内外政府营销理论与实践介绍或宣传报道文章,由于数量不多,故不单独讨论,也在这里一并讨论。

知网篇名检索"政府营销",截止到 2016 年底共有 440 篇文章(见图 1.2),经人工筛选检查确认为 294 篇,其中硕士学位论文 59 篇,没有博士学位论文。

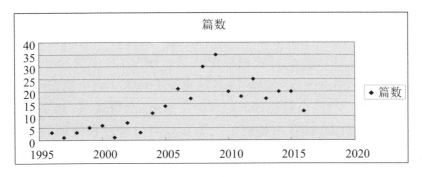

图 1.2 中国知网中关于政府营销的文章数目

经中国知网查询分析,从 1986～1995 年的 10 年间,国内有 5 篇文章涉及政府营销的相关内容,但都没有正式提出政府营销概念。吴军(1986)介绍日本政府与企业营销关系;陈信康(1987)介绍菲利普科特勒 1986 年在上海市的演讲中说到市场营销发展到社会营销的新阶段;胡安国等(1991)介绍文水县委县政府牵头推广专利产品;郁政(1993)浅谈市场营销过程中的政府调控职能;冯德连(1995)论及国际市场营销的二重性与政府介入营销。

正式首次提出政府营销的是福建行政学院的徐小佶,1996 年其在《管理与效益》第 3 期发表论文《试论政府营销》,论及政府营销问题的提出、研究政府营销的意义、政府营销的主要内容和途径;1997 年其在《管理与效益》第 2 期发表《再论政府(社会)营销》,论及政府营销的特点、对策与管理程序。在这两篇文章中,徐小佶对政府营销和社会营销并未做概念区分。

1998 年和 1999 年文献显示四川省和广西壮族自治区政府发文提到加强企业市场营销工作;市场营销咨询专家屈云波呼吁《政府和事业性机构也应学

习市场营销》。1999年,以"人与自然——迈向21世纪"为主题的世界园艺博览会在昆明成功举办,这也是中国举办的首届专业类世博会,为后来中国举办综合类世博会积累了经验和信心,也是中国政府营销大型实践活动的开端。2000年,云南省政府发文大力促进国有企业营销工作。2001年底,昆明市政府启动营销昆明活动。2002年,营销昆明活动正式发布,这是中国首次由政府推动的城市营销大型活动。

2000年第一篇涉及政府营销的硕士学位论文是对外经济贸易大学张学斌所写的《地方政府在区域旅游营销中的作用及行为研究》。

2000~2003年,辽宁、四川、内蒙古阿拉善等地报刊报道当地政府支持农产品营销,绿色营销和旅游营销及其政府的作用是当时最关注的话题。大连靠农民营销大军搞活了农产品流通,一年实现销售总额十多亿元,大连市政府专门出资100多万元,隆重表彰2002年在农产品流通中贡献突出的50名农民经纪人,这也是该市首次对农民经纪人进行重奖,其中奖励10名"销售大王"每人1辆东风牌大卡车,奖励40名销售能手每人1台电脑。

2002~2003年,政府营销方面的理论文章有:龚智民的《双层次旅游营销中政府性营销》,俞亚南的《市场营销观念在政府组织行政管理活动中的应用分析——论政府组织行政管理的行为导向观》,李德荣和葛卫芬的《论政府营销——以宁波市为例》,冯仕文的《经营政府——用营销理念提高政府工作水平》,池雄标的《论政府旅游营销行为的理论依据》,朱红亮和李振国的《政府营销论》。

2004年,杨伟文与贺和平的《浅论政府营销中的行政价值观》是首篇由在读博士所写的政府营销文章,也是首次讨论政府营销价值观的文章。刘向晖提及电子政府及其对企业网络营销的影响。这一年是政府营销相关文献首次突破10篇的年份,此后每年文献均在10篇以上,到2016年12月最后一个工作日,知网共有政府营销相关文章294篇(已剔除无关和重复文章)。也是这一年政府营销概念首次遭到公开质疑,江苏苏北的盱眙县政府举办的龙虾节被中央电视台《焦点访谈》栏目曝光,质疑这个贫困县利用财政150万元办节是否妥当①。

政府营销的主要研究者与研究内容包括:哈尔滨商业大学董从文的政府营销与服务型政府建设研究(2005),福建省委党校许宁的论政府营销管理

---

① 姜业奎.政府营销的困惑　盱眙龙虾遭遇"十面埋伏"[J].小康,2004(09).

(2006)、再论政府营销管理(2008),安徽行政学院朱华锋的对政府营销价格策略和通路设计的研究(2009,2010),三峡大学朱静的政府营销与新公共管理(2009)、政府营销的价值分析与系统构建(2010),山东工商学院姜文芹的服务营销与政府公共服务模式构建(2014)、政府公共服务营销策略(2015,2016)。

与政府营销相关的研究还有区域营销、地方营销、地区营销、城市营销和国家营销等。截止2016年12月底,知网篇名搜索包括区域营销、地方营销、地区营销的文章为981篇(见图1.3),但实际与此并无关系,比如很多文献是探讨地方高校市场营销专业建设和人才培养的,经人工筛查,实际相关文献为236篇,其中,硕士学位论文41篇,且有与政府营销同作者同篇名的重复收录,没有博士学位论文。

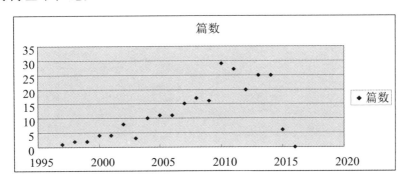

**图1.3 中国知网检索的地方营销(含地区营销和区域营销)的文章数目**

1997年,云南财贸学院贸经系聂元昆发表理论研究文章《区域市场营销:一种对市场营销的区域经济分析》,指出了政府在区域营销中的作用与运作。

1998年,吉林农业大学农商学院赵春雷、马立春和周景艳共同发表实践应用文章《长白山区域经济发展的营销战略》,从吉林省东部长白山区域经济特点出发,力求在实现可持续发展的生态经济的基础上,探索适合长白山区企业发展的营销策略。

区域营销的主要研究者与研究内容包括:北京大学韦文英和杨开忠对区域营销市场学派、规划学派和形象学派的述评(2004),南京财经大学陶金国对产业群与区域营销的研究(2006),浙江师范大学严群英对基于区域营销的区域经济发展机制研究(2010)、区域营销与区域竞争优势形成机制的研究。

城市营销是知网文献最多的内容,篇名搜索达到1 735篇(见图1.4),经人工筛查后确认为1 206篇。硕博学位论文数量也是最多的,共127篇,其中博士学位论文有5篇。

知网上城市营销的最早文章出现在1999年,杨建一在《上海管理科学》发表了《城市营销:深化陆家嘴开发的新理念》。2000年,田广研在《社会科学报》发表《城市营销:城市发展的重要推动力》。2001年,城市营销文章开始增加,赵正在《中国工商报》发表《城市营销:路在何方》,在《中国经营报》发表《城市经营的营销学思考》。《中国经济快讯》发表了关锐的《城市也应树立营销观念——访区域经济与战略管理专家杨开忠》。孙成仁发表《城市营销时代的来临》以及刘海清发表《一个新的概念:营销城市》,同时热度上升的城市营销也引起了媒体和记者的关注和反思,《中国经济时报》发表记者许小飞的文章《走出营销城市的误区》。

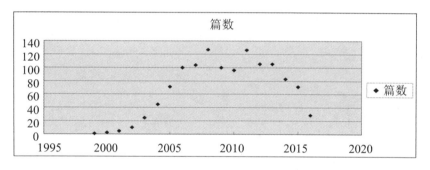

图1.4 中国知网关于城市营销的文章数目

城市营销的主要研究者与研究内容有:南京大学张京祥等对城市营销发展进程与研究进展的思考(2007)、城市大事件营销效应的研究(2007,2011,2013)、转型期城市营销的企业化倾向及其影响(2009)、营销型城市增长策略的研究(2007,2008),中国人民大学刘彦平对城市价值的营销学思考与城市营销的机会分析(2006)、城市营销与中国城镇化的研究(2009,2013)等。

在知网文献中,国家营销是数量最少的,篇名搜索到508篇(见图1.5),经人工筛查确认109篇,硕博学位论文只有8篇,其中博士学位论文1篇。

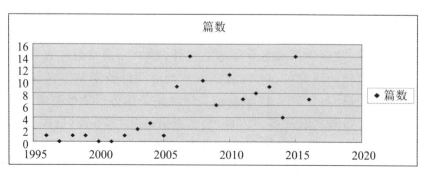

图1.5 中国知网关于国家营销的文章数目

1996～2002年介绍外国的国家营销动态的文献数量很少,如《管理科学文摘》中有简单地介绍俄罗斯国家营销战略的文章,有介绍美国营销大师菲利普·科特勒关于国家营销的著作,有介绍德国国家旅游局及其营销战略等零星短篇文章。

2003年开始每年均有国家营销文献不间断地发表,但首先讨论中国国家营销的不是行政管理方面的期刊和学者,而是文化艺术方面的期刊和学者。《美术观察》杂志于2003年11月编发了一组热点述评文章讨论国家文化营销,其中包括彭迪的《应切实体现国家文化战略——"中国北京国际美术双年展"引发的思考》。此外,2004年《美术》杂志编发了吕品田的《艺术展览与国家文化战略——由北京双年展所想到》。

可能是受这些文章的启发,2004年,复旦大学国际关系与公共事务管理学院的林哲在《上海经济研究》发表了《国家文化营销的理论基础和研究思路》,指出随着和平崛起的国家战略理论的提出,通过国家文化营销发展国家文化改变国际文化格局,提升自己的国际影响力,建立我国的"软权力"成为的新课题。该文探讨了国家文化营销的理论基础,并提出了一个我国国家文化战略营销的研究思路。

2004年,在筹办2008北京奥运会的过程之中,将北京奥运与国家营销联系起来的观点出现,苏彤和胡奎在中国太平洋学会年会论文集发表了《创意的世纪、智慧的奥运——2008北京奥运会与国家营销》。

继2003年和2004年美术界讨论美术与国家营销之后,2005年,首都师范大学美术学院博士研究生李万康在《美术观察》发表《国家艺术营销战略初探》,《美术学》栏目主持杨斌在篇首指出当代国家间的较量是不同文化间的较量。同经济、政治战略一样,文化战略作为一个国家对于自身文化发展的一种长远设想和整体规划,是运用文化力量维护国家利益的一种积极意识的体现,也是一个国家在一定范围内判断自己所处方位和发展方向的导航系统。国家文化战略除了体现在理论形态上之外,更重要的是持续性地渗透在国家文化行为之中,并通过它来施展文化导向作用。

2006年,国家营销文献数量有所增加,除延续国家文化战略分析的华威和王燕的《摄影术的"国家营销"》外,还有罗青和温基映的《全球化体育事件与国家营销传播——以2006世界杯德国、韩国为例》、石焕奋和史铭康的《新加坡国家营销发展初探》以及《法国积极进行"国家营销"》等介绍外国国家营销的文章,有杨小洁的《从方舟子否认中医药看我国国家营销》。此外,当年处于高速发展阶段的蒙牛还发动了"每天一斤奶,强壮中国人"的以增强国民体质为主题的社会营销活动,因为引用了时任国务院总理的语言,因而成为国家营销的一个案例。

国家营销的主要研究者与研究内容包括:中国人民大学李晓华对国家营销与中国制造升级的研究(2007),武汉大学何昊等对国家营销构筑中国软实力的研究(2009),福建师范大学魏国江对中国制造价值提升中的国家营销研究(2011),云南财经大学聂元昆等对论国家营销研究的基本理论问题(2012)、国家营销的研究理论评述的研究(2013),等等。

### 2. 教学培训课程与课件

同济大学经济与管理学院博士生导师叶明海教授在2006年制定了MPA政府营销课程教学大纲和讲义。教学目的是通过政府营销学的学习,使得从事政府管理的人员在政务公开、有效运用公共权力、实现公共利益、保障和充分实现公民权利等方面掌握基本的概念和方法,从而制定和贯彻实施公共政策、有效开展区域形象营销和吸引力营销、提供更好的公共产品和公共服务、实现政策和方针的有效沟通。教学时数为24学时,教学内容共计10章,研究方法是市场营销原理在政府营销领域的运用,其思维方式和内容框架体系和市场营销管理基本一致。

内蒙古财经学院教授侯淑霞博士有一个标题为《思想的跨越——市场观念与政府营销》的课件,主要内容包括:① 市场营销的含义;② 营销与销售的关系;③ 政府营销观念;④ 营销管理;⑤ 政府营销的品牌管理;⑥ 政府营销陷阱。从内容长度上来看,这是一个时间为半天的培训课件。从主体内容上来看,是市场营销观念在与营销管理过程在政府营销方面的延伸,其中关于政府营销的概念、特点和目的与叶明海教授的表述基本一致。

福建省委党校管理学部许宁副教授有一个标题为《政府营销管理实证研究》的培训课件,主要内容包括:① 市场营销研究的基本方法——实证研究;② 政府营销及其管理学的理论依据;③ 市场营销理论在政府管理中的应用;④ 我国政府管理需要现代营销管理理论;⑤ 系统整合政府营销的基本内容;⑥ 制定政府营销方案;⑦ 运用营销方法研究政府管理应注意的问题。从内容长度上来看,这也是一个课时为半天的讲座。

2007年春季开始,作者在安徽行政学院(安徽经济管理学院)的处级公务员培训班上开设政府营销课程,课时为半天。主要内容包括:① 课程释疑:政府为什么要营销;② 借鉴参考:市场营销策略分享;③ 基本内容:政府营销策略探讨。其中,关于政府营销的基本内容,分析了政府营销主体、政府营销客体、政府营销对象和政府营销方法。三段式内容结构及顺序安排的原因如下:① 多数学员对政府营销相当不理解,认为营销是企业的事情,政府根本不需要什么营销,应该课程一开始就需要让学员明白政府营销的必要性,消除学员对政府营销认识上的误解和情绪上的抵制。② 学员对企业的市场营销虽然有一定的了解但也存在很多不正确的理解,需要消除学员对企业营销就是推销产品的误解,并通过营销战略分析过程与营销策略组合的讲解让学员了解市场营销的精髓,通过营销实战案例的分享让学员对市场营销产生兴趣。在此基础上,介绍政府营销的基本内容,学员才能从心态上和心智上认可和接受。到2016年底,安徽行政学院公务员培训持续开设政府营销课程,课程和课件内容也与时俱进地进行了更新。

2010年秋季,作者在安徽经济管理学院的市场营销专业开设《政府与非营利组织营销》课程,课时为36课时,到2017年已经连续开设了8届,成为安徽高校唯一持续开设政府营销课程的市场营销省级特色专业。

### 3. 学术著作和实战案例丛书

朱华锋于2010年8月出版的《政府营销论纲》是中国大陆第一部政府营销学术著作,对于探索和建立中国政府营销理论的内容架构,对于探索政府营销理论在实践中的运用,具有系统的建设性意义;为中国地方政府和部门政府转换职能,改善形象,提升绩效,打造亲民政府、效能政府,贯彻科学发展观,实现可持续发展,创建和谐社会,提供了一种新的思维方式、一种新的策略方法。《政府营销论纲》的内容主要包括政府营销观念、政府营销战略分析、政府营销4P策略和政府营销过程管理等。该书创新了理论体系,内容充实独特,实现了市场营销理论与政府公共管理理论的融合,对于政府营销的理论框架、政府营销观念、政府营销策略内涵、政府营销管理等,提出了具有独特观点和原创性的系统论述,明确了政府营销的主体多元性、目标公益性,明确了政府营销理论研究的边界和独立的研究对象。

中国大陆第二部政府营销学术著作是朱静2011年2月出版的《政府营销论》,该书立足于政府营销国际前沿文献以及实践经验,对政府营销理论进行了规范性研究,并尝试构建一个基本理论框架。从认识论的角度探讨了政府营销的产生、概念及价值实质,从方法论的角度探讨了政府营销的战略规划与营销组合,并从组织实施的角度论述了政府营销的实现路径,最后从实证研究的角度对政府营销的案例进行了分析。内容包括:政府营销的理论基础(公共管理学基础、公共经济学基础、市场营销学基础),政府营销的生成背景和理论根源,政府营销的内涵厘定(概念界定、主体和客体界定、顾客行为分析),政府营销的价值观照(价值分析、价值系统),政府营销的系统建构(模型构建、战略规划、市场战略、营销组合策略、战略控制与审计),政府营销的路径选择(行政流程再造:顾客导向、行政模式重构:绩效管理、行政价值重申:新公共服务、行政文化重塑:和谐行政、行政执行调整:内部营销),并以宜昌市为例介绍了旅游目的地政府营销的战略与策略。

中央政府驻港联络办深圳培训调研中心的韩松洋博士于 2014 年 6 月出版的《网权论:大数据时代的政治网络营销》一书,讨论了美韩英等国家的政治网络营销、中国台湾和内地的政治网络营销与社会网络舆情及其应对、大数据与政府智能、大数据时代的政治网络营销等内容,是政府营销细分内容政治网络营销的一部著作。

相对而言,与政府营销比较接近的城市营销、公共服务营销和公共产品营销等著作要多一些、早一些、研究和出版延续的时间要长一些。出版成果包括:中南大学商学院周文辉副教授编著的《城市营销》(2004),中国社科院财政与贸易经济研究所刘彦平博士的《城市营销战略》(2005),倪鹏飞、刘彦平、陈佳贵、裴长洪等合著的《成都城市国际营销战略:创造田园城市的世界标杆》(2010),刘彦平主编的《中国城市营销发展报告(2009~2010):通往和谐与繁荣》(2010),原美的营销策划负责人、现壹串通品牌营销策划机构董事长李锦魁 2010 年出版、2016 年修订再版的《城市品牌营销》,北京第二外国语学院王成慧、骆欣庆主编的"城市营销丛书"《城市营销经典案例》3 辑,邹统钎的《城市与区域旅游目的地营销经典案例》(2016),郭斌的《城市景点品牌与城市文化口碑间的交互作用:基于北京市的研究》(2016)。

公共产品和公共服务营销研究成果也较多,亚马逊图书检索中国学者出版的农村公共产品供给方面的图书为 42 部。另有从城乡结合方面研究公共产品供给的图书 3 部,即李西源 2011 年出版的《西部城乡公共产品供给研究:基于经济利益协调的视角》、任淑艳等 2013 年出版的《城乡一体化发展视域下的公共产品公平供给》和常敏 2013 年出版的《城乡公共产品的多元供给研究——基于长三角地区的探索与实践》。山东工商学院工商管理学院姜文芹教授 2015 年 5 月出版了《政府公共服务营销模式研究:营销视域下的现代政府公共服务》,以公共服务市场化改革为背景和依据,把成熟的营销理论与现代公共服务相关理论有机结合起来,揭示出政府部门和非营利组织领域实施营销的必然性和可行性,对如何提升我国政府的公共服务能力和绩效进行了较深入的思考和研究,为政府构造公共服务营销新模式探索了一个新的视角和路径。该书的研究脉络是:以现代公共管理理论为基础,以经济学供求关系理论为支撑,以现代市场营销理论为指导,以公共服务市场化改革和服务型政府建设为背景,在探讨了政府公共服务营销的必要性与可行性基础上,分析了西方公共服务市场化环境下政府公共服务的营销选择和实践成效,以及对我国的启示与借鉴;最后,尝试构建了营销战略框架下的我国政府公共服务营销新模式。

## (二)政府营销的国内研究范畴

国内政府营销的研究范畴除政府营销一般外,还包括国家营销、城市营销、地方营销、地区营销和区域营销等与政府营销密切相关的内容,前五项研究内容范畴的中国知网文献研究数量在研究成果中已经介绍。

与政府营销相关的研究内容范畴以及截止 2016 年底的知网文献篇名检索数量包括:政治营销 136 篇、政策营销 269 篇、社会营销 1 026 篇、旅游营销 4 624 篇、农产品营销 1 911 篇、绿色营销 2 722 篇、政府形象 1 868 篇、国家形象 3 321 篇、城市形象 7 113 篇、地方形象 391 篇、地区形象 395 篇、区域形象 481 篇、服务型政府 8 303 篇,研究文献最多的是招商引资,知网文献达到 32 193 篇,这些研究范畴的文献数量众多,且因为时间关系,没有进行相关性检测筛选。见图 1.6。

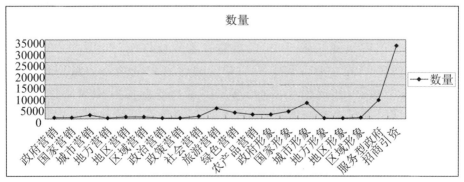

图 1.6 知网中与政府营销相关的文献数量

研究范畴相关但研究文献不多的内容包括：公共产品营销7篇、公共服务营销36篇、公共部门营销4篇、非营利组织营销111篇，这些知网文献已经人工检测筛选，不包括无关内容。见图1.7。

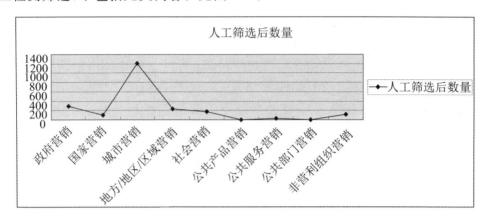

图 1.7　人工筛选后的政府营销文献数量

## （三）政府营销的国内研究力量与专业背景

政府营销的国内研究力量主要来自行政学院和党校、高等院校、高职院校、市场营销咨询界和党政机构。

### 1. 行政学院和党校的教学研究人员

行政学院是国内政府营销概念首先提出与政府营销著作首先出版的研究阵地，代表人物有福建行政学院的徐小佶，于1996年首次在中国提出政府营销概念；安徽行政学院朱华锋，2010年首次在中国出版政府营销论著。这两位研究者除行政学院的背景外，还有经济管理干部学院的背景。此外还有宁波市委党校李德荣和葛卫芬（2002）、福建省委党校许宁（2006,2008）、甘肃省委党校王河（2006）等。但行政学院和党校的研究力量整体力量不足、研究层次不高、后续力量不足、成果不多，尤其是国家行政学院和中央党校这两所国家级党政干部培训没有参与研究，与后来居上的高等院校的研究力量、研究层次及其研究成果相比逊色很多，这或许与国家级行政学院和中央党校的政治与学术研究定位有关，主要以研究中国政府现行政策和中共党史党建为使命，不能过多关注西方探索性的新兴理论。

## 2. 高等院校的硕导博导和研究生

高等院校是国内政府营销理论研究较为深入和全面的研究阵地,也是最重要的政府营销研究力量。代表人物包括中山大学博士生杨伟文与贺和平(2004)、三峡大学副教授朱静(2009,2010)、山东工商学院教授姜文芹(2014,2015,2016)、中国人民大学郭国庆教授及其博士生刘彦平(2006)、云南财经大学教授聂元昆及其硕士生张海军(2005)、哈尔滨商业大学教授董丛文及其硕士生杨树立等(2005)。高等院校政府营销的研究力量主要来自公共管理学院和工商管理学院两大专业领域,也有一些来自城市规划与建筑(研究方向聚焦于城市营销)、或来自旅游院系(研究方向集中于旅游营销)、或来自新闻传播学院(研究方向倾向于政府形象传播)。

政府营销学位论文是政府营销研究成果比较集中的形式。在中国知网篇名搜索得到政府营销选题方向的硕士学位论文59篇。自2006年起,每年都有硕士学位论文,加之必须有与学位论文主题方向的小论文,因此,攻读硕士学位的学生已经成为政府营销研究的一支数量较大的年轻队伍。由于青年学生实践经验不足,硕士学位论文主要在文献综述和理论表述方面做得比较好,但在理论深入研究和政府营销实践应用研究方面还缺乏深度。

政府营销硕士学位论文的观点与专业关联度较大,其中行政管理专业26人,公共管理专业9人,合计35人,占比59.3%,是政府营销硕士学位论文数量贡献最大的群体;企业管理专业6人,工商管理专业8人,合计14人,占比23.7%,是政府营销硕士学位论文的第二大贡献群体。这两类专业合计占83%。其余旅游管理专业和人文地理专业只有10人,只占17%。

## 3. 高职院校的教学研究人员

高职院校教学研究人员是政府营销实践与实证研究的主要代表,他们或从地方政府和当地旅游实际开展研究,如郧阳师专李文璟、湖州职业技术学院章勇刚等;也有一些是硕博研究生毕业后到高职院校工作或高职院校教师在职攻读硕博学位的政府营销研究人员,如南京大学政府管理学院博士生深圳职业技术学院讲师谭翀等。

## 4. 企业营销咨询服务专家

他们是倡导政府像企业一样开展营销、倡导国家营销的营销咨询服务专家,代表人物主要有屈云波、李光斗和路长全等,但是由于主业和精力所限,他们的研究不够深入,也不够全面。

5. 党政机关工作人员

结合工作实际研究政府营销是党政机关工作人员研究的范式,主要代表有南通市财贸办公室的郁政(1993)、贵州省委组织部的冯仕文(2002)、中央人民政府驻香港特别行政区联络办公室韩松洋博士(2013,2014,2015)等。

## (四)政府营销的研究视角与理论依据

国内政府营销的研究视角与理论依据与研究机构及人员的专业背景密切相关,主要表现为以下两大研究视角与理论依据。

1. 公共管理研究视角

这是公共管理、行政管理、公共事务、政府管理等院系专业背景的研究人员的研究视角,其研究的理论依据主要来自于新行政管理理论、新公共管理理论和新公共服务理论。

2. 企业管理研究视角

这是工商管理学院、商学院和管理学院等院系专业背景的研究人员的研究视觉,其理论依据主要来自于市场营销理论。

这两大研究视角存在明显区别,但从学科大类上还是可以合并为管理学一个视角。与此相对应地,还有一个研究力量不够强大、研究成果不如前者丰富的经济学研究视角,其研究人员的专业背景主要来自于经济学院系,其研究的理论依据从口径大到小的顺序分别是公共经济学、公共部门经济学和政府经济学。

此外,还有城市营销与城市形象研究的城市规划与建筑视角,国家营销和城市营销研究的文化艺术视角,国家形象、城市形象和地方形象研究的设计与传播视角等等。

## (五)政府营销的研究方法与路径

政府营销的研究方法与路径是与研究力量的专业背景、与研究视角和理论依据存在密切关系的,可以认为政府营销的研究方法与路径是由研究者的专业背景、理论依据和研究视角决定的。具体来说,主要有下述 5 种:

1. 理论-理论推移法

这是政府营销理论研究最早引入时期的主要研究方法与路径,高等院校理论功底比较扎实的专家教授带领研究生普遍采用的研究方法与研究路径。因研究视角和理论依据不同,主要分为理论演绎法和理论移植法两类。

(1) 理论演绎法。较早的有从行政管理理论演绎政府营销理论、从公共管理理论演绎到政府营销理论,现在随着公共治理和政府治理理论的兴起,也出现了从公共治理理论和政府治理理论演绎政府营销理论的动向。这是公共管理学科专业背景的高校专家教授及其研究生普遍采用的研究方法与研究路径。

(2) 理论移植法。这是市场营销学科专业背景的高校专家教授包括其研究生普遍采用的研究方法与研究路径,将成熟的市场营销理论移植到政府营销理论。在西方,菲利普·科特勒是这方面的典型权威代表。

这种研究方法与路径不需要深入的实践探索,不需要经历太长时间去获取第一手资料,主要借助于理论文献研究和理论逻辑思考和抽象思维,不需要太多的研究经费支持,因此是高校非资助性研究、学术兴趣和理论优势研究自然采用的研究方法与路径。

2. 理论-实践应用法

这是政府营销理论引入以后尝试采用的研究方法,接受和熟悉政府营销理论与运作方法的学者和实际工作者较为常用这种研究方法路径,研究领域主要集中于实践性操作性比较强的政策营销、城市营销、旅游营销和社会营销等领域,比如,陈晓运和张婷婷(2015)《地方政府的政策营销——以广州市垃圾分类为例》的研究、刘大明与李春月(2016)对于资源枯竭型城市转型体育营销的研究、李慧和谷圆圆(2016)对于节事营销与城市游客的研究、高冬英和周延风对义务献血的研究,等等。

这种研究方法与路径需要持续的实践探索,需要通过较长时间的实践探索去获取第一手资料,要想在理论指导下开展实践活动,不仅需要有研究课题经费支持,还需要有政府营销实践活动经费支持,否则实践活动无法启动并深入实施。从实际情况来看,政府营销研究的这类领域和这种研究方法,是获得国家社会科学基金和自然科学基金支持的重点领域,也是获得省部级研究课题立项资助的政府营销主要研究领域。

3. 实践-理论提升法

这是接受和熟悉政府营销理论的学者对于非理论指导下的政府营销实践活动观察研究提升提炼到理论高度的研究方法。在现实工作中,总有一些实际工作者自觉自发地创新尝试一些新工作理念、新工作思维、新工作思路、新工作方法,虽然没有明确的理论依据和理论指导,但是也取得了独特的经验以及一些可成功复制与推广的做法,被理论研究者发现具有理论价值,并整理提炼上升为理论。

这种研究方法与路径,不需要事先动员和发动营销实践活动立项,也不需要研究者寻求实践活动启动与运营经费,只需要不多的研究经费资助就可以开展,因而也是比较可行利于普及的研究方法,但不易取得具有独特价值的、深度和高度俱佳的研究成果。

4. 实践-经验报道法

这主要是参与政府营销与政府宣传报道工作的媒体从业者的研究方法与路径,虽然其政府理论研究的专业深度不够,但是由于新闻媒体大众传播的影响力因而对于推动政府营销理论与实践的应用起到了一定的帮助作用。

5. 综合研究法

这主要是指上述四种方法研究方法的综合运用,或者是上述四种方法尤其是前三种方法之中的任意两种以上方法的综合运用,政府营销学术性专著因其研究具有较高的深度与较宽的广度,有必要采用这种研究方法。

## (六) 政府营销的国内研究不足与存在问题

1. 研究时间不够持续

除南京大学张京祥教授持续指导其研究生开展城市营销(2007～2013)、武汉大学熊元斌教授持续指导其研究生开展旅游营销(2001～2014)之外,其他在知网刊登2～3篇以上文献的研究人员研究时间都不够持续,主要集中在

2~3年之间,少数分布在4~5年之间,在知网刊登1~2篇文献的作者数量较多研究更不够持续。比如政府营销研究文献最多(4篇)的朱静研究时间集中在2009~2010年,政治与政府网络营销研究文献最多(13篇)的韩松洋研究时间主要集中在2013~2015年,政策营销研究文献最多(7篇)的谭翀研究时间主要集中在2013~2016年。

2. 研究成果不够丰富

在中国知网以篇名搜索,获得的文献数量并经人工筛查甄别剔除无关内容,总计只有2 000多篇,其中城市营销占一半以上,政府营销不到300篇,国家营销只有100多篇,地方营销、地区营销和区域营销三者合在一起只有236篇,公共产品营销和公共部门营销文献更少。见表1.1。

表1.1 中国知网文献数量

| 研究内容范畴 | 人工筛选后数量 | 研究内容范畴 | 人工筛选后数量 |
| --- | --- | --- | --- |
| 政府营销 | 294 | 公共产品营销 | 7 |
| 国家营销 | 109 | 公共服务营销 | 36 |
| 城市营销 | 1 206 | 公共部门营销 | 4 |
| 地方/地区/区域营销 | 236 | 非营利组织营销 | 111 |
| 社会营销 | 180 | | |

3. 研究范畴不够均衡

在中国知网以篇名搜索,截止2016年12月底未经人工筛查剔除的文献数主要集中在招商引资上,文献数占比超过46%,服务型政府和城市形象文献数量分别超过8 000篇和7 000篇,占比分别为接近12%和超过10%,这三类合计占比超过68%,多达21个研究范畴的文献数量不到32%,呈现出较为明显的非均衡特征。见表1.2。

表1.2 中国知网文献数量

| 研究内容范畴 | 数量 | 研究内容范畴 | 数量 |
| --- | --- | --- | --- |
| 招商引资 | 32 193 | 国家营销 | 508 |
| 服务型政府 | 8 305 | 区域形象 | 481 |
| 城市形象 | 7 113 | 政府营销 | 440 |

续表

| 研究内容范畴 | 数量 | 研究内容范畴 | 数量 |
|---|---|---|---|
| 旅游营销 | 4 624 | 地区形象 | 395 |
| 国家形象 | 3 321 | 地方形象 | 391 |
| 绿色营销 | 2 722 | 政策营销 | 269 |
| 农产品营销 | 1 911 | 地方营销 | 252 |
| 政府形象 | 1 868 | 政治营销 | 136 |
| 城市营销 | 1 735 | 非营利组织营销 | 111 |
| 社会营销 | 1 026 | 公共服务营销 | 36 |
| 区域营销 | 779 | 公共产品营销 | 7 |
| 地区营销 | 728 | 公共部门营销 | 4 |

4. 研究层次不够高端

虽然政府营销及其相关研究的文献中也有国家级课题，也有省部级课题，但真正以政府营销为课题项目的并不多，较多的是公共管理和公共政策等为课题项目涉及政府营销及其相关范畴研究的。

# 第二章　政府营销导论
## ——搭建政府营销理论架构

## 一、政府营销的概念范畴

在理论和实践中存在两种概念上的政府营销。

第一种是以企业为主体的政府营销。这种政府营销,是企业等营利性机构,设置政府事务机构,配置政府公关事务官员和职员,以政府为营销对象的、针对政府机构和政府官员的营销与公关,其目的旨在谋求有利于企业开展经营活动、提升经济效益的政策空间与法律环境。

虽然企业的政府营销这一概念并不久远,但实际运用由来已久。中国的封建社会,既有与政府合作、诚信经营、在谋求自身利益的同时为社会民众谋求利益的红顶商人,也有官商勾结搜刮民脂民膏的奸商。在西方资本主义国家,也存在流传甚广的政府管制俘虏理论。作为一种营销手段,其本身也有道德伦理区分,合法合规、合情合理是其存在的价值。企业的政府营销手段也是这样。所以世界各国对侵害公共利益的非法的企业"营销"手段,也都开展严格监管和处置,但由于本书研究的重点不是企业主体的政府营销,因此对于这一问题不展开详细研究和表述。

第二种是以政府为主体的政府营销。这种政府营销,是各级政府或各政府部门为了推进政府目标实现和政府任务完成所采取的有组织的营销性活动。本书所指的政府营销,即是这种意义上的政府营销。这种意义上的政府营销,基本含义是清楚的,但准确清晰的概念定义,不同的学者有不同的说法,尚未取得公认的表述。

这里我们尝试给政府营销做一个概念描述:政府营销是以政府为主导的、各种社会组织与公众共同参与的,为维护社会整体利益,运用市场化的营销手段所开展的价值创造与传播活动。

为了实现政府的目标、完成政府的任务,政府机构可以运用政治、经济、法律、行政、社会等多种手段,在现代政府管理中,也要借用企业市场营销的手段和方法,通过政府营销的方式以帮助政府达成目标。而要影响政府行政管辖权力之外的社会机构和成员,营销的方式有可能是最重要甚至是唯一的方式。

## (一) 政府营销与企业营销的联系

政府营销与企业营销既有联系也有区别。两者之间存在着一定共性与关联性,也存在着明显的区别与差异性。政府营销与企业营销之间的联系主要表现在以下4个方面:

### 1. 相同的经济制度环境

政府营销与企业营销共同产生并存在于市场经济制度环境之中。企业的市场营销产生并存在于市场经济制度之下,没有以交换为基本特征的市场经济,就不可能产生并存在企业的市场营销。政府营销同样产生并存在于市场经济制度环境之中,政府与其他市场主体之间同样存在交换关系,以市场作为资源配置的决定性力量是一个国家或地区经济高效率发展的制度保障。离开市场经济制度,还存不存在政府营销,这是一个比较遥远的问题,或者有待于未来学家去研究,或者留待给未来的人类去研究。这里姑且不论。

### 2. 相交的发展演变路径

一方面,世界发达国家的公共管理理论与政府改革发展选择了市场化和企业化方向,另一方面,世界发达国家的市场营销理论与市场营销实践发生了从企业组织向政府组织和非营利组织的扩展,两者相向而行,交汇交流产生了政府营销的理论思考与实践探索。

### 3. 相近的客户关系观念

企业营销将客户奉为上帝,努力为客户服务,尽力满足客户需求。政府营销将本国的国民或本地的居民视为服务对象而不是统治对象,努力为国民或居民提供公共服务,在西方国家流行的是政府公务人员为纳税人服务,在中国倡导的是人民公仆为人民服务。政府营销将外国(地)公民和机构作为与自己平等的主体,通过和平交往与平等交换的手段,实现互惠互利的发展。

4. 相通的策略方法手段

政府营销改过去对内关系的统治为服务、改对外关系的侵略为交换之后,运行策略方法手段也越来越与企业营销趋同,越来越需要借鉴企业营销的策略方法和手段,在产品与服务提供、营销通路设计和管控、成本价格控制、营销传播与沟通等方面,学习和运用企业营销的成功经验。唯有如此,才有可能更好地达到政府营销的目的;若不如此,难能落实政府营销的目标与愿望。

## (二) 政府营销与企业营销的区别

政府营销与企业营销之间的区别明显表现在以下4个方面:

1. 营销主体不同

企业营销的主体是企业,扩展开来说,是以企业营销部门为排头兵的企业整体机构和所有人员。政府营销的主体是政府,扩展开来说,是以政府为主体包括政府辖区内所有的经济与社会组织和个人。企业营销的主体是单一的经济组织,政府营销的主体是复杂多元的社会组织。

2. 营销目的不同

企业营销的目的主要是通过满足客户需求获得企业自身的经济效益,具有社会责任感的企业会同时兼顾社会利益。政府营销的目的不是获得政府自身的经济效益,而是获得包括所有社会机构和成员在内的整体利益,包括经济利益和社会利益。这是政府组织的公共性和政府组织的使命决定的。

3. 营销性质不同

企业营销的性质本质上是一种经济行为,政府营销的性质不只是经济行为,还是政治行为与社会行为,政府营销的性质是包括政治、经济和社会等综合性质的行为。

4. 营销绩效不同

企业营销的绩效主要表现为经济利益和品牌价值,具有社会责任感的企业则会兼顾社会利益、自然环境、政治法律与文化道德。政府营销的绩效主要表现为社会整体的综合利益,是使社会各方共同受益,既不只是政府机构和政府官员的单方面受益的所谓"政绩",也不只是政府财政的经济效益,而是社会各方的多种性质的综合利益。就政府自身的绩效来说,除了经济绩效以外,还有社会文化绩效。政府营销的绩效,既表现为国家和地区经济实力的增强,也表现为社会形象和文化软实力的增强,既表现为国家和地区内部政府公信力与美誉度的增强,也表现为国家和地区外部竞争力与影响力的增强。

## (三)政府营销的特性分析

基于与企业营销的区别,政府营销具有其与企业营销不同的特性。我们将政府营销的特性归纳为以下6个方面:

### 1. 营销主体的多元性

这是与企业营销单一主体显著不同的特性,政府营销需要构建由政府主导、众多社会组织与公民共同参与的多元主体,单一政府主体因缺乏社会广泛参与的政府营销,很难取得全面和持续的效果。对政府营销多元主体更详细的具体分析,将在本章政府营销的研究对象中展开介绍。

### 2. 营销层级的多阶性

这是由政府营销第一主体政府的层级决定的。在美国,政府分为联邦政府、州政府和地方政府,州(STATE)从字面上看有国家的意思,实际上美国各州可以制定自己的法律,因此确实拥有国家一级的部分权力,形成了国家营销和地方政府营销等层级。在中国,政府分为中央、省级、地级、县级和乡级五个层级,每一级政府都有其特定的营销范围空间。改革开放以来,中国城市化进程提速,除自治地区外,地级政府几乎全都改为市级政府,县级已有很多撤县建市(县级市),还有很多县积极谋划撤县建市,城市成为政府官员和当地居民的梦想寄托,城市营销是中国政府营销的一大亮点。中央政府主导的国家营销在中国也最具特色。省级政府和县级政府主导的政府营销,通常又被称为地方营销、地区营销或区域营销,而县乡政府又因处在中国政府的基层,因而又被合并成为基层政府,县乡政府主导的政府营销亦被称为基层政府营销或基层地方政府营销。由于中国幅员辽阔,各地自然资源禀赋不同,发展也不平衡,也就形成了各具特色的地方营销。

3. 营销客体的多维性

企业营销的客体主要是客户,虽然也包括政府机构和社会机构与公众,但总体而言,企业营销的客体是清晰的,有时还是可以自主选择的,但是政府营销的客体是更为复杂多维的,不同层级的政府营销也存在差别,有内外客体的区别,有上下客体的区别,还有左右客体的区别,有些还是不能自主选择的。对政府营销多维客体的详细具体分析,将在本章政府营销的客体中展开介绍。

4. 营销对象的多种性

政府为营销对象提供的产品是多种类型多种类别的,基本上不可以是单一化的。企业为客户提供的产品既有专业化的,也有多元化的。但即便多元化的大企业、大品牌,其营销的产品品类也是有限的,还可以是企业可以自主选择的。但是,政府营销的产品和服务种类范围远比多元化的企业更为广泛,而且有些产品和服务是政府不可以自主选择提供或不提供的,比如一个国家的国防安全、一个城市和地区的社会稳定与治安等,就是政府必须提供的,政府具有不可推卸的责任。当然由于自然禀赋和文化传统以及自身优势不同,不同国家、不同地方、不同城市的政府营销,可以有不同的产品与服务策略,但就其本身来说也是多元复合的。

5. 营销目标的公益性

这是由政府性质决定的政府营销的一大突出特性。政府不是凭借公共权力从辖区民众中谋取自身利益的经济组织,而是维护本国本地社会机构和公民整体利益的政治机构。政府营销的目标是为人民谋福利,而不是与人民争利。即便是政府对外营销,目标主要是为了获得本国本地的整体利益,但同时也不能损害外部机构和民众的利益,而应该坚持双方甚至多方互惠互利。维护公共利益是政府营销的根本目的。

6. 营销绩效正外部性

外部性原是一个经济学概念,又称为溢出效应、外差效应或外部效应,指一个人或一群人的行动和决策使另一个人或一群人受损或受益的状况。经济外部性是经济主体(包括厂商或个人)的经济活动对他人和社会造成的非市场化的影响,即社会成员(包括组织和个人)从事经济活动时其成本与后果不完全由该行为人承担。外部性分为正外部性（positive externality）和负外部性（negative externality）两类。正外部性是某个经济行为主体的活动使他人或社会受益，而受益者无须花费代价，负外部性是某个经济行为主体的活动使他人或社会受损，而造成负外部性的主体却没有为此承担成本。企业生产或服务而造成的环境污染就是典型的负外部性，如果不加以严格有效地监管，监督其采取措施降低甚至消除污染，就会造成严重的自然危害和社会危害。由于经济行为主体的负外部性存在利益驱动机制，经济行为主体的正外部性缺乏利益驱动和补偿机制，因此负外部性比正外部性更普遍更严重。外部性的存在造成社会脱离最有效的生产状态，使市场经济体制不能很好地实现其优化资源配置的基本功能。政府营销行为所形成的绩效基本上是正外部性的，主观上是不应该出现负外部性的，如果客观上出现了负外部性，必须及时采取措施纠正。因此，政府需要采取必要的措施减少甚至消除企业和个人的负外部性行为，鼓励企业和个人的外部性行为，以维护社会公平正义、社会公共利益和社会稳定和谐。

## 二、政府营销的研究对象

一般而言，一门学科的研究对象是指该学科的内在规律与方法。应用性学科的研究对象，则是应用主体在应用过程中的内在规律与方法。

企业市场营销活动是指作为营销主体的企业，就其营销对象（产品或服务），向营销客体的消费者（用户），开展需求研究、产品或服务价值提供与需求满足的过程。在这里，作为营销主体的企业、作为营销对象的产品或服务以及作为营销客体的消费者（用户）都是非常明确的，因此企业市场营销研究对象就是市场营销的规律和方法。

但是在政府营销中，研究对象的界定和表述，不仅要明确政府营销的规律和方法，还需要清晰界定营销的主体、客体和对象。因为，对于作为一种探索性研究，目前对还没有完整的理论体系与研究方法、还不能称为一门学科的政府营销来说，其主体、客体和对象还是不明确的，更不是众所周知或不言而喻的，因此必须首先在研究对象中加以探讨并尽可能明确。

## (一)政府营销的主体

企业营销的主体是企业,政府营销的主体当然应该是政府,这是很容易理解的问题。政府营销主体界定的难度和深度不在于这个基本的、单一的表象层面,而在于政府营销主体的多元性和层级性。

政府营销是一个涉及面比企业营销更广泛的概念范畴和行为过程。在政府营销的过程中,政府营销目标的达成和任务的完成,既需要政府主体的推动,也需要政府辖区内社会机构、商业机构和社会民众的配合和支持。

### 1. 政府自身是政府营销的第一主体

政府机构是政府营销的当然主体,是政府营销项目的提出者、决策者、发动者和掌控者。此外,我们可以根据政府营销的范围空间将政府营销的主体区分为国家营销的主体、地方营销的主体和部门营销的主体。

国家营销的主体是一个国家的最高行政机关,即中央政府,其营销的范围空间是以一个国家的领土、领空和领海为界限的国家主权和民族利益。地方营销的主体是一个地区的最高行政机关,即地方政府,其营销的范围空间是其行政区划内的地方利益。部门营销的主体是政府部门机构,其营销的范围空间是其部门职责范围内的责、权、利。因为营销的范围空间不同、营销目标不同、营销主体不同,政府营销因此分为国家营销、地方营销和部门营销。

在政府营销主体的界定中,需要进一步研究的是:哪个机构是政府营销的责任主体?谁是政府营销的首脑?

在企业市场营销中,营销主体是清晰的,其发展变化的轨迹也表明了营销的重要性越来越大。在产品供不应求时代,企业不需要营销部门。当产品开始过剩时,销售部门是企业的营销部门,后来,企业需要成立一个专职的市场营销部门。而现在,企业整体都必须是营销导向的,必须实行全员营销。

在政府营销实践中,营销主体则是没有被普遍明确的问题。在美国,部分州政府设置了首席营销官职位,部分州政府以旅游局作为主体营销部门。菲利普·科特勒在《政府部门如何做营销》中提到,2003年4月纽约市委任约瑟夫·佩雷洛为纽约市首席营销官,领导纽约市营销部门,负责制订、发布和实施营销计划,全面营销和推广纽约市的资源。纽约市似乎是全世界第一个创建营销办公室、设置首席营销官的城市。

在中国,政府营销尚处在初步理论探索与实践摸索阶段,政府营销尚未作为一项政府必备职能纳入政府机构设置考虑与编制设计与审核考虑。在起步探索比较早的城市营销中,有以分管副市长主抓政府营销的,比如昆明市副市长主持的"营销昆明"活动。城市营销主体各有不同,有政府系列的旅游局、招商局、城建局或市容局,也有党委系列的宣传部等。县级政府营销中,有县长亲自带队进城推广农副产品的。这些安排,虽然明确了政府营销主体,但是还不是一种长期的制度设计,仍然属于单一营销项目的短期性考虑。

中央政府的营销主体,代表国家营销世界维护国家形象和利益的当属国务院组成部门的外交部和商务部,代表执政党营销国际政治组织的当属中联部(中共中央对外联络部)。而政协在新中国成立初期起就为团结全国各族人民起到了重要作用,在改革开放引进外商投资中也起到了重要作用。

政府营销也将从主体缺失、主体不明确、主体短期指定、主体制度化设计,最终发展为全员主体营销,但就目前来说,中国政府营销需要解决的是第一营销主体缺位的问题,应该从机构改革和编制设定上制度化地考虑政府营销主体的确定问题,以保证各级政府有一个承担政府营销职能的机构。而在部门政府营销中,则有一个司局、处室或科室作为主体承担部门政府营销职能。

2. 政府营销的相关多元主体

政府营销也需要全员发动、全员参与。面对世界,所有中国政府机构和全体中国人民都是国家利益和中国形象的营销者。面对外省,全省各级政府机构和全省人民都是全省利益与全省形象的营销者。面对外界,全市政府机构与全市人民都是城市利益与城市形象的营销者。就目前来说,政府营销的其他主体,至少包括以下3类:

(1)公共机构。政府营销主体的公共机构包括社会团体、非营利性公益组织、新闻媒体等在内的社会机构。社会团体(包括群众性社会团体、学术性社会团体和行业性社会团体)、非营利性公益组织对于广泛团结和影响社会民众,维护社会安定和传播正面形象具有重要作用,对于政府营销项目也有着重要的作用。社会公共机构将自身定位为政府营销的主体之一,积极参与政府营销活动,对于政府营销目标的达成具有重要的帮助。

新闻媒体机构对于政府形象传播和塑造、国家和地方形象传播具有重要的作用。本地覆盖的新闻媒体对于政府对内营销、对内形象传播有着重要的价值。覆盖和影响超越本地、影响到外地的新闻媒体则在政府对外营销对外传播中具有重要的价值,比如各地省级卫星电视、政府和官方媒体的互联网站、移动客户端等对于各省级政府。为了加强对外传播,中央电视台还开辟了多国语言的外语频道。

(2) 公司企业。公司企业是一个国家一个地方经济发展的主体,是政府营销最重要支持者。公司企业对于政府营销的贡献包括有形资产与财富贡献和无形资产与价值贡献两大方面。在有形资产与财富贡献方面,公司企业创造GDP,推动经济建设、经济增长和发展、提供就业机会、提供税收、输出产品、吸引外商投资合作。在无形资产和价值贡献方面,公司企业研发技术、创造品牌,对于形成和传播国家和地方形象具有意义。走向世界的企业和品牌对于本国经济和形象有着重要意义,比如瑞士的精密仪器、美国的金融和IT、中国的加工制造,等等。走向全国的企业和品牌,对于地方形象有着积极的意义,比如青岛的啤酒和家电、顺德的家电、宁波的服装、内蒙古的乳业。本地的窗口服务行业,比如酒店餐饮、零售服务、旅游景点、会展会议、出租公交等,虽然不一定走向外地,但是他们对于外来游客、商务人员或政务官员的接待服务态度与水准,也影响着地方形象。

在公司企业对于地方具有积极影响的正外部性的同时,公司企业也有可能因其经营行为的不规范性、不道德性给地方形成负面印象,呈现出负外部性,比如温州假货和晋江假药都曾经给全国人民形成了恶劣的印象,也给当地经济的健康发展和形象建设带来极为不利的影响;2015年青岛天价大虾事件也让"好客山东"的形象大打折扣。

作为一个国家、一个地方的主要一份子,公司企业的影响是极为明显的,在政府营销的过程中,应该重视这种力量及其影响,将其引导为政府营销的积极主体,增加其行为的正外部性,降低和防止其行为的负外部性。

(3) 国民公民。作为国家一份子,一国国民对一个国家的形象形成影响。中国人民素有热情好客的一面,但也被批评喜欢在公众场合大声喧哗,缺乏文明素养,出国旅游购物也给外国公民留下诸如"土豪""肤浅"等不文明印象,从而影响国家形象。

作为社会一份子,本地公民对于地方形象的塑造具有一定的影响,是地方政府营销的一个重要影响因素。比如本地公民对于外来访问者、旅游观光者的态度和行为影响本地形象。本地公民出差、外出务工、经商和投资,也会因其行为的道德性、合法性给家乡形象带来影响。比如安徽省颍上县人徐义胜宁波火海救人,全身面积80%被烧伤,被宁波北仑区政府授予见义勇为基金一等奖,并被中央电视台被评为"2007年感动中国人物"。也有一些人在外地行为不端给家乡形象蒙羞,比如2009年杭州连续出现富家子弟飙车伤人恶性案件,则给美丽富裕的杭州形成了为富不仁、胡作非为的负面影响。

政府营销是一项影响到众多对象的广泛性行为,社会民众的积极广泛参与是非常重要的。安徽六安市毛坦厂镇有一所著名的毛坦厂中学,高考升学率非常稳定,高考经济是当地的重要支柱。2006年该中学有2 780人达到本科线,2007年超过3 780人。学校环境封闭、教学管理严格,不仅吸引了安徽各地的学生,甚至周边江苏、河南等省的学生也赶到这里备战高考,是远近闻名的高考镇。2008年当地常住人口达到1.6万人,外来人口达到1.7万人,其中1.3万人为学生,近4千人是陪读的父母。该镇经济大部分靠学生支撑,学校方圆500米范围内,每年居民的房租收入就有1 000多万。而当地居民对于维护高考镇的健康稳定运行、对于维护高考镇的形象,积极承担着主体责任。有人自愿对网吧进行监管,防止学生上网;有人专门看守河道,禁止学生游泳。每年6月5日,居民纷纷自发燃放鞭炮为考生送行,当地交管部门出动大批警力为考生护航,形成该镇特有的送考节。近年来,毛坦厂镇不仅受到安徽本地媒体的广泛持续关注报道,而且受到央视等媒体和白岩松等著名记者的深度关注与专题报道,极大地提升了深山偏僻小镇的知名度与影响力。

## (二)政府营销的客体

营销的客体就是营销的目标受众,营销的客体构成市场。如果营销的目标受众都不清楚,是无法正确开展营销的。那么,政府向谁营销?作为行政机关和权力象征的政府还需要营销什么样的目标受众呢?

政府营销的客体与政府营销的层级和类型有关。国家营销、地方营销和部门营销的目标与职责不同,营销的客体也有所区别。

国家营销作为最高层次的政府营销,其营销客体可以概括为以下3个主要方面:

(1)国际社会与国际组织,如联合国、世界卫生组织、世界银行、国际奥委会等综合性国际体育运动组织、国际足联等国际体育单项组织,以争取国际资源和国际支持。

(2)其他国家政府、政党、新闻媒体、公司企业、国民等,以争取世界各国政府、非政府组织、企业和国民的理解、支持与合作。

（3）本国各级地方政府、新闻机构、公司企业、社会团体和本国人民，以争取他们对中央政府的支持，强化中央政府政策与策略的理解力和执行力。

地方营销的营销客体主要包括以下4个方面：

（1）具有国际影响力或确定打造国际影响力的地方，如打造国际金融中心的上海、国际港口城市的青岛、国际旅游岛的海南，以国际社会和国际组织、外国政府、媒体、企业和公民作为营销客体受众。

（2）上级政府、上级社团、新闻机构和其他社会、经济、体育与文化组织等，以争取有利于地方经济和社会发展的政策资源、财政预算资源、项目资源和新闻宣传支持等。

（3）外地政府、外地社团及新闻机构、外地企业和居民，以争取政府合作、商业投资、舆论宣传支持和吸引旅游观光。

（4）下级政府机构、本地社团及新闻机构、本地企业和居民，以开展内部营销、整合本地资源、发展地方经济、改善地方环境、提升地方形象。

在地方政府营销实践中，合肥市包河区政府将营销客体受众分为投资者、旅游者、居住者和创业者，准确把握营销受众的需求开展营销工作。对于投资者，包河区主动出击，多次召开专场推介会介绍包河区的投资环境；对于旅游者，包河区开发新农村旅游项目，将大圩镇打造成美丽的湖区都市田园；对于居住者，包河区引导房地产商的需求向湖向南拓展，引导购房者依湖居住，打造滨湖新区；对于创业者，包河区引进安徽本地有实力的企业落户包河工业园内，打造新徽商总部基地。

部门营销作为一种纵向的垂直营销系统，营销的客体包括：

（1）中央政府内阁部门以国际社会和国际组织、其他国家政府部门、行业组织、企业机构和社会团体为营销对象，以争取国际资源获得国际支持和合作。

（2）本级政府首脑与首长，以争取政策支持、财政预算支持和工作支持。

（3）上级政府的专业对口或垂直领导部门，以争取部门政策支持、部门项目支持与业务指导。

（4）本级政府的其他部门、其他机构，以争取合作与支持。

（5）本地新闻机构、上级专业媒体或行业媒体，以争取新闻宣传、形象建设和营销项目推广支持。

（6）本部门的服务对象，以争取服务对象的配合与支持，推动营销项目顺利有效开展，提高服务对象满意度，提升部门绩效和形象。

根据营销客体的空间范围,还可以将营销客体分为政府国际营销和政府国内营销两大范畴,其中,政府国际营销包括国家营销的前两种营销客体、地方营销和部门营销的第一类营销客体,其他可归为政府国内营销的范畴。

政府营销的客体与政府营销的目标市场战略既有联系又有区别,关于这方面的讨论,详见本书第三章的相关内容。

## (三)政府营销的对象

政府营销的对象,就是政府需要向营销客体市场推介的目的物,包括政府的公共政策与措施、公共产品和公共服务、政府辖区内的有形产品、旅游资源、人力资源和精神文化产品等等。

合肥市包河区"营销"包河的核心内容就是提升包河的核心竞争力和吸引力。包河区为此大打"滨湖""汽车""包公"三张牌,挖掘内在优势,提升核心竞争力。围绕"滨湖牌",包河区抓住省市共建现代化滨湖新区机遇,引进滨湖世纪城、碧桂园等重大项目,打造滨湖新区;围绕"汽车牌",包河区以辖区内的江汽、安凯为依托,开展汽车产业链招商,引进整车生产、汽车零部件生产以及售后服务等相关企业150家,打造"江淮车谷";围绕"包公牌",包河区以88街、哈街、马鞍山路文化一条街、宁国南路龙虾一条街等特色街区,以及南二环物流产业带引进文化时尚企业和物流企业。虽然以包公的名义打造市场文化企业的做法在内涵和形象上仍然值得商榷,但是其营销对象与市场的总体把握是有思考的。

政府营销对象的系统阐述涉及政府营销的产品策略,关于这方面的详细讨论,见本书第四章。

## (四)政府营销的方法

政府营销的方法是对政府如何营销的系统思考。政府如何谋划整体营销战略?如何开展系统的营销活动?在政府营销活动中将采取哪些方法和手段?这些涉及政府营销的战略分析、战术安排和策略组合,这正是本书研究的核心与重点内容,可以说整个政府营销在明确了营销主体与客体之后的内容都是围绕着这些问题展开的,因此本书除本章之外的内容都是关于政府营销方法的研究,而这正是政府营销的重点研究对象。

# 三、政府营销理论研究与实践的意义

开展政府营销的理论研究,推进政府营销的实践探索应用,具有明显的必要性和现实意义。这个问题可以分别从政府国际营销(主要是中央政府对外的国家营销)和政府国内营销(主要是中央政府对内的国家营销和地方政府营销等)两大方面展开分析。

## (一) 政府国际营销的必要性与意义

从世界政治经济社会发展总体趋势来看,世界军事大战曾经给各国人民造成了深重的灾难,避免战争,追求和平,通过对话协商机制解决各国矛盾和争端,已经成为最主要的方式,因而需要运用政府营销手段。

经济全球化和主要发达国家跨国企业的发展使得世界强国为了其本国利益和本国企业利益,也更多采取经济手段、市场手段,而非军事手段来处理其国际事务与国际纠葛,而以军事力量作为后盾的经济强国通常也是具备文化影响力、形象影响力等软实力的国家,其市场化手段、国际营销能力与营销成果也都是世界一流的。2016年,特朗普当选为美国总统后,发出的逆全球化声音,其实质是发达国家用贸易保护主义抑制新兴国家的发展势头。

对于发展中国家来说,政治、经济和军事力量不足,国际竞争力和国际影响力不强,更应该更需要运用经济的而非军事的手段来处理国际事务,运用国家营销的手段来争取国际社会对本国经济社会发展的支持,进而提升国家的国际地位和影响力。

对于我们中国来说,开展以国家对外营销为主体的政府营销,其必要性和意义表现在以下3个方面:

### 1. 是消除扭曲、正本清源、重塑形象的需要

晚清政府的腐败导致中国落后、民不聊生,惨遭西方列强入侵。而新中国成立以后,由于意识形态的问题,西方政府和西方媒体有意对世界人民屏蔽新中国的新形象,使得新中国的形象长时间停留在晚清时代的政府腐败、国力贫

弱、国民贫穷的形象上面,而没有真实反映新中国、新政府、新人民的新形象。此外,我国自身在文化艺术创作方面也存在一些问题,过多拍摄古代宫廷争斗和民间恩仇题材的电影和电视剧,也给外国公民输出了扭曲的中国形象。因此,我们需要认真学习和汲取市场营销的沟通传播有效方法,重塑新中国的国家形象和民族形象。

### 2. 是消除敌意、沟通理解、争取支持的需要

对于一个通过改革开放逐步走上经济发展道路的人口大国,西方国家还存在很多敌意,说中国是"横祸",制造中国"威胁论";对于发展起来的中国制造,说中国的血汗工厂侵犯人权并低成本倾销,中国人抢了别人的饭碗,等等。其实,中国是一个爱好和平的国家,是在国际社会努力争取自己尊严、争取自身正当利益的国家。中国既无意与大国争霸权,也无意与小国争利益。为此,中国需要深入学习和运用政府营销手段,沟通国际社会,争取世界各国政府与人民的理解和支持。

### 3. 是发展经济、增强国力、造福于民的需要

中国在改革开放之后,虽然经济得到了发展,国力得到了增强,但由于中国底子薄,人口多,综合国力仍然不强,经济强国的形象远没有建立起来。而当今世界是一个竞争的世界,市场经济也是竞争经济。"落后就要挨打""发展是硬道理"是党和国家领导人对当代国际社会竞争规律的高度概括和总结。一个国家的执政党、一个国家的政府,最重要的历史使命就是要发展经济、增强国力,能够在充满竞争的国际社会中捍卫国家和民族的主权和利益。在世界政治和经济格局中,经济实力决定国力,国力决定国际影响力。实行国家营销,发展国民经济,增强国家实力,是保证国家和民族利益的基础,也是保护人民利益、造福于民的基础。

当今国际社会的主旋律是和平与发展,反对霸权、反对倚强凌弱、反对武装侵略是世界各国人民的共同呼声。中国共产党和中国政府在国际事务中历来坚持和平共处等基本原则。因此,在激烈的国际竞争中,世界各国必须以实力竞争,不得以武力竞争。在这种意义上来说,在国际社会中、在国际竞争中,以国家营销的方式赢得世界各国政府和人民的尊重与支持,赢得自己国际地位,是最重要的途径之一。

## （二）政府国内营销的必要性与意义

起源于西方发达国家的新公共管理学说、新公共服务学说和新公共治理学说，都在研究政府应该如何更好地转换职能为国民服务。发生于英美等发达国家的政府再造运动也在实践中探索政府如何更好地治理国家服务国民。在政府治理理论与实践探索中，世界性的主流方向是更多运用市场思维、更多运用市场方法，更多尊重公民和纳税人的意愿和利益。西方资本主义国家的政府已经在转换政府治理思维、转变政府治理职能方面做出了领先行动，作为为人民当家作主的中国政府，更应该在转换政府职能，运用市场手段为民执政方面做出更多努力，做出更大成效。因此，在中国开展市场导向的政府营销理论研究和实践探索更具现实意义。

1992年，中共十四大提出发展社会主义市场经济，将政府、企业和居民家庭同置于市场经济主体地位。2013年，十八届三中全会通过了《中共中央关于全面深化改革若干重大问题的决定》，明确经济体制改革是全面深化改革的重点，其核心问题是处理好政府和市场的关系，明确要让市场在资源配置中起决定性作用。此后，中央政府大力推进简政放权工作，严厉惩处权力寻租行为，为开展政府营销奠定了政治理论基础，提供了政策依据。

### 1. 是尊重民意、服务民众、执政为民的需要

在政府和人民的关系上，不同的历史时期有不同的定位，有不同处理方式。在封建社会，国家是一个阶级统治一个阶级的工具，国家、政府就是统治阶级。在资本主义国家，政府也往往是某些利益集团的代言人。政府官员就是官老爷。新中国成立之后，人民翻身做主人，政府是无产阶级的政府。毛泽东主席明确指出，政府官员是"人民公仆"，政府官员的职责是"为人民服务"。在全党全国人民的工作中心转移到经济建设来以后，我们不再提以阶级斗争为纲，不再搞阶级斗争。改革开放发展经济的中国政府，是全国各族人民的政府，是代表各社会阶层的政府。政府和人民的关系已经不是封建社会统治和剥削的关系，也不是资本主义国家那样只是代表部分阶层和某些利益集团的政府。实施政府营销，将人民的主体地位和人民的利益放在首位，而不是政府机构或者政府官员个人的利益之下，是中国各级政府处理政府和人民关系的主要原则之一，是贯彻党和政府执政为民的需要，而将党、将政府与人民对立

起来,注定是错误的。2009年,河南某县规划局副局长质问中央人民广播电台的记者是"为党说话还是为老百姓说话"所引起的广泛声讨和严厉处罚,是对正确理解党和政府与人民群众关系的现实注解。

在市场经济中,各个市场主体的经济利益都应该得到尊重,都应该公平对待,都应该得到保护。政府、企业和居民(消费者个人或家庭)均是市场经济的主体,政府和企业、居民之间的经济活动与经济关系处理,同样要遵循平等互利的原则,同样要遵循经济法规的调节。政府不是超越于企业和居民利益之上的特殊利益主体,不可以强行占有、不可以无偿占有企业和居民的利益。因此,政府在处理与内部企业和居民的经济关系时,也需要遵循市场经济规律,按照市场营销的思路,运用政府营销的方法,这样才能维护市场经济秩序,促进市场经济健康发展。

### 2. 是转换职能、维护公正、取信于民的需要

随着我国市场经济体制的建立与完善,政府职能将转变到宏观调控、市场监管、社会管理、公共服务上来。在政府职能转换过程中,宏观调控职能、市场监管职能是需要加强和改善的职能,社会管理和公共服务是需要强化的职能。为加快服务型政府建设,在政府职能转换中,公共服务和社会管理具有更加重要的位置。

加强和改善宏观调控职能,就是要加快建立有利于科学发展的宏观调控体系,减少微观管理和具体事项的审批,实现从"项目管理"向"规划管理"转变、从直接管理向间接管理的转变,促进经济结构调整和优化,保持经济持续、稳定、协调、健康发展。加强和改善政府市场监管职能,就是要依法对市场主体及其行为进行监督和管理,维护公平竞争的市场秩序,形成统一开放、竞争有序的现代市场体系。强化政府社会管理职能,就是要创新社会管理体制,整合社会管理资源,提高社会管理水平,合理调节收入分配,妥善处理社会矛盾,维护社会公正、社会秩序和社会稳定。强化政府公共服务职能,就是要增加政府公共服务预算,增加公共产品与服务供应,改善民生福祉,提高社会保障水平,增强人民群众的幸福感和获得感。

一段时间以来,少数地方和部门腐败官员没有秉承为人民服务的根本宗旨,有权任性,以权谋私,随意执法,贪赃枉法,严重败坏了党和政府的形象,损害了党和政府的公信力。因此,转换职能,厘清职责,将权力关进制度的笼子里,是取信于民的重要举措。

政府职能转换的实现,需要政府部门及工作人员提高思想认识,转变思想观念,端正执政理念,强化为人民服务的宗旨意识,始终不渝地坚持群众路线,把政府的行政取向与维护群众利益结合起来,把提供公共服务的重点与老百姓的需求统一起来,重视民意、体察民情、集中民智、关注民生。而这些观念正是市场营销的观念。所以,推进政府营销的实施,有利于政府职能转换。

### 3. 是创新手段、破解难题、建设和谐社会的需要

政府在运用政治、法律和行政手段管理社会、调节社会各方面利益、规范公民行为时,能够解决大多数问题,但不能解决所有问题,还需要创新一些方法和手段,调节、引导和规范一些非政治、法律和行政调解和管辖范围内的社会现象与个人行为,建立更加文明健康的个人行为方式和社会生活方式。比如合理膳食、加强运动可以增强体质,提高健康水平,这无疑对于公民个人和社会整体都是有好处的,但是政府也难以通过政治、法律和行政的手段来惩罚不合理膳食、不加强运动的公民,运用营销沟通的手段和方式,让公民了解合理膳食、加强运动的意义,动员和激励公民自觉合理膳食、加强运动,则更为人性化,也更为有效。创建健康文明的生活方式、提高社会公民的集体福祉,既是构建和谐社会的一个方面,也是政府的社会管理职责与目标之一。

在长期资源匮乏,发展利益难以均衡的情况下,中国社会积累了很多城乡发展不平衡、沿海和内地发展不平衡等各种难题,现在和未来还面临着国际环境带来的复杂性与挑战性。这些问题和困难的存在都需要政府创新治理方法,努力改进社会公平与和谐。

### 4. 是完善方法、改善绩效、建设效能政府的需要

国内外民众对政府的印象,较为一致与普遍的评价是:浪费严重,办事推诿拖拉,刻板机械,缺乏灵活性,缺乏创新性,因而效率低下,效能低下。更加尖锐的批评意见还有官僚主义作风,等等。这种现象的背后,有政府只能有一个不可能开展多家竞争的原因,也有政府官员思想认识与行为作风方面的原因。因而,提高政府绩效,打造效能政府是世界各国的共同任务,也是中国政府的重要任务。推进政府营销,对于转变政府官员思想认识与行为有一定的作用,从而对于改善政府工作效率,提高政府效能有一定的促进作用,配合效能政府建设的政治、法律与行政手段的综合运用,能够有效增强效能政府建设的力度,加快效能政府建设的进程,提高政府执政能力和服务水平。

# 四、政府营销的理论框架

政府营销的理论框架以营销主体政府的层级和类型以及由此形成的营销客体、营销主要范围和策略工具的差异为依据而构建。政府营销的理论框架基本上由国家营销、地方营销和部门营销三大领域构成。

## （一）国家营销——中央政府营销

国家营销是以中央政府为主体的最高级别的政府营销领域。国家营销的根本目的是为了增强国力，维护和发展国家利益、民族利益，塑造国家形象，争取国家的国际社会地位。因此，国家营销的第一空间范围是国际社会、国际舞台，第二空间范围是国内社会。国家级别的政府营销，可以使用的手段工具也是最为丰富的，营销策略工具的运用也更具创造性和艺术性。国家营销的部分策略工具是独有的、专用的，是地方营销所不能使用的，比如国家营销可以使用政治外交、军事国防、国家安全、国际贸易政策与关税、货币政策、财政政策、税收政策等宏观调控手段，对外开展国际营销，对内开展国内营销，地方营销和部门营销则不可以使用这些营销手段。

## （二）地方营销——地方政府营销

地方营销是以地方政府为主体的政府营销。由于行政区划和城乡差别，地方政府又包括城市政府和以非城市化的自然生态区域和第一产业为主体的区域政府，因此地方政府营销可以区分为营销范围空间、策略手段差异较大的区域营销和城市营销两大版块。也有将城市营销单列出来，而将地方营销、地区营销和区域营销归为一类的。

### 1. 区域营销

区域营销是建立在以自然生态为基础、第一产业为主体的行政区划基础之上的。这样的行政区划，在中国最大的是省和自治区，中间的是县、州、旗、盟等,最基层的是乡镇和乡村。区域营销就是以这些层级的政府为主体的营销类型。区域营销虽然在区域面积上有很大的差异,在行政级别上有很多层级,但是都有一个共同的特征,即与自然生态环境和自然资源禀赋有关,主要有农产品营销、原产地产品营销、优质特产营销、矿产资源营销、水产资源营销、风景名胜旅游目的地营销、生态产业体验营销、休闲度假体验营销等。因此,当遇到基本相同的营销环境、基本相同的营销目标时,可以放在一起研究其营销规律与方法。

2. 城市营销

城市营销是建立在城市形态基础之上的以城市政府为主体的营销类型。这里的城市是主要指建筑形态的城市,也就是主城区,一般不包括城市行政建制下属的县域,但已经与城市街区建筑融为一体的县域部分应包括在内。城市具有建筑密集、人口密集、交通发达,经济发达、产业多元,传媒发达,信息传递便捷迅速、居民文化水平较高等特点,因此城市营销的推进速度快、见效速度快、感知便捷直接。结合城市发展、城市改造和房地产业的发展、城市基本建设的推进来看,最近二十来年,城市营销的实践较为丰富,城市运营、运营城市成为城市政府、房地产商津津乐道的语言。城市营销的理论研究成果因此较为丰富,但也存在一些问题需要解决和改进。

## (三)部门营销/社会营销——部门政府营销

随着中国政府职能转换的深入、政府机构改革的推进,小政府大社会的概貌已经基本呈现出来,原来直接管理具体行业经济事务的政府部门逐渐撤销或转为行业协会,如原来政府组成部门的各工业部门历经多次调整,到2008年政府机构精简到只有一个工业与信息化部。政府经济综合管理部门则主要承担宏观调控和市场监管的职能。保留和强化的政府部门如文化、教育、卫生等,则主要承担社会管理和公共服务职能。从中央到地方,承担社会管理和公共服务的政府部门,更多的不是行政职能,不是发号施令,而是提供服务,造福社会。因此,这些部门的政府营销与社会营销密切相关,既是部门营销又是社会营销,其营销行为具有明显的社会福利性质。其营销策略工具,也更多的是沟通和引导,是为社会创造价值,向民众传播价值,以实现其部门的价值。从这个层面上来说,部门营销更需要借鉴企业市场营销的理论和方法。

政府营销的理论架构,如表 2.1 所示。

表 2.1　政府营销的理论架构

| 营销构成项目 | | | 国家营销 | 地方营销 | 部门营销 |
|---|---|---|---|---|---|
| 第一责任主体 | | | 中央政府 | 地方政府 | 政府部门机构 |
| 主要营销目的 | | | 国家利益<br>民族利益<br>国家形象 | 地方利益<br>公共利益<br>地方形象 | 部门利益<br>社会利益<br>部门形象 |
| 外部营销 | | 营销范围 | 在国际社会<br>为本国营销 | 在本级政府之外<br>为本地营销 | 在部门政府之外为<br>本部门及所代表的<br>社会利益营销 |
| | | 营销客体 | 国际组织<br>他国政府相关组织<br>利益团体(公众) | 上级政府<br>外地政府<br>外地组织<br>利益团体<br>社会公众 | 本级政府首长<br>上级主管部门<br>本级部门外的<br>公共部门<br>利益团体<br>社会公众 |
| | | 营销手段 | 国家外交<br>公共外交<br>国家形象营销<br>对外贸易营销<br>境外游客营销<br>外商投资营销 | 地方政府公关<br>地方形象营销<br>吸引旅游营销<br>招商引资营销<br>地方产品营销 | 政府部门公关<br>部门形象营销<br>社会营销 |
| 内部营销 | | 营销范围 | 本国之内<br>政府、企业与公民 | 本地之内<br>政府、企业与公民 | 部门组织系统之内<br>部门公共职责之内 |
| | | 营销客体 | 下级政府<br>本国公民<br>本国企业<br>国内其他组织 | 下级政府<br>本地公民<br>本地企业<br>本地其他组织 | 下级政府部门<br>本级政府范围内的<br>社会组织与公众 |
| | | 营销手段 | 政治营销<br>政策营销<br>社会营销<br>公共产品营销<br>公共服务营销<br>公共事件营销 | 政治营销<br>政策营销<br>社会营销<br>公共产品营销<br>公共服务营销<br>公共事件营销 | 政策营销<br>社会营销<br>公共服务营销<br>公共事件营销 |

## 五、政府营销的相近学科

### (一) 经济学、政府经济学和政府管制经济学

#### 1. 经济学

经济学研究的是如何利用稀缺的资源来生产有价值的物品和劳务,并将它们在不同的人中间进行分配。经济活动是其他一切活动的物质基础,经济关系也是其他一切社会关系的物质基础。因而,经济学就成为社会科学的基础学科之一,成为人们认识社会、改造社会必先掌握的思想武器。政府营销作为一种与经济活动相关的政府行为,有必要借鉴经济学的基本原理,遵循经济学揭示的客观经济规律。

#### 2. 政府经济学/公共经济学

政府经济学是从经济学的角度来解释、分析和规范政府的职能和作用的科学。政府经济学也被称为公共经济学(Public Economics)或公共部门经济学(Public Sector Economics)。公共部门是指政府及其附属机构。公共部门的行为集中体现和代表了政府的行为。在现代社会,政府的职能已不仅仅是政治职能和社会职能,其经济职能发挥的领域越来越广泛,作用越来越显著,从生产、流通、资源配置到消费导向、纳税、国际竞争、太空、气象、水利、市政建设以至社会经济生活的各个方面。

政府经济学研究提供公共物品、政府价格管制、外部性与政府行为、政府政策与经济自由度、寻租等问题,产生了委托—代理理论、公共选择理论、制度经济学理论等。作为经济活动主体的政府在实际工作中也迫切需要这样一些理论来指导自己的实践,既能完成社会的目标,又能够提高经济效益。在同是政府行为的政府营销中,需要借鉴政府经济学的理论成果。

#### 3. 政府管制经济学

管制也成规制,是学术界常用的概念,在政府部门更习惯使用监管这个概

念。从理论上来说,政府管制经济学是政府以效率和公平为指导原则,凭借行政权力对由于不完全性、外部性、信息不对称性和偏好不合理等原因所造成的市场缺陷进行管制,从而改变企业与消费者的供求决策的经济学。政府管制不仅包括政府对电力、煤气、自来水、铁路、水运、航空运输、邮电等自然垄断领域的管制,对假冒伪劣产品的管制,对扰乱市场信息传递或甄别信息的管制,还包括对迷幻药品、色情、新闻出版、收入分配等进行管制。政府管制经济学在政府对于经济性管制、社会性管制和反垄断三大方面的研究成果,非常值得政府营销借鉴。

## (二) 管理学和公共管理学

### 1. 管理学

管理是组织中的管理者,通过实施计划、组织、人员配备、领导、控制等职能来协调他人的活动,是调动他人的积极性共同实现既定组织目标的活动过程。管理活动自有人类出现便有了,与此同时管理思想逐步产生。事实上,无论是在东方还是在西方,我们均可以找到古代哲人在管理思想方面的精彩论述。管理学是系统研究管理活动的基本规律和一般方法的科学。管理学是适应现代社会化大生产的需要产生的,管理学一般研究在现有的条件下,如何通过合理的组织和配置人、财、物等因素,提高生产力的水平。现代管理学的诞生以弗雷德里克·温斯洛·泰罗(Frederick Winslow Taylor)的名著《科学管理原理》(1911年)以及法约尔(H. Fayol)的名著《工业管理和一般管理》(1916年)为标志。现代意义上的管理学有了长足的进步与发展,企业文化理论、信息通信技术、互联网、大数据和云计算在管理上的运用,是现代管理发展的重要特点。政府营销行为本质上也是一种管理行为,因此借鉴管理学原理,对于有效开展政府营销具有积极意义。

### 2. 行政管理学/公共管理学

行政管理学又称行政学,也称公共行政学或公共管理学。它是一门研究政府对社会进行有效管理的科学,是国家公务员和其他公共部门工作人员必备的知识。行政管理作为一门科学,在20世纪初产生以来得到了长足的发展。行政管理学研究国家行政机关及其官员依法管理国家事务、社会事务和机关内部事务的客观规律。具体来说,行政管理学研究的主体对象是行政机关,在我国即国务院和地方各级人民政府;行政管理学研究的客体对象是国家事务、社会事务和行政机关的内部事务;行政管理学的根本目的在于探讨行政管理的客观规律,实现行政管理的科学化。作为同属政府管理行为的政府营销,与行政管理学在理论上具有相互借鉴相互支持的意义。

西方的公共管理学起源于公共行政学,由于观点的不断演进,又出现了新公共管理、新公共服务、新公共治理等学说。中国学术界对这些新学说均有介绍,并开展了较为深入的理论研究,但目前还没有广泛深度运用于政府管理中。在中国政界,行政管理的说法更为普遍,但近年来也越来越多地采用公共治理和政府治理的概念。

## (三)政治学

政治在本质上是人们在一定经济基础上,围绕特定利益,借助于社会公共权力来规定和实现特定权利的一种社会关系,因此,政治学就是研究这种特定的社会关系即政治关系及其发展规律的科学。政治学以政治关系作为研究对象。在实际生活中,政治关系具有多种外延形态,如政治行为、政治体系、政治文化等,这些都是政治学研究的对象。政治学同时又是以探求政治关系的发展规律作为研究的目标和任务的。它要求对于政治现象的描述和对于政治表征的把握,更要求深入研究政治关系的本质联系及其发展运动。政治学是一门独立的学科,它要求人们以客观政治关系为研究对象,以科学态度和科学方法从事研究,其研究的科学成果和结论对于人们认识政治现象,掌握政治规律起着巨大的指导作用。政治学学科构成包括政治学基本理论、本国政治、比较政治、行政管理与公共政策、国际政治与国家关系。政府是政治组织的主要形式,借鉴政治学的原理,对于开展政府营销具有重要的借鉴意义。

## (四)法学

法学又称法律学或法律科学,是研究法、法的现象以及与法相关问题的专门学问,是关于法律问题的知识和理论体系,是社会科学的一门重要学科。法学思想最早渊源于春秋战国时期的法家哲学思想。"法学"一词,在中国先秦时被称为"刑名之学",自汉代开始有"律学"的名称。在西方,古罗马法学家乌尔比安（Ulpianus）对"法学"（古代拉丁语中的 Jurisprudentia）一词的定义是：人和神的事务的概念，正义和非正义之学。现代法学是指研究法律的科学，研究对象包括法、法的现象、与法相关的问题等。政府营销需要依据法律，合法开展，同时需要借助法律的手段以有效提升政府营销绩效，因此政府营销行为和理论研究需要联系法律和法学。

## （五）伦理学、文化学和国学

### 1. 伦理学

伦理学以道德现象为研究对象，不仅包括道德意识现象（如个人的道德情感等），而且包括道德活动现象（如道德行为）以及道德规范现象等。伦理学将道德现象从人类活动中区分开来，探讨道德的本质、起源和发展，道德水平同物质生活水平之间的关系，道德的最高原则和道德评价的标准，道德规范体系，道德的教育和修养，人生的意义、人的价值和生活态度等问题。

伦理学中最重要的是道德与经济利益和物质生活的关系、个人利益与整体利益的关系问题。对这些问题的不同回答，形成了不同的甚至相互对立的伦理学派别。马克思主义伦理学将道德作为社会历史现象加以研究，着重研究道德现象中带有普遍性和根本性的问题，从中揭示道德的发展规律。马克思主义伦理学建立在历史唯物主义基础之上，强调阶级社会中道德的阶级性及道德实践在伦理学理论中的意义。

政府营销需要以合乎伦理道德的方式开展，并且着眼于和着力于促进社会民众道德伦理意识和行为的普及和强化，因此需要借鉴伦理学的研究成果。

### 2. 文化学

文化学是指研究各种文化的学科。可以按照不同的标准划分为不同种类，比如按照地域可分为西方文化学和东方文化学；按照时间可分为古文化学和现代文化学；按照学科可划分为旅游文化学、计量文化学和社会文化学等。从某种意义上说，文化的过程就是人类进化的过程，就是人类认识自然、改造自然的过程，文化学就是人类进化和发展的智慧结晶。在这个层次上来说，政府营销需要在文化学的智慧边界范围内展开，脱离文化的边界，政府营销也就如同进入了史前的无生命状态。

### 3. 国学

国学产生于西学东渐、文化转型的历史时期。但是,关于国学的定义,到目前为止学术界还没有统一明确的界定。一般来说,国学是指以儒学为主体的中华传统文化与学术,包括医学、戏剧、书画、星相、术数等等范畴。国学以学科分,应分为哲学、史学、宗教学、文学、礼俗学、考据学、伦理学、版本学等,其中以儒家哲学为主流;以思想分,应分为先秦诸子、儒道释三家等,儒家贯穿并主导中国思想史,其他列从属地位;国学以《四库全书》分,应分为经、史、子、集四部,但以经、子部为重,尤倾向于经部。在历史悠久、文化灿烂、底蕴深厚的中国,政府营销必须倚重国学的大智慧,才能根植于中国土壤,构建中国特色,造福中国人民。

## (六)公共关系和政府公共关系

### 1. 公共关系

公共关系简称公关(Public Relations,PR)。1978年,在墨西哥城召开的世界公共关系协会大会上,代表们达成了对公共关系的共识:"公共关系是一门艺术与社会科学。公共关系的实施是分析趋势,预测后果,向机构领导人提供意见,履行一连串有计划的行动,以服务于本组织和公众利益。"根据公共关系所表现出来的外部特征,一般将公共关系分解为四个基本要素:社会组织、公众、传播和组织形象。其中,社会组织是主体要素,公众是客体要素,传播是手段,组织形象是核心内容。作为几乎与市场营销同时诞生的公共关系,作为同为组织发展塑造形象的公共关系,与市场营销本身就具有天然的联系。作为市场营销领域的特定组织角色的政府营销,同样与公共关系的联系十分密切,可以相互借鉴、相互支持。

### 2. 政府公共关系

本书所指的政府公共关系,与一般意义上的以企业为主体的以政府为对象的旨在改善企业与政府关系的政府公共关系不同。企业层面的政府公共关系,是指企业与政府职能部门及其工作人员建立相互理解与支持关系的公共关系活动。

本书所指的政府公共关系,是公共关系在政府领域的运用。政府部门和机构运用公共关系原理处理政府与社会各方面的关系,塑造政府形象,推动政府工作,就形成了政府公共关系的基本内容和范畴。在理论上,政府公共关系现在已经形成一门科学与艺术。在实践中,政府公共关系是现代政府工作的手段之一,在政府营销行为中,政府公共关系是一个有力支持的手段。

3. 公共外交

在中央政府主导的国家营销层面,外交关系是一个国家最重要的对外关系。在国家营销时代,外交关系不再只是中央政府单一承担的公共关系,由政府主导社会各方力量共同参与的公共外交已经成为对外公共关系沟通的有效手段。而随着民间组织和社会民众国际交往的增加,以及互联网沟通方式的普及,公共外交在加强国际沟通、增进国际社会了解、传播国家形象、改善国际关系等方面的作用也将会更加明显。

# 第三章　政府营销观念
## ——端正治国理政指导思想

政府营销观念在政府治国理政的实践中是一种现实的存在，但是在政府营销的理论研究中，尚处于提炼和探索之中。公认的政府营销观念及其发展演变理论尚未形成。从理论上看，市场营销学的企业营销观念发展演变和公共管理学的行政价值观念演变，可以为政府营销观念的系统提炼提供一些思路。本章就是在分析介绍企业市场营销观念和西方行政管理价值观念的演变基础上，进行政府营销观念系统性提炼的。

## 一、企业市场营销观念的演变

企业市场营销观念是指导企业开展市场营销活动的价值理念和指导思想。观念决定了行动，有什么样的营销观念就有什么样的营销行为。企业市场营销活动及管理，总是在一定的营销观念指导下进行的。应该用什么样的观念来指导企业的营销活动呢？如何决定组织利益、顾客利益和社会利益所占的权重呢？当这三种利益发生冲突时如何解决呢？这些都是决定营销行为的营销观念问题。

随着社会进步、市场变化和市场营销理论的发展，市场营销观念也经历了生产观念、产品观念、推销观念、市场营销观念和社会营销观念五个主要阶段。在西方发达国家一百多年的企业营销史上经历了这五个阶段，在中国改革开放以后引进市场营销的企业实践中也经历着这五个阶段，因而具有较为普遍适用的规律性。在这五个营销观念之后，西方国家营销学者对营销观念又提出了新思考、新提法，市场营销观念也出现了一些新的演变动向。在这里，我们逐一进行简要的介绍。

## （一）生产观念(Production Concept)

生产观念最先产生于19世纪末20世纪初的美国，由于社会生产力水平还比较低，产品供不应求，呈现卖方市场状态。表现为企业生产什么产品，市场上就销售什么产品。在这种营销观念指导下，企业的经营主导思想是努力提高生产效率，增加产量，扩大生产规模。企业的营销策略是等客上门。营销活动以企业为思维中心，以产品为思考起点。因此，生产观念也称为"生产中心论"。

这种营销观念同美国当时的生产力水平是相适应的。当时，美国大工业生产刚刚起步，很多工业产品供不应求，营销渠道和体系也不发达；对消费者而言，生活水平还比较低，能否获得某种产品较之获得什么样的产品更为重要。在此背景下，由老亨利·福特首倡的"大量生产，降低价格"的生产观念从而大行其道。我国实行改革开放的初期，由于消费品严重短缺，供不应求，很多企业（包括主管经济的政府官员）也曾一度以生产观念为圭臬，大上项目，拼命生产。光电冰箱全国就引进了近百条生产线，仅阿里斯顿生产线就有9条，仍是供不应求。前来提货的卡车曾经在厂门口排起过长龙。甚至军用运输飞机都参加到南来北往的电冰箱销售运输中来。

## （二）产品观念(Product Concept)

随着社会生产力的提高，产品供应量逐渐增加，行业竞争开始出现，人民生活水平已有较大的提高，消费者已不再仅仅满足于产品的基本功能，而开始追求质量高、功能多、有特色的产品。在这种市场背景下，企业产品只要质量好，顾客自然会上门。正如中国古语所说的"酒香不怕巷子深"。因此，提高产品质量，降低产品价格成为企业生产经营的主导思想。企业的营销策略仍然可以是等客上门。营销活动仍然以企业为思维中心，以产品为思考起点，只要产品好不怕卖不掉。

20世纪30年代，美国福特汽车公司一枝独秀，取得了行业主导地位，一些中小汽车公司纷纷倒闭破产。但此后的市场需求已经悄悄地酝酿深刻变化，然而老福特仍然坚持奉行单品种、大批量、低成本的生产观念。当已是福特公司总裁的老福特的儿子向他提出要对产品进行差别化改进的时候，他甚至暴跳如雷地吼道:"我只要 T 型车,而且只要一个颜色——黑色。"通用汽车公司总裁斯隆看到了市场的微妙变化,提出了与福特汽车公司针锋相对的产品差别化策略,创建了包括雪佛莱(低档)、别克(中档)和凯迪拉克(高档)等不同产品组合的生产经营体系。由于把握了正确的营销观念,不仅使通用汽车公司起死回生,而且其市场地位逐步上升,并超过了福特。

在我国,也有很多企业不同程度地奉行产品观念,它们把提高产品功能和质量作为头等大事来抓,提出了"企业竞争就是质量竞争""质量是企业的生命线"等口号,这在很大程度上推动了国产产品的升级换代,缩小了与国外同类产品的差距,一些企业也取得了较好的经济效益。海尔公开砸毁质量不合格冰箱是产品观念的典型表现。

但也应该注意到,产品观念也有其片面性。所谓质量与功能不应当是营销者头脑中的质量和功能,而应当是消费者头脑中的质量和功能。美国有企业生产从四层楼上掉下来都摔不坏的文件柜,中国有企业能生产汽车压不坏、大象踩不坏的床垫,质量非常好,但是消费者并不买账。因为消费者买文件柜并不是从楼上往下摔的,买床垫是自己睡的不是给汽车压给大象踩的。过于迷恋产品的企业容易陷入"营销近视症"的误区,即把注意力过多放在自己的产品上而不是消费者的需求上。铁路公司认为乘客需要的是火车而不是交通,于是忽视了飞机空运和高速公路客运的挑战。电信运营商认为用户需要的是打电话而不是沟通,于是忽视了互联网的挑战。

## (三)推销观念(Selling Concept)

美国 1929~1933 年的大萧条证明大工业生产的优质产品也会卖不掉。1945 年,二次大战结束后,日本、德国等资本主义国家工业快速发展,社会产品日益增多,市场上许多产品开始供过于求。企业为了在竞争中立于不败之地,纷纷重视和加强推销工作,运用推销和促销手段刺激消费需求,如组建推销组织,招聘和培训推销人员,大力进行广告宣传,以诱导消费者购买产品。企业的营销策略由等客上门转变为加强对产品的宣传和推介。但营销活动仍然以企业为思维中心,以产品为思考起点。这种观念正是"我们会做什么,就努力去推销什么"的写照。例如,美国皮尔斯堡面粉公司在产品出现销售困难的情况下,就将"本公司旨在生产面粉"改为"本公司旨在推销面粉",以期扩大销售,扭转市场困境。

自从产品供过于求,卖方市场转变为买方市场以后,推销观念就被企业普遍采用,尤其是生产能力过剩和产品大量积压时期,企业领导层常常不假思索地采纳这种观念。在我国前些年,几近被奉为成功之路的"全员推销"正是这种观念的典型代表。

推销观念认为,消费者购买是有惰性的,尤其是当产品丰富和销售网点健全的情况下,人们已不再需要像物资匮乏和战时状态那样储存大量产品,也没必要担心产品涨价。"够用就行"已成主导性消费观念。另外,在买方市场条件下,过多的产品追逐过少的消费者也是事实。因此,加强促销和推销以扩大本企业产品的宣传影响,向消费者传达本企业的产品信息,劝说消费者选择购买本企业产品,是非常必要的。关键不是在于好酒要不要吆喝,而是在于吆喝的是不是好酒。在我国,很多企业试图通过强化推销把过去根据生产观念大批量生产的质量差的库存产品和根据产品观念生产的虽然质优但并不适销对路的产品销售出去。可想而知,这种做法并不能从根本上解决问题。

## (四)市场营销观念(Marketing Concept)

市场营销观念是市场营销理论和实践进入成熟阶段的产物和标志,是由美国通用电气公司的约翰·麦克金特结合企业实践于1957年提出来的。这种观念认为,实现企业目标的关键是切实掌握目标消费者的需要和愿望,并以消费者需求为中心集中企业的一切资源和力量,设计、生产适销对路的产品,安排适当的市场营销策略组合,采取比竞争者更有效的策略,满足消费者的需求,取得企业利润。

市场营销观念较前三种观念是一次质的飞跃。它将思考问题的出发点由"企业自身"转向"市场需求",将思维中心由"企业"转向"市场",以需求为思考起点,体现了"用户至上,市场第一"。

美国惠而浦(Whirlpool)在进入日本市场时,它的产品没有沿用美国市场上的庞大体积,而是仔细地根据日本消费者的需要重新设计。它的冰箱、洗衣机和烘干机外形小巧但功率大,它的洗碗机更简洁。

市场营销观念与推销观念的根本不同在于:推销观念以现有产品为中心,以推销和促销为手段,刺激销售,从而达到扩大销售、取得利润的目的;市场营销观念是以企业的目标消费者及其需要为中心,并且以集中企业的一切资源和力量、适当安排市场营销策略为手段,从而达到满足目标消费者的需要、扩大销售、实现企业目标的目的。市场营销观念把推销观念的逻辑彻底颠倒过来了,不是生产出什么就卖什么,而是首先发现和了解消费者的需要,消费者需要什么就生产什么、销售什么,消费者需求在整个市场营销中始终处于中心地位。它是一种以消费者的需要和欲望为导向的营销观念,是企业营销思想的一次重大飞跃。

## (五)社会营销观念(Societal Marketing Concept)

20世纪70年代,市场营销观念在美国等西方国家受到指责。一是批评一些标称自己奉行市场营销观念的企业以次充好、搞虚假广告、牟取暴利,损害了消费者权益;二是批评有些企业只注重消费者眼前需要而不考虑长远需要,如麦当劳汉堡包脂肪过多,不利于身体健康;雀巢奶粉使得母乳喂养婴儿减少,不利于婴儿健康发育等;三是批评有些企业只注重企业目标而不顾社会福利和环境保护,造成环境污染,生态破坏。用现在的话说就是没有考虑企业、社会的"可持续发展"。这些批评导致人们从不同的角度对市场营销观念进行了补充,如"人道营销""明智消费营销""生态强制营销""宏观营销"等,我们统称为"社会营销观念"。

社会营销观念认为,企业的任务是确定目标市场的需要、欲望和利益,并且在保持或增进消费者和社会福利的情况下,比竞争者更有效率、更高效能地使目标市场满意。社会营销观念要求企业在确定营销政策时,考虑公司利润、消费者需要和社会利益三者的平衡和协调。

上述五种市场营销观念的主要区别如表3.1所示。

表 2.1 营销观念的主要区别

| 观念 | 区别 | | | |
|---|---|---|---|---|
| | 思考起点 | 思维中心 | 营销策略 | 目的 |
| 生产观念 | 产品 | 企业 | 等客上门 | 通过扩大销售额获得利润 |
| 产品观念 | 产品 | 企业 | 等客上门 | 通过扩大销售额获得利润 |
| 推销观念 | 产品 | 企业 | 广告促销、人员推销 | 通过扩大销售额获得利润 |
| 市场营销观念 | 消费者需求 | 消费者 | 营销策略组合 | 通过消费者满意获得利润 |
| 社会营销观念 | 健康生活方式 | 人类社会 | 企业形象营销策略组合 | 通过消费者、企业、社会协调发展获得利润 |

企业的社会营销观念与政府组织和非营利组织的公益性质在目标与理念上开始有了共同性,从而加强了企业组织、政府组织和非营利组织之间的互动联系与互相借鉴。政府组织和非营利组织开始借鉴企业市场营销策略和方法开展工作,从而导致政府营销和非营利组织营销的产生和发展。

## (六)市场营销观念的纷争

20世纪80年代以来,随着市场营销环境和营销实践的变化,出现了众多新的营销观念,形成了营销观念纷争的局面,主要观念包括:

### 1. 大市场营销观念(Mage Marketing Concept)

大市场营销是菲利普·科特勒教授于1984年提出来的。这种观念认为一个企业不应只是消极地顺从、适应外部环境和满足消费者需求,更应借助政治力量和公共关系等手段,积极主动地改变外部环境,引导消费者需求或改变消费者习惯,以打开和进入目标市场,从战术营销转为战略营销。如果是新产品,企业还必须通过大力宣传激发消费者的需求,甚至改变消费者的消费习惯。

### 2. 绿色营销观念(Green Marketing Concept)

绿色营销观念萌发于20世纪80年代,现在这一观念也被企业界普遍认同和接受。所谓绿色营销观念是指在绿色消费的驱动下,企业应从保护环境、合理利用资源的角度出发,通过生产绿色产品,满足消费者的绿色需求,实现企业营销目标的一种市场营销管理理念。它是环保意识与市场营销观念的融合,它强调企业在注重经济效益的同时,应该比以往更加重视生态效益和社会效益。

### 3. 网络营销观念(Cyber Marketing Concept)

技术的进步创造了一个全新的数字时代,互联网的出现使得市场营销也发生了全新的变化,尤其是对企业营销传播沟通和商品交易流通产生了重大影响。其中,电子商务是一种采用先进信息技术的买卖方式,形成一个虚拟的市场交换场所,它渗透到了贸易活动的各个阶段,其最终目的是要在企业乃至全社会中实现高效率、低成本的贸易活动。网络营销是企业通过使用互联网来开展其产品和服务沟通传播、促销引流和销售业务的。网络营销涉及的领域主要有：B2C(Business to Consumer，企业对用户)、B2B(Business to Business，企业对企业)、C2C(Consumer to Consumer，用户对用户)、C2B(Consumer to Business，用户对企业)。

## （七）市场营销观念的最新整合

21世纪的营销潮流和力量正在促使一些领先企业接受一套新的系统的营销观念和实践方式。实际上，当今优秀的营销者已经意识到必须超越传统的营销观念，必须整合各执一词的营销观念争论，采用更富有整体性、更具有关联性的观念和策略来展开自己的营销活动。

2006菲利普·科特勒在《营销管理》（第12版）中提出了"Holistic Marketing"的最新营销整合观念，王永贵教授先翻译为"全面营销"，后又翻译为"全局营销"，卢泰宏教授翻译为"全方位营销"。

全方位营销观念是以对营销项目、过程和活动的开发、设计和实施的范围和相关关系的了解为基础的。全方位营销认为所有事物都与营销有关。因此需要一种广泛的、整合的营销观念。全方位营销包括四个方面：关系营销、整合营销、内部营销和绩效营销。如图3.1所示。

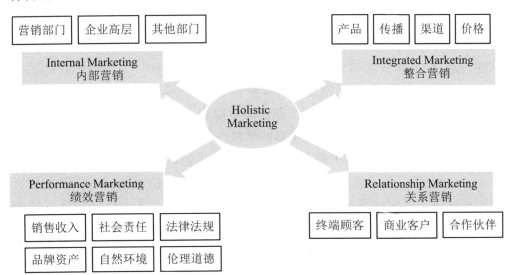

图3.1 全方位营销的维度

1. 关系营销(Relationship Marketing)

关系营销的目标是与本企业的重要伙伴,如用户、供应商、分销商建立长期相互满足的关系,以赢得并保持他们的长期偏好与业务。营销者一般是通过承诺和以合理的价格提供高质产品或服务而达到这种目的。关系营销在各方之间建立强大的经济、技术和社会联系,大大降低了交易成本和时间。

关系营销的最终成果是创立营销网络这种独特的公司资产。营销网络包括公司及利益关系人,如顾客、职员、供应商、分销商、零售商、广告公司、大学科研人员等。企业与他们一道建立起互利的业务关系。现在越来越多的情况表明,竞争已不是企业与企业之间的竞争,而是营销网络之间的竞争。建立强大的关系要求了解不同群体的能力和资源以及他们的需求、目标和欲望。如今越来越多的企业针对不同的顾客提供不同的产品、服务和信息。这些企业收集每位顾客的信息,如历史交易数据、人口统计资料、心理数据及媒体和渠道偏好等。通过聚焦在最有利可图的顾客、产品和渠道上,这些企业希望实现获利性增长,赢得更大的顾客消费额。例如,宝马公司允许顾客自己设计汽车,他们可以从350种款式、500种备选件、90种内饰颜色、170种尺寸中进行选择。宝马30%的美国顾客和80%的欧洲顾客正在设计自己的汽车。

2. 整合营销(Integrated Marketing)

在整合营销方式下,营销者的任务是设计营销活动并整合营销项目来为顾客创造、传播和传递价值。营销活动的形式有很多种。麦卡锡将这些工具分为四大类,并称之为营销的4P策略:产品(product)、价格(price)、地点(place)和促销(promotion)。4P代表营销者眼中可以用来影响购买者的营销工具。从购买者的角度来看,每项营销工具都是用来为顾客提供利益的。

整合营销的两个关键主题是:① 采用大量不同的营销活动来宣传和传递价值。② 协调所有的营销活动以实现其总体效果的最大化。换句话说,设计和实施任何一项营销活动时都要考虑其他所有活动。企业必须将其需求管理、资源管理和网络管理体系整合在一起。

3. 内部营销(Internal Marketing)

内部营销确保组织内部的所有人都掌握了正确的营销观念,尤其是高级管理层。内部营销是指成功地聘用、培训和激励有能力的员工,使他们更好地为顾客服务。聪明的营销者意识到,公司内部的营销活动可能与外部营销活动同样重要,甚至可能更重要。如果公司员工还没有准备好,那么提供优质服务的承诺是没有人任何意义的。

内部营销要求组织中的每一个人都秉承营销的理念和目标,并致力于选择、提供和传播顾客价值。只有当所有的员工都意识到他们的工作是创造、服务和满足顾客时,公司才能成为一个有效的营销者。例如,内部营销是西南航空公司的关键优势,高层管理人员对招聘、培训、内部沟通和人员激励非常注意。总裁和董事长不断地参观西南分公司,感谢员工的努力,为员工发放生日卡,与员工分享顾客的意见。西南航空公司的员工有着微笑的顶级服务,而且在艰难时期他们也非常忠诚甚至不要薪水来降低公司的成本。

### 4. 绩效营销(Performance Marketing)

全方位营销将绩效营销视为必要的部分,以了解从营销活动和营销方案获得的商业回报,并更广泛地关注营销对法律、伦理、社会和环境的影响和效应。最高管理者除了检查销售收入外,还需要考察市场份额、顾客流失率、消费者满意度、产品质量和其他相关情况。

营销者不仅要从品牌建立和客户群增长方面,还要从财务可盈利方面,向高层管理者证明其营销投资的正确性。于是,营销者使用了更多的财务指标评估其营销努力创造的直接价值和间接价值。他们还意识到,企业的市场价值大部分来自无形资产,尤其是品牌、客户群、员工、与分销商和供应商的关系和知识资本。

绩效营销包括企业利益责任和社会责任。营销的影响超出了企业和顾客,发展到了整个社会。营销者必须仔细考虑更为广泛的社会角色,及其活动的道德、环境和社会背景。营销者必须平衡并调整企业利润、消费者需要与公众利益这三个彼此经常冲突的标准之间的关系。

社会责任营销最早产生于20世纪70年代,当时西方国家出现能源短缺、环境污染、通货膨胀现象,同时消费者维权的呼声日益高涨。市场营销观念虽然摆正了企业与消费者的关系,但在执行过程中,有时会出现满足了消费者个人需要,却与社会整体利益,特别是与社会公众长远利益发生矛盾的现象,如一次性方便用品和一次性包装品等,虽满足了消费者生活便利的需要,却危害了人类的生存环境。2003年初,伦敦出版的《新科学家》杂志刊登了美国华盛顿大学内分泌学家迈克尔·施瓦茨教授的研究结果。他发现汉堡包、炸薯条、炸土豆片等美式快餐可以引起体内激素——瘦素的变化。瘦素是控制人体饮食行为的激素，它的变化会使食用者特别是少年儿童难以控制进食量。由此看来，食用洋快餐导致发胖，不能单纯责怪食用者没有自控力，而是因为它有"成瘾性"。社会责任营销的实质就是树立有社会责任感的"社会公民"的形象，取得客户的信赖，实现企业和社会的双赢。

## 二、西方行政管理观念的演变

在西方行政管理理论与实践的发展过程中，已形成了四个学术演进阶段：传统公共行政学、新公共行政学、新公共管理学和新公共服务学。金太军（2000）和杨伟文（2004）曾经对西方公共行政价值取向的历史演变进行过研究，分别提出了三种行政价值观和四种行政价值观。综合本书第一章的相关研究，我们将西方行政管理观念概括为效率观念、公平观念、效益观念和服务观念四个演进阶段。

### （一）效率观念

效率观念是传统公共行政学倡导的行政管理价值观念，主张公共行政管理应该以提高效率为目标，认为政府等公共管理部门在社会管理中的作用是努力"划桨"，而不是"决策"。

传统公共行政管理理论是建立在韦伯理想化的官僚组织体制和威尔逊政治与行政分离理论基础上的，也明显受到了同时代企业管理中的泰罗科学管理的影响。

传统公共行政管理侧重于通过有效组织和运用人力资源和物质资源履行行政职能，"效率"是公共行政的基本价值追求。公共行政的出发点是效率，目标也是效率，政府行政的价值就在于通过对公共资源的有效配置和利用，以较少的投入获取较多的政府产出。

这种效率至上的行政价值观念与传统公共行政学的政治—行政分离学说存在着内在的逻辑联系。传统公共行政学的奠基人威尔逊（W. Wilson）和古德诺（F. J. Goodnow）将行政界定于与政治截然不同的中立性领域，只执行政策而不是制定政策,即"划桨"而不是"掌舵"(决策)。将行政与政治分离之后,就合乎逻辑地把行政视为远离政治的纯技术事务,理应追求行政事务的执行效率。

从时间和技术手段方面看,效率取向的行政价值观念显然受到了以泰勒为代表的科学管理的影响。可以说,企业管理领域发生的科学管理推动的效率提升,为行政管理的效率提升提供了良好的借鉴。从公共行政学科的应用属性来看,将行政管理价值定位于组织效率无疑有其必要性和合理性。作为公共权力的合法行使者,政府及其职员需要具备专业化管理所必需的知识与技术权威,以便为社会提供高效率的服务。

但是,传统公共行政这种效率至上的价值观念在实际执行中也存在一些问题,如自由、正义、秩序、公平、民主等社会价值观念没有得到应有的重视和保障。效率价值观念指导下的公共行政被简约成一套行政程序、管理技术和管理工艺在公共事务上的应用。这种只重"技术合理性"和"工具合理性"却忽视"目的合理性"的研究使公共行政变成了一种纯技术性的学问,而对公共行政的根本价值与终极目标缺乏基本的认知与坚守。

效率至上的行政价值观念强调非人性化的理性效率,个人只是惯性地服从并且专注于工作程序,成为"效率机器人",甚至造成行政管理者与社会公众之间的疏远和隔离,进而失去了行政管理者应有的社会价值取向和责任感。

## (二) 公平观念

公平观念是新公共行政学倡导的行政管理价值观念,主张公共部门的管理应该以社会公平与正义为目标,认为政府在公共管理中的作用是努力"划桨"。

新公共行政学认为效率固然是公共行政应有的价值追求,但绝不是公共行政的核心,更不是唯一的价值准则和终极目标。传统的公共行政常常以牺牲社会公平来维护效率,这是方向性错误。应该把社会公平作为公共行政的核心价值,强调公共管理者在决策和执行过程中的责任与义务,强调对社会公众要求做出积极回应,而不是以维护行政自身需要为目的,推动政治权力以及经济福利向缺乏政治和经济资源的社会弱势群体倾斜,以促进社会公平。

新公共行政学强调变革那些在制度上、功能上、效果上妨碍社会公平的政策与影响实现公平目标的政府行政管理体制,认为社会公平不仅是新公共行政理论研究的价值基础,也是公共行政实践包括行政改革的价值取向。

当然,新公共行政强调社会公平是公共行政的首要价值,但并不排斥公共行政的效率价值,反对的只是传统公共行政所推崇的单纯的"机械性效率"。因为效率只有与公共利益、社会公平等价值目标相结合才具有真正的意义。美国公共行政学家德怀特·沃尔多把这种建立在社会公平基础上的效率称为"社会性效率"。

新公共行政认为公共行政不能游离于社会政治现实之外,成为独立于政治和社会之外的"非人格化"的以管理技术自诩的效率工具。相反,它应关心政治与社会生活中存在的矛盾和冲突,并试图加以解决而不是视而不见、回避不问。

由于新公共行政倡导的公平价值观念在行政管理的实践中难以完全付诸实施,因此社会公平以及"社会性效率"并没有取代传统公共行政所推崇的效率而成为主导的行政价值观念,但对传统的效率至上的行政价值观念是一次巨大的冲击,并影响到其后西方公共行政管理理论研究和实践探索的价值取向。

### (三)绩效观念

绩效观念是新公共管理学倡导的行政管理价值观念,主张公共管理部门应该向私营部门的企业管理学习,实行公共管理部门运行的市场化和企业化,追求有效率和有效益的公共管理,认为政府等公共管理部门在社会管理中的作用不是"划桨",而是"掌舵"。

20世纪70年代末,新公共行政学说的影响逐渐减弱,取而代之的是影响更为深远的新公共管理学说。新公共管理学认为社会管理不能仅靠政府实施行政管理,管理主体应该扩展到政府以外的各种社会机构,管理方法除行政和法律外,还可以采用私营部门的经济方法。管理具有相通性,公共组织和私营组织的管理在本质上是相似的,公共管理包括政府行政管理完全可以采用工商企业管理的制度和方法,要从新公共行政时代的封闭性过程管理转向注重未来的战略管理和注重效益的结果管理。新公共管理理论的这些理念在美国公共管理学家奥斯本和盖布勒的《重塑政府》一书中得到了提炼和普及,成为新公共管理理论的精髓——企业家政府理论。

新公共管理学强调改变传统公共行政价值取向下的政府与社会之间的关

系,重新对政府职能及其与社会的关系进行价值定位:政府公务员应该是负有责任的"企业经理和管理人员",社会公众则是提供政府税收的"纳税人"和享受政府服务作为回报的"顾客"或"客户"。政府服务应以顾客为导向,应增强对社会公众需要的响应力。相应地,新公共管理学更加重视政府活动的产出和结果,即重视提高公共服务质量,包括经济、效率和效果等三大绩效指标,以满足社会和公众的需要为最终价值取向。

新公共管理学主张对某些公营部门实行私有化,让更多的私营部门参与公共服务的供给,通过公共管理和公共服务的"企业化""市场化"和"私有化",扩大公共产品和公共服务的供给,并提高供给的质量和效率。

新公共管理学反对传统公共行政强调的政治与行政分离、文官保持政治中立和匿名原则,强调文官与政务官之间存在着密切的互动和渗透关系,主张对部分高级文官实行政治任命,让他们参与政策的制定过程,并承担相应的责任,不应将政策制定和行政管理截然分开。

在新公共管理思潮的理论背景下,英美等国家的政府管理改革实践也风起云涌。当然,更深刻的社会经济背景是,强调政府干预的凯恩斯主义虽然对治理经济危机起到了良好的作用,但当政府这只"看得见的手"长期过度干预市场时,与"市场失灵"相对应的"政府失灵"也表现得非常明显。一方面政府处处干预使得政府所承担的任务越来越多,似乎能成为无所不能的"万能政府",另一方面政府机构膨胀,官僚作风蔓延,行政效率低下,财政负担也越来越重。

在新公共管理学派反省政府的角色与作用的同时,英美等世界主要发达国家掀起了大力推进政府改革的浪潮。在英国,首相撒切尔夫人提出了一系列坚持市场取向、减少政府干预的行政改革方案。从"阶段革新计划"到"公民宪章运动",在国有企业私有化改造、公共部门引进私营企业的管理机制、承诺公共服务的内容与标准、提高公共服务的质量等问题上,英国的改革都取得了一定成就,被称之为"宁静的革命"。20世纪80年代初,美国的里根政府发动了一场大规模地放松甚至废除政府管制的变革运动,并由此设计了一种使政府官员不仅对管理过程而且要对管理结果负责的新体制。克林顿政府继续推进政府职能市场化改革的进程,提出了若干"重塑政府"的原则与措施,如把竞争机制引入政府机构,大力降低行政成本,建立"顾客导向"的管理服务体系,以企业精神重塑政府,使政府机构成为"以绩效为中心"的组织。

对于新公共管理,也存在一些不同认识和批评意见,主要是:

新公共管理混淆了政府公共部门与私营部门的性质界限,盲目搬用私营部门的管理方法,但两者在根本目标和价值准则上并不相同,前者是提供公共服务,必须奉行社会平等和正义等价值准则,后者则以利润最大化为目的。而且新公共管理强调的所谓"顾客导向",把政府与公众的关系完全等同于企业与顾客的市场关系,实际上是把问题简单化和庸俗化了。

新公共管理主张公营部门私有化,实际上是放弃政府公共服务职能,逃避提供社会福利的责任。而实际上,"私有化"无法解决纯粹公共产品的供给。新公共管理强调的目标管理、绩效管理,实际上是一种典型的效率至上的"新泰勒主义"。

新公共管理过分强调了政府机构对公众所负的责任,却忽视了"公众"本身的构成。正如美国社会学家沃勒斯坦所指出的,美国的情况是"政府官僚机构都是负责任的,如果说这种负责任不是针对民主理论中所指的公民,那就是指对资本主义实践中的公司利益负责……美国国家体制的实质问题不是不负责任的官僚机构,而是这些官僚机构通常对哪个阶级服务或负责任。"

尽管新公共管理受到了各种批评,但在西方公共管理特别是公共行政领域,已成为一种不可逆转的时代潮流。20世纪80年代以来,西方许多国家开展的一系列的行政改革便是这一潮流的集中反映,从美国的"重塑政府运动"到英国的"公民宪章运动"和"竞争求质量运动",以及其他西方国家普遍实施的市场导向和顾客导向的行政改革措施,都在不同程度上实践着新公共管理学说,体现出新公共管理的价值取向。

## (四)服务观念

服务观念是新公共服务理论倡导的行政管理价值观念,主张公共管理部门应该以为公众提供服务为目标,认为政府等公共管理部门在社会管理中的作用是"服务",而不是"掌舵"。

新公共服务理论是以美国著名公共行政学家登哈特夫妇为代表的一批公共行政学者基于对新公共管理理论的反思,特别是针对作为新公共管理理论之精髓的企业家政府理论缺陷的批判而建立的一种新的公共行政理论,代表性著作是2003年出版的《The New Public Service: Serving, not steering》(《新公共服务——服务而不是掌舵》)。武汉大学丁煌教授在该书译者前言中对当代西方公共行政理论的新发展——从新公共管理到新公共服务进行了总结。

在新公共服务理论看来,公共行政官员在其管理公共组织和执行公共政策时应该集中于承担为公民服务和向公民放权的职责,建立起具有完善整合力和回应力的公共服务机制。具体来说,新公共服务理论的基本观点包括以下7个方面:

(1) 政府的职能是服务而不是"掌舵"。政府公务人员日益重要的角色就是要帮助公民表达并满足他们共同的利益需求,而不是控制或掌舵社会发展方向。政府的作用在于协调社会利益各方的态度与观点,协调解决各种公共问题,共同维护社会利益。

(2) 公共利益是目标而非副产品。政府公务人员必须致力于建立集体的、共享的公共利益观念,这个目标不是要在个人选择的驱使下找到快速解决问题的方案,而是要创造共享利益和共同责任。政府公务人员应当积极地为公民能够通过对话清楚地表达价值观念达成共识,为增进公共利益创造条件或提供舞台,应该鼓励公民采取一致行动,而不只是简单通过妥协回应不同的利益需求。

(3) 战略性思考与民主性行动。满足公共需要的政策和方案可以通过集体努力和协作得到有效实现。为了实现集体意识和共同行动,需要建立战略性思考的远见和共同执行的意愿。公民原本应有的自豪感和公民责任感,是可以被激发出来的,从而为参与、达成共识与合作创造机会。

(4) 为公民服务而不是为顾客服务。政府与公民的关系不同于企业与顾客的关系,在公共部门,很难确定谁是"顾客",因为政府服务的对象不只是直接的当事人。公正与公平是政府提供服务时必须考虑的重要因素,政府不应该首先或者仅仅只关注"顾客"自私的直接利益,而要关注公民的需要和利益。公共利益不是个人自我利益的简单加和,而是关于共同价值的对话结果。因此,政府公务人员不仅仅是要对"顾客"的要求做出回应,而是要集中精力与公民以及在公民之间建立信任与合作关系。

(5) 公共服务的责任并不简单。政府公务人员只是简单地直接对政治官员负责,或者只是向购买服务的顾客负责,都是公共服务责任的简单化。政府公务人员的责任问题其实非常复杂,受到包括公共利益、宪法法令、其他机构、其他层次的政府、媒体、职业标准、社会价值观念和价值标准、环境因素、民主规范、公民需要在内的各种制度和标准等复杂因素的综合影响,而且他们应该对这些制度和标准等复杂因素负责。

(6) 重视人而不只是重视生产率。公共部门以对人的尊重为基础并通过合作和分享领导权力的方式来运作，就更有可能获得更长远更持续的成功。试图控制人的行为且不关注组织成员的价值和利益，虽然也可能会取得一些成果，但是却培养不出具有责任心、献身精神和公民意识的雇员或公民。在他们看来，如果要求政府公务人员善待公民，那么政府公务人员本身就必须受到公共机构管理者的善待，而不能只被当做工作的机器和效率的工具。

（7）公民权和公共服务比企业家精神更重要。政府公务人员不是政府机构的所有者，政府的所有者是公民。政府公务人员有责任通过担当公共资源的管理员、公共组织的监督者、公民权利和民主对话的促进者、社会参与的催化剂以及基层领导等角色来为公民服务。这与看重利润和效率的企业所有者是非常不同的。政府公务人员不仅要分享权力，通过服务来解决公共问题，而且还必须将其在治理过程中的角色重新定位为负责任的参与者，而非企业家。

登哈特夫妇分别在2007年和2011年的《新公共服务》的第2版和第3版中，又增加了一些内容，讨论新公共服务的基本原则怎样才能付诸实践以及实施实例，但没有补充新公共服务的理论观点。

最后应当指出的是，尽管新公共服务理论是在对新公共管理理论进行反思和批判的基础上提出和建立的，但是，这并不意味着它是对新公共管理理论的全盘否定。从理论视角来看，它本质上是对新公共管理理论的一种扬弃，它试图在承认新公共管理理论对于改进当代公共管理实践所具有的重要价值并摈弃新公共管理理论特别是企业家政府理论的固有缺陷的基础上，提出和建立一种更加关注民主价值和公共利益、更加适合于现代公民社会发展和公共管理实践需要的新的理论选择。所以，我们或许可以从新公共服务理论中获得一些有益的启示。

综上所述，随着时代发展和社会经济与政治背景的变化，西方行政管理学说发生了从传统公共行政到新公共行政、从新公共管理再到新公共服务理论的发展变化，行政管理价值观念随之发生了从效率观念到公平观念、到效益观念再到服务观念的发展变化。虽然从时间和概念方面看，确实存在先后更替关系，但也不能由此产生后者全盘否定前者的认识。所有行政管理理论学说和行政价值观念的精华精神都对现代政府建设形成了积极意义，孕育了"效能政府""透明政府""法治政府""亲民政府""清廉政府""服务型"政府等政府建设目标与类型概念，这是非常值得注意和重视的。

## 三、政府营销观念的归纳提炼

政府营销观念是一个新概念。从逻辑上讲,政府营销行为一定是受特定的价值观念、行为准则和指导思想支配的。因此,政府营销观念应该是一种客观存在。如果说政府营销是一个新概念,以前和现在都不存在有意识的、有组织的、有计划的系统性政府营销行为,那么也就有可能没有确立清晰明确的政府营销观念。但是,如果需要开展有目的的政府营销,则首先必须确立清晰的政府营销观念,以指导和规范政府营销行为。

在关于政府营销观念的表述上,国内外的学者大都局限于对企业市场营销观念的介绍,有些甚至将企业的五种市场营销观念简单套用到政府营销观念上,总体来说,并没有提出与企业市场营销观念不同的而特别适用于政府营销的指导思想。国内学者俞亚南 2002 年在《市场营销观念在政府组织行政管理活动中的应用分析》一文里,将政府组织行为观念依据企业市场营销观念的生产、产品、推销、营销和社会营销五个阶段,划分为计划任务行政观念、形式管理行政观念、强制指令行政观念、公众服务行政观念和宏观协调行政观念,并倡导树立宏观协调行政观念。这种划分和归纳提炼与自新中国成立以来到中共十六大之前的中国行政管理状况是基本吻合的,但由于时间的原因局限于中国特定时间段的行政管理观念,其研究的时间长度与空间广度都较有限,也难以作为能经历较长历史时间考验具有普遍价值的政府营销观念。

我们认为,以企业市场营销观念替代政府营销观念肯定是不符合实际的,也是不合适的。政府营销观念作为政府处理与营销客体之间关系、处理政府营销实务的基本原则,肯定与企业市场营销观念是有区别的。不能简单地将企业市场营销观念套用到政府营销观念上来。

也有部分学者从西方行政价值观念介绍的角度来提炼政府营销观念。但是,准确地说,行政价值观念与政府营销观念在理论研究视角和实践应用范畴上,还是存在差别的,也不能将西方行政观念简单地等同于政府营销观念。

我们认为,政府营销观念提炼和总结,应该从政府管理国家事务、地方事务和社会事务的基本政府行为指导思想中去发掘,从基本的治国纲领、基本的治国思想和治国方针中去分析。中国历史上的皇帝君主以及新中国的几代领导人,都有非常丰富的治国思想。各国政府不同历史阶段治国思想的发展变化,实际上也就反映了政府营销观念的变化。治国理政思想应该是提炼和归纳政府营销观念的根本来源。

为此,本书主要根据封建社会、资本主义社会和社会主义三大社会历史阶段中外各国政府的执政治国思想,按照营销的观念和思考方式,提出以下5种政府营销观念类型。

## (一) 国家统治观念

国家统治是一个政权为维持其生存与发展,运用权力以支配其领土及民众的行为。国家统治观念认为民众是被统治对象,政府可以把自己的大政方针、施政纲要、治国思路强加给民众。如果有反对的声音,则进行弹压,不给民众参政议政的权利。国家统治观念是封建社会封建君主的治国理念,"国家就是一个阶级统治一个阶级的工具"就是对这种执政与治国思想的揭露与描述。

马克思列宁主义认为,统治阶级必须通过国家机器来进行统治,即建立一整套法律、制度、执行机构,并依赖于这些法律、制度和执行机构才能实现对被统治阶级的统治。军队、警察、法庭、监狱等专政机关都是国家机器的重要组成部分。国家机器的运行,保证了统治阶级对被统治阶级的统治,从而保证了统治阶级的利益。当被统治阶级对统治阶级的不满达到一定程度而发生反抗时,统治阶级所掌握的国家机器就会对反抗者进行镇压。

## (二) 科学与民主观念

科学与民主的执政与治国观念主要源于资本主义社会。资本主义国家主张一个国家的发展和富强,一要科学,二要民主。这种思想在20世纪初对中国先进青年影响极大,五四运动就是将科学与民主作为重要的旗帜在中国新民主主义时期进行宣传的。

科学是一个非常宽泛的概念,在政府政治生活中,科学一般是指要发扬科学精神、采用科学态度、运用科学方法,正确处理人与自然的关系、人与社会的关系,民众与政府的关系,有效推动社会生产力的发展和社会财富的增长,促进国富民强局面的形成。科学执政思想是对封建主义愚昧和奴役执政思想的否定,是执政与治国思想的进步。

民主一般是指领导正确处理与下属以及民众的关系,体察民情,尊重民意,实行民主决策。政府的重大决策要树立科学与民主的观念,这样既能集思广益,避免盲目和片面决策,又能取得广大民众对即将出台政策的支持。

在政治生活中,民主主义是指人民有参与国事或对国事有自由发表意见的权利。人民在实质上而不是在形式上有决定国家大政方针的权利,民主是使得人民辛苦劳作的发展成果真正为人民所共享的唯一手段。政治民主是在特定经济关系和利益关系的基础上,保障公民权利得到平等实现的政治形式。在阶级社会中,政治民主表现为以特定阶级利益为基础,平等实现统治阶级成员政治权利的国家形式。自由选举是西方资本主义国家民主政治的核心内涵,三权分立是西方资本主义国家的基本政治制度,主要内容是立法权、行政权和司法权相互独立、互相制衡。三权分立制度的理论基础是17、18世纪西欧资产阶级革命时期英国资产阶级政治思想家洛克和法国资产阶级启蒙学者孟德斯鸠提出的分权学说。这一学说基于这样一个理论前提,即绝对的权力导致绝对的腐败,所以,国家权力应该分立,互相制衡。资产阶级的思想家们希望据此建立一个民主、法治的国家。英法资产阶级革命和美国独立战争以后,三权分立成为资产阶级建立国家制度的根本原则。在当代,尽管西方国家的政治制度发生了很大变化,但三权分立仍然是它的一个根本特点。对于这种制度,西方的政治家和思想家非常推崇,认为只有实行三权分立,才是民主和法治的标志,不实行这种制度就是专制。

## (三) 为人民服务观念

为人民服务观念是毛泽东同志提倡的执政治国理念。"为人民服务"是中国共产党的一个重要执政原则。1944年9月8日,在为战士张思德举行的追悼大会上,毛泽东第一次从理论上深刻阐明了为人民服务的思想。其后不久,毛泽东又将"为人民服务"扩展为"全心全意为人民服务"。1944年10月毛泽东在接见新闻工作者时指出:"三心二意不行,半心半意也不行,一定要全心全意为人民服务。"1945年4月在中共七大开幕词中,毛泽东说:"我们应该谦虚、谨慎、戒骄、戒躁,全心全意地为中国人民服务,在现时,为着团结全国人民战胜日本侵略者,在将来,为着团结全国人民建设新民主主义的国家。"在七大政治报告《论联合政府》中毛泽东强调:"全心全意地为人民服务,一刻也不脱离群众;一切从人民的利益出发,而不是从个人或小集团的利益出发;向人民负责和向党的领导机关负责的一致性;这些就是我们的出发点。"中国共产党的七大把"中国共产党人必须具有全心全意为中国人民服务的精神"写入了党章。

毛泽东之后的我党历届领导人也都坚持并不断发展"全心全意为人民服务"的思想。邓小平主张以"人民拥护不拥护""人民赞成不赞成""人民高兴不高兴""人民答应不答应"来检验"全心全意为人民服务"的效果,并于1985年提出"领导就是服务",从而把执政党的领导作用和全心全意为人民服务紧密地联系起来。江泽民明确提出:"贯彻'三个代表'重要思想,关键在坚持与时俱进,核心在坚持党的先进性,本质在坚持执政为民。"胡锦涛强调:"党员干部一定要做到权为民所用、情为民所系、利为民所谋。"习近平总书记指出"把以人民为中心的发展思想体现在经济社会发展各个环节,做到老百姓心中关心什么,期盼什么,改革就要抓什么,推进什么,通过改革给人民群众带来更多获得感。"①"我们的工作和决策必须识民情、接地气,以人民利益为重,以人民期盼为念,真诚倾听群众呼声,真实反映群众愿望,真情关心群众疾苦。"②

"为人民服务"不仅被确定为中国共产党及其党员必须奉行的宗旨,而且写入了宪法,成为国家机关及其工作人员的法定义务。1954年的新中国第一部《宪法》第17条规定:"一切国家机关必须依靠人民群众,经常保持同群众的密切联系,倾听群众的意见,接受群众的监督。"第18条规定:"一切国家机关工作人员必须效忠人民民主制度,服从宪法和法律,努力为人民服务。"1975年《宪法》第11条规定:"国家机关和工作人员,必须认真学习马克思主义、列宁主义、毛泽东思想,坚持无产阶级政治挂帅,反对官僚主义,密切联系群众,全心全意为人民服务。各级干部都必须参加集体生产劳动。"1982年《宪法》第27条规定:"一切国家机关和国家工作人员必须依靠人民的支持,经常保持同人民的密切联系,倾听人民的意见和建议,接受人民的监督,努力为人民服务。"第29条规定:"中华人民共和国的武装力量属于人民。它的任务是巩固国防,抵抗侵略,保卫祖国,保卫人民的和平劳动,参加国家建设事业,努力为人民服务。"第76条规定:"全国人民代表大会代表应当同原选举单位和人民保持密切的联系,听取和反映人民的意见和要求,努力为人民服务。"

在政府营销理念中,为人民服务观念是指把政府看做是为民众创造更好

---

① 2016年4月18日习近平主持召开中央全面深化改革领导小组第二十三次会议并发表重要讲话。

② 2016年11月29日习近平同志在纪念朱德同志诞辰130周年座谈会上的讲话。

生活水平的服务机构,要不断提高政府为经济社会发展服务、为人民服务的能力和水平,不断推进政府职能转变、完善社会管理和公共服务,改善民生状况,建设服务型政府。要围绕基本公共服务均等化的目标,创新公共服务体制,改进公共服务方式,加强公共服务设施建设,逐步形成惠及全民的基本公共服务体系。建设服务型政府,首先要创新行政管理体制。要着力转变职能、理顺关系、优化结构、提高效能,把政府主要职能转变到经济调节、市场监管、社会管理、公共服务上来,把公共服务和社会管理放在更加重要的位置,努力为人民群众提供方便、快捷、优质、高效的公共服务。

对比毛泽东1944年提出为人民服务观念到登哈特夫妇2003年出版《新公共服务》提出是服务而不是掌舵,中国共产党服务人民的观念比西方学者服务公民的观念,提前或者说领先了半个世纪以上。

## (四)科学发展与和谐社会观念

毛泽东、邓小平和江泽民对科学发展都有一些论述,因此,中央文献出版社和党建读物出版社2008年8月出版了《毛泽东 邓小平 江泽民 论科学发展》。胡锦涛在党和国家领导人科学发展思想观点的基础上,系统地提出了科学发展观。

2003年4月,胡锦涛在广东考察工作时提出,要坚持全面的发展观,努力促进社会主义物质文明、政治文明和精神文明协调发展。7月,胡锦涛在全国防治非典工作会议上强调,要更好地坚持协调发展、全面发展、可持续发展的发展观。8月28日至9月1日,胡锦涛在江西考察工作时明确使用"科学发展观"概念,提出要牢固树立协调发展、全面发展、可持续发展的科学发展观。

2003年10月,胡锦涛在党的十六届三中全会上指出,树立和落实科学发展观,这是20多年改革开放实践的经验总结,是战胜非典疫情给我们的重要启示,也是推进全面建设小康社会的迫切要求。同年底,在中央召开的经济工作会议上,胡锦涛再次指出:牢固确立和认真落实科学发展观,对于提高党领导经济工作的水平和驾驭全局的能力,实现全面建设小康社会的宏伟目标至关重要。这既是我国经济工作必须长期坚持的重要指导思想,也是解决当前经济社会发展中诸多矛盾必须遵循的基本原则。

2004年3月,胡锦涛在中央人口资源环境工作座谈会上,全面阐述了科学发展观的理论基础、深刻内涵、基本要求和指导意义,指出:"坚持以人为本,就是要以实现人的全面发展为目标,从人民群众的根本利益出发谋发展、促发展,不断满足人民群众日益增长的物质文化需要,切实保障人民群众的经济、政治和文化权益,让发展的成果惠及全体人民。全面发展,就是要以经济建设为中心,全面推进经济、政治、文化建设,实现经济发展和社会全面进步。协调发展,就是要统筹城乡发展、统筹区域发展、统筹经济社会发展、统筹人与自然和谐发展、统筹国内发展和对外开放,推进生产力和生产关系、经济基础和上层建筑相协调,推进经济、政治、文化建设的各个环节、各个方面相协调。可持续发展,就是要促进人与自然的和谐,实现经济发展和人口、资源、环境相协调,坚持走生产发展、生活富裕、生态良好的文明发展道路,保证一代接一代地永续发展。"

2004年9月,党的十六届四中全会通过的《中共中央关于加强党的执政能力建设的决定》,把树立和落实科学发展观作为提高党的执政能力的重要内容。

2005年10月,党的十六届五中全会通过的《中共中央关于制定国民经济和社会发展第十一个五年规划的建议》强调,要坚定不移地以科学发展观统领经济社会发展全局,坚持以人为本,转变发展观念、创新发展模式、提高发展质量,把经济社会发展切实转入全面协调可持续发展的轨道。

2006年12月,胡锦涛在中央经济工作会议上指出,科学发展观是我们推进经济建设、政治建设、文化建设、社会建设必须长期坚持的根本指导方针。

2007年10月,在党的十七大工作报告中,胡锦涛对科学发展观的科学内涵进行了明确表述:"科学发展观,第一要义是发展,核心是以人为本,基本要求是全面协调可持续,根本方法是统筹兼顾。"

党的十七大把科学发展观写入了党章。党章在总则中对科学发展观的提出是这样表述的:"十六大以来,以胡锦涛同志为主要代表的中国共产党人,坚持以邓小平理论和'三个代表'重要思想为指导,根据新的发展要求,深刻认识和回答了新形势下实现什么样的发展、怎样发展等重大问题,形成了以人为本、全面协调可持续发展的科学发展观。"党章对科学发展观的地位价值的表述是:科学发展观,是对党的三代中央领导集体关于发展的重要思想的继承和发展,是马克思主义关于发展的世界观和方法论的集中体现,是同马克思列宁主义、毛泽东思想、邓小平理论和"三个代表"重要思想既一脉相承又与时俱进的科学理论,是我国经济社会发展的重要指导方针,是发展中国特色社会主义必须坚持和贯彻的重大战略思想。①

2004年9月,党的十六届四中全会首次提出了构建社会主义和谐社会的历史任务,明确提出,形成全体人民各尽其能、各得其所而又和谐相处的社会,是巩固党执政的社会基础、实现党执政的历史任务的必然要求。要适应我国社会的深刻变化,把和谐社会建设摆在重要位置。

2005年2月,胡锦涛在中央党校省部级主要领导干部"提高构建社会主义和谐社会能力"专题研讨班上,进一步阐明了构建社会主义和谐社会的基本内涵:"我们所要建设的社会主义和谐社会,应该是民主法治、公平正义、诚信友爱、充满活力、安定有序、人与自然和谐相处的社会。"

2006年10月,党的十六届六中全会审议通过《中共中央关于构建社会主义和谐社会若干重大问题的决定》,提出必须坚持以经济建设为中心,把构建社会主义和谐社会摆在更加突出的地位,明确了社会主义和谐社会的性质及其定位、构建社会主义和谐社会的指导思想、奋斗目标和主要任务以及必须遵循的正确原则,对构建社会主义和谐社会作出了工作部署:一是坚持协调发展,加强社会事业建设;二是加强制度建设,保障社会公平正义;三是建设和谐文化,巩固社会和谐的思想道德基础;四是完善社会管理,保持社会安定有序;五是激发社会活力,增进社会团结和睦。

2007年3月,胡锦涛进一步阐明了构建社会主义和谐社会必须坚持"在共建中共享,在共享中共建"的重大原则。

构建社会主义和谐社会,是我们党从中国特色社会主义事业总体布局和全面建设小康社会全局出发提出的重大战略任务,反映了建设富强民主文明和谐的社会主义现代化国家的内在要求,体现了全党全国各族人民的共同愿望。构建社会主义和谐社会战略任务的提出,使中国特色社会主义事业总体布局,由社会主义经济建设、政治建设、文化建设三位一体发展为社会主义经济建设、政治建设、文化建设、社会建设四位一体,从而使中国特色社会主义的发展模式更加清晰。这是我们党在探索中国特色社会主义道路上取得的又一个新的认识成果。

在国际关系方面,胡锦涛同志提出了建设和谐世界的主张。建设和谐世界的理念,最早是在2005年4月22日,中国国家主席胡锦涛在雅加达亚非峰会上第一次提出来的。在2005年7月1日签署的《中俄关于21世纪国际秩

---

① 科学发展观的提出[EB/OL].(2010-01-09).[2015-07-01]. http://www.hprc.org.cn/gsgl/dsnb/zdsj/201001/t20100109_40258.html.

序的联合声明》中,"和谐世界"第一次被确认为国与国之间的共识。2005年9月15日,在纪念联合国成立60周年首脑会议上,胡锦涛主席全面阐述了和谐世界理念的深刻内涵。此后,"和谐世界"这个充满东方智慧的新名词,频频出现在重大国际场合,它所描绘的国际关系的理想状态,正得到越来越多国家的理解和赞同。致力于构建和谐世界,更成为中国对外交往的名片。2009年9月23日,胡锦涛主席在第六十四届联合国大会一般性辩论上发表题为《同舟共济 共创未来》的讲话,呼吁国际社会秉持和平、发展、合作、共赢、包容理念,推动建设持久和平、共同繁荣的和谐世界。胡锦涛主席还在讲话中提出了建设和谐世界的四点主张:① 用更广阔的视野审视安全,维护世界和平稳定;② 用更全面的观点看待发展,促进共同繁荣;③ 用更开放的态度开展合作,推动互利共赢;④ 用更宽广的胸襟相互包容,实现和谐共处。

建设和谐世界的理念是中国政府在处理国际事务问题上长期坚持的和平共处五项原则在新时期的进一步发展,同时也是建设和谐社会这一理念从国内范围向世界范围的拓展。这一新理念体现了促进中国的国家利益与世界各国人民的共同利益相结合的愿望,也体现了一个爱好和平、讲求正义、尊重秩序的大国的责任意识,有助于与世界各国实现互利共赢和共同发展。

关于科学发展观与和谐社会的关系,权威论述主要是以下几个方面:

2005年10月,党的十六届五中全会把构建社会主义和谐社会确定为贯彻落实科学发展观必须抓好的一项重大任务,并提出了工作要求和政策措施。

十六届六中全会指出构建社会主义和谐社会必须以科学发展观为指导。科学发展观是全面建设小康社会和推进社会主义现代化建设始终要坚持的重要指导思想,构建社会主义和谐社会是全面建设小康社会的重要内容。

在十七大上,胡锦涛说:"深入贯彻落实科学发展观,要求我们积极构建社会主义和谐社会。社会和谐是中国特色社会主义的本质属性。科学发展和社会和谐是内在统一的。没有科学发展就没有社会和谐,没有社会和谐也难以实现科学发展。"①

习近平总书记高度评价和坚持贯彻科学发展观。2016年9月由中共中央文献编辑委员会编辑的《胡锦涛文选》出版,中共中央在北京举行学习《胡锦涛文选》报告会,习近平在会上发表重要讲话,指出党的十八大之后,党中央决定编辑出版《胡锦涛文选》,这是党和国家政治生活中的一件大事。党中央作出

---

① 构建社会主义和谐社会[EB/OL].(2009-08-02)[2015-07-01]. http://www.hprc.org.cn/gsgl/dsnb/zdsj/200908/t20090820_28284.html.

了《关于学习〈胡锦涛文选〉的决定》,各地区各部门要按照党中央要求,切实抓好落实。

习近平在讲话中是这样评价胡锦涛及其科学发展观的:胡锦涛同志以马克思主义政治家的远见卓识,紧紧依靠中央领导集体和全党同志,把握大局,审时度势,呕心沥血,殚精竭虑,为坚持和发展中国特色社会主义作出了杰出贡献。胡锦涛同志坚持解放思想、实事求是、与时俱进、求真务实,勇于推进实践基础上的理论创新,集中全党智慧,坚持和丰富邓小平理论、"三个代表"重要思想,形成和贯彻了科学发展观,进一步回答了什么是社会主义、怎样建设社会主义和建设什么样的党、怎样建设党的问题,创造性地回答了新形势下实现什么样的发展、怎样发展等重大问题,形成了涵盖改革发展稳定、内政外交国防、治党治国治军各方面的系统科学理论,实现了我们党在指导思想上的又一次与时俱进,开辟了当代中国马克思主义发展新境界。

科学发展观是马克思主义同当代中国实际和时代特征相结合的产物,是马克思主义关于发展的世界观和方法论的集中体现,把我们党对中国特色社会主义规律的认识提高到新的水平。科学发展观,发展是第一要义,以人为本是核心立场,全面协调可持续是基本要求,统筹兼顾是根本方法。按照科学发展观要求,我们党在推进中国特色社会主义建设中取得一系列理论成果,特别是在推进改革开放、完善社会主义市场经济体制、推动社会主义文化大发展大繁荣、构建社会主义和谐社会、加快生态文明建设、推动建设和谐世界、实施人才强国战略、加强党的执政能力建设和先进性建设等方面提出一系列重大战略思想。同毛泽东思想、邓小平理论、"三个代表"重要思想一样,科学发展观是我们党的指导思想的重要组成部分,必须长期坚持、认真贯彻。①

## (五)构建人类命运共同体观念

分析营销观念的发展演变,其实隐含着一个视角线索,内部营销观念抑或外部营销观念。而企业市场营销观念、行政管理价值观念和政府营销观念在这个线索上存在着隐含的差异,在这里需要指明并进一步分析。

企业市场营销观念经历了从外部营销视角到包括外部营销和内部营销在内的全方位营销视角的发展,从生产观念、产品观点、推销观念,到市场营销观

---

① 习近平. 在学习《胡锦涛文选》报告会上的讲话[EB/OL]. [2016-09-29]. http://news.xinhuanet.com/politics/2016-09/29/c_1119649745.htm)

念和社会营销观念,都是外部营销视角线索的,这与企业的市场营销从根本上来说必须是取得企业之外的外部市场用户和社会公众的支持才能生存和发展是密切相关的因而具有其合理性。但随着企业管理和市场营销的发展,员工的工作态度、工作质量对产品质量、对客户满意、对企业竞争优势的影响越来越重要,要想使员工的工作和服务让客户满意和社会公众满意,企业管理者和营销者必须让员工先得到满意,企业内部营销因此越来越重要,仅靠过去严格的企业制度管理和纪律约束已经远远不够了。因而,企业的营销观念至此已经发展到了全面重视内外部营销的全方位营销阶段。

西方行政价值观念则完全是内部营销视角的,无论是效率观念、公平观念、绩效观念还是服务观念,都是以国家为代表的政府管理者对内部国民(公民)营销的观念,完全没有考虑到政府职权管辖范围以外的外部地区和其他国家。

我们前面归纳提炼的三种政府营销观念,从总体上来看,也是内部营销视角的,从国家统治观念、科学与民主观念到为人民服务观念,都是以本国本地之内的国民(公民)为对象的政府营销观念,尽管到后来政府和国民(公民)的关系与观念发生了非常大的变化。只有发展到中国政府和领导人提出的科学发展与和谐社会观念,才在和平共处五项基本原则的基础上,提出了和谐世界的外部政府营销观念。

西方发达国家在二战以后,虽然停止了大规模的军事侵略,实施了非军事的产品输出、资本输出、技术输出和文化输出,这固然有进步的成分,但仍然存在意识形态和社会体制的和平演变,存在以资本和技术优势强取豪夺发展中国家利益的经济霸权,因而是极不正确的国际关系与政府外部营销观念。

世界各国人民的共同富裕与和平发展,需要彼此尊重各自利益和关切,而不是唯本国利益独尊,以强凌弱征服小国。因此,世界和平呼唤正确的、公平的外部政府营销观念,期待世界各国领袖尤其是具有国际话语权的大国领袖,在构建和谐互利的外部政府营销观念上,达成共识并推动贯彻执行,并最终形成包括内外部视角在内的系统的政府营销观念。以习近平同志为核心的中国共产党提出的构建人类命运共同体的理念,是对国际社会治理和全面系统的政府营销观念的创新性贡献。

在2005年胡锦涛提出建设和谐世界主张的基础上,2012年中共十八大报告首次提出人类命运共同体概念。中共十八大报告"十一、继续促进人类和平与发展的崇高事业"中指出:"包容互鉴,就是要尊重世界文明多样性、发展道路多样化,尊重和维护各国人民自主选择社会制度和发展道路的权利,相互借鉴,取长补短,推动人类文明进步。合作共赢,就是要倡导人类命运共同体意识,在追求本国利益时兼顾他国合理关切,在谋求本国发展中促进各国共同发展,建立更加平等均衡的新型全球发展伙伴关系,同舟共济,权责共担,增进人类共同利益。"这个世界,各国相互联系、相互依存的程度空前加深,人类生活在同一个地球村里,生活在历史和现实交汇的同一个时空里,越来越成为你中有我、我中有你的命运共同体。这是"人类命运共同体"理念首次载入中国共产党的重要文件,成为中共执政兴国的重要指导思想。

党的十八大以来,习近平主席在外交场合多次阐释"人类命运共同体"理念。2013年3月,习近平在莫斯科国际关系学院演讲中指出"随着世界多极化、经济全球化深入发展和文化多样化、社会信息化持续推进,今天的人类比以往任何时候都更有条件朝和平与发展的目标迈进,而合作共赢就是实现这一目标的现实途径。"

2015年9月26日,习近平主席在纽约联合国总部出席联合国发展峰会并发表题为《谋共同永续发展 做合作共赢伙伴》的重要讲话,9月28日在纽约联合国总部出席第七十届联合国大会一般性辩论并发表了题为《携手构建合作共赢新伙伴 同心打造人类命运共同体》的重要讲话,不断呼吁要继承和弘扬联合国宪章的宗旨和原则,构建以合作共赢为核心的新型国际关系,打造人类命运共同体。

2016年9月,习近平主席在G20杭州峰会开幕式致辞中,希望20国集团成员为完善全球经济治理,第一,要与时俱进,发挥引领作用;第二,要知行合一,采取务实行动;第三,要共建共享,打造合作平台;第四,要同舟共济,发扬伙伴精神。在闭幕式致辞中,习主席指出:"要继续加强宏观政策沟通和协调,发扬同舟共济、合作共赢的伙伴精神,凝聚共识,形成合力,促进世界经济强劲、可持续、平衡包容增长。"

2017年1月18日,习近平主席在日内瓦万国宫出席"共商共筑人类命运共同体"高级别会议,并发表题为《共同构建人类命运共同体》的主旨演讲,深刻、全面、系统阐述人类命运共同体理念,并指出:"构建人类命运共同体,关键在行动。""人类只有一个地球,全球治理体制变革离不开理念的引领。当今世界充满了纷繁复杂的挑战,这些挑战既超越了传统的治理界限,也超出了当前国际体系的框架。为应对这些挑战,必须加快完善全球治理体系,构建平等合作共赢的新型国际关系和全球命运共同体。"

习近平主席提出的构建人类社会命运共同体的理念迅速得到国际组织和国际社会的高度认同与支持拥护。2017年2月10日,联合国在"非洲发展新伙伴关系的社会层面"决议中首次写入"构建人类命运共同体"。这充分体现了人类命运共同体观念已经得到广大会员国的普遍认同,也彰显了中国对全球治理的巨大贡献。2017年3月1日,在联合国人权理事会第三十四次会议上,中国代表140个国家发表题为《促进和保护人权,共建人类命运共同体》的联合声明,"人类命运共同体"理念在国际舞台上又一次得到国际社会的认同和宣示。3月23日,联合国人权理事会第三十四次会议通过关于"经济、社会、文化、权利"和"粮食权"两个决议,决议明确表示要"构建人类命运共同体。"这是人类命运共同体理念首次载入联合国人权理事会决议。

截至2017年6月,习近平几十次谈到"命运共同体",从国与国的命运共同体、区域内命运共同体,到人类命运共同体,这一超越民族国家和意识形态的"全球治理"新观念,表达了中国追求和平发展的愿望,体现了中国与各国合作共赢的理念。

构建人类命运共同体是我国完善全球治理的最高目标和理念,是中国积极参与全球治理、维护世界和平和促进可持续发展的重要思想,是对传统西方国际关系理论的超越,是中国对国际治理理论和政府营销理论的重大创新,更是对政府营销观念和治国理政理念的崭新创造性贡献。

# 第四章  政府营销战略
## ——优选政府营销目标方向

## 一、政府营销战略的概念

战略管理之父伊戈尔·安索夫1965年在《公司战略》里提出企业战略核心是明确企业所处位置、界定企业目标、制订实现目标的行动计划,转换成战略制定的问题检核就是拷问下列问题:我们从哪里来?我们现在在哪里?我们向什么地方去?我们如何去那里?我们到达目的地了吗?后来,世界著名的广告公司李奥·贝纳将这些问题的检核确定为企业营销企划(中国港台地区习惯名称,内地多称营销策划)的思维路径。

政府营销的思维路径也与此相通。中国国家主席习近平2017年1月18日在联合国日内瓦总部发表了题为《共同构建人类命运共同体》的演讲。演讲伊始,习主席就说到:"我刚刚出席了世界经济论坛年会。在达沃斯,各方在发言中普遍谈到,当今世界充满不确定性,人们对未来既寄予期待又感到困惑。世界怎么了?我们怎么办?这是整个世界都在思考的问题,也是我一直在思考的问题。""我认为,回答这个问题,首先要弄清楚一个最基本的问题,就是我们从哪里来、现在在哪里、将到哪里去?"[1]

"我们从哪里来?""我们现在在哪里?"和"我们向哪里去?"是营销战略问题,我们将在本章讨论;"我们如何去那里?"是营销战术问题,也是本书的重点,我们将在第五至第九章讨论;"我们到达目的地了吗?"是营销绩效检核问题,我们将在本书第十章讨论。

在具体展开政府营销战略的分析讨论之前,首先明确政府营销战略分析

---

[1] 习近平主席在联合国日内瓦总部的演讲[EB/OL].[2017-01-19]. http://news.xinhuanet.com/2017-01/19/c_1120340081.htm.

的基本概念。

政府营销战略分析是在综合考虑政府外部机会及内部资源状况等因素的基础上,分析政府营销环境,选择目标市场,确定政府营销定位,以便制定相应的政府营销策略组合。借鉴企业营销管理的内容和程序,政府营销战略分析包括分析政府营销环境,进行市场优选,制定政府营销定位等内容和步骤。

## 二、政府营销环境分析

### (一)政府营销宏观环境

政府营销宏观环境,从空间范围上分,有国际环境和国内环境;从内容范围上分,有 PEST 四分法,即将宏观环境分为 Political、Economic、Social、Technical 四方面;还有六分法,即将宏观环境分为政治环境、经济环境、社会文化环境、科技环境、自然环境和人口环境。不同层级的政府营销,对营销宏观环境的分析可有所侧重。国家营销主要分析国际环境,同时兼顾国内环境。地方营销和部门营销主要分析国内环境,适当兼顾和联系国外环境。

中国国家主席习近平 2017 年 1 月 18 日在联合国日内瓦总部的演讲中,用较短的时间高度概括了当今世界的政治、经济、社会与科学技术环境:

"回首最近 100 多年的历史,人类经历了血腥的热战、冰冷的冷战,也取得了惊人的发展、巨大的进步。20 世纪上半叶以前,人类遭受了两次世界大战的劫难,那一代人最迫切的愿望,就是免于战争、缔造和平。20 世纪五六十年代,殖民地人民普遍觉醒,他们最强劲的呼声,就是摆脱枷锁、争取独立。冷战结束后,各方最殷切的诉求,就是扩大合作、共同发展。"

"这 100 多年全人类的共同愿望,就是和平与发展。然而,这项任务至今远远没有完成。我们要顺应人民呼声,接过历史接力棒,继续在和平与发展的马拉松跑道上奋勇向前。"

"人类正处在大发展大变革大调整时期。世界多极化、经济全球化深入发展,社会信息化、文化多样化持续推进,新一轮科技革命和产业革命正在孕育成长,各国相互联系、相互依存、全球命运与共、休戚相关,和平力量的上升远远超过战争因素的增长,和平、发展、合作、共赢的时代潮流更加强劲。"

"同时,人类也正处在一个挑战层出不穷、风险日益增多的时代。世界经济增长乏力,金融危机阴云不散,发展鸿沟日益突出,兵戎相见时有发生,冷战思维和强权政治阴魂不散,恐怖主义、难民危机、重大传染性疾病、气候变化等非传统安全威胁持续蔓延。"

作为系统研究政府营销的著作,本书对宏观环境的分析将从更广泛的范围和方面展开。

### 1. 人口环境

人口环境包括人口总量、人口结构、人口地理分布、人口增长变化与人口流动迁移等。人口总量影响政府公共产品的总规模,人口结构影响政府公共产品的结构,人口地理分布影响政府公共产品的地区分布,人口增长变化影响到政府的计划生育政策和社会福利,人口流动影响到公共产品和服务政策调整,而人口的这些环境变化还会影响到社会经济发展与政府的产业政策,需要政府关注到变化的量和质、时与空,适时进行适当的政策修订和调整。

从变化最快的人口流动来说,随着农村富余劳动力进城务工的兴起和高等学校招生规模的扩大,两者叠加形成了中华民族传统春节团圆期间两大类人口大规模流动,形成了中国特有的人口大流动概念——春运。做好安全春运事关中国人民的幸福安康,政府和交通运输部门为此负有重大责任。随着高速铁路和高速公路的发展,春运超载和安全隐患问题得到了一定程度的缓解,政府出台春节和国庆黄金周期间高速公路小客车免费通行的优惠政策,在鼓励私家车出行的同时也造成了高速公路的拥堵现象,需要进一步从技术和政策层面进行解决。

从人口增长变化来看,经过三十来年的严格的计划生育政策以后,中国的生育率和新生人口增长已经大幅下降,总人口规模的压力从当初的不堪承受到现在已经出现了明显变化,老龄人口的增长与劳动力人口数量的下降,已经形成了新的社会问题,影响到经济发展。因此,中央政府适时调整了计划生育政策,2013年12月,全国人大通过了单独二孩政策,2015年12月,全国人大常委会通过了《人口与计划生育法修正案》,全面二孩政策于2016年1月1日起正式实施。根据国家卫生计生统计数据,2013年以前,二孩出生比重在全年出生人口占比始终保持在30%左右,2014年开始提升。2015年住院分娩活产数为1 846万人,2016年增幅较明显,比2015年多增了191万人,二孩及以上超过45%。为应对计划生育政策的调整,政府已经出台了增加妇产科、儿科床位和医生数量的相关政策,但是从目前来看,产科和儿科医生还是明显不足,过劳加班状况普遍,还需要进一步增加。此外,还有很多家庭由于经济压力、新生儿照料、女性职业压力等原因不愿意生育二孩,因此,推动全面二孩政策的落实,还需要出台恢复和重建托儿所、鼓励二孩生育的激励和劳动保护等配套政策。

2. 政治环境

政治环境是指那些能够强制和影响社会上组织和个人行为的政治体制、法律、政府机构和公众团体,包括国内和国际政治环境两方面。国内的政治环境直接关系到社会经济的发展、社会购买力和市场需求的增长变化,包括政治制度、政治性团体、党和国家的方针政策等。国际政治环境主要包括国际政治局势、国际关系等内容。在国际政治环境中,必须把握"政治权力"与"政治冲突"对政府营销的影响。政治权力的影响主要表现为政府机构通过采取各种措施约束外来企业,如进口限制、绿色壁垒等;政治冲突是指国际上发生的重大事件或突发事件所造成的国家与地区之间的冲突。

十八大以来,中国国内的政治环境朝着越来越好的方向发展,从严治党和惩治腐败持续开展,反腐败斗争压倒性态势已经形成。以习近平同志为核心的党中央在全党、全军和全国人民心中的威望得到充分肯定。但是国际政治局势仍然比较复杂,局部战争和局部冲突不断,核扩散和核安全问题仍然是一个争论不休的问题,美国霸权主义仍然横行世界,重返亚太战略造成了持续的南海摩擦。但是,中国在复杂的国际政治环境中的处置艺术也在不断提升,中国在国际社会的话语权和影响力也在不断增强。

3. 经济环境

经济环境包括经济发展阶段、国内生产总值、国民收入、产业结构等。经济环境是宏观环境中最重要的方面,对政府营销有重要影响,例如,不同经济发展阶段就会有不同的公共产品需求、不同的产业政策和社会福利政策。

经过三十余年的高速发展,近年来中国经济进入了中高速发展的经济新常态,但是中国仍然处在重要的发展战略机遇期,经济增速虽然放缓,实际增量依然可观;经济增长更趋平稳,增长动力更为多元;中国经济更多依赖国内消费需求拉动,降低了依赖出口的外部风险;随着供给侧结构性改革的进一步深入,经济结构将优化升级,发展前景更加稳定。

但是,世界经济却步入深度调整期,欧、美、日等主要经济体对世界经济增长的带动作用明显减弱。印度等国虽然增速较快,但由于经济规模不大,还不能成为带动世界经济增长的主力,而巴西、俄罗斯等国尚未走出衰退的阴影。与此同时,中国对外开放的步伐加快,与世界经济的融合度日益提高,虽然中国经济发展进入新常态,增速有所放缓,但仍保持在世界主要经济体最前列。中国对世界经济增长的年均贡献率超过30%,成为世界经济增长的第一引擎。

2016年中国经济增速为6.7%,世界银行预测全球经济增速为2.4%左右,按2010年美元不变价计算,2016年中国经济增长对世界经济增长的贡献率仍然达到33.2%。根据有关国际组织预测,2016年中国、美国、日本经济增速分别为6.7%、1.6%、0.6%,据此测算,三国经济增长对2016年世界经济增长的贡献率分别为41.3%、16.3%、1.4%。

### 4. 法律环境

法律环境是指各项法律、法规、条例。这些法律,有些是为了保护公众利益不受侵害,有些是为了规范政府行政行为。政府必须依法治国,政府公务人员必须知法守法,自觉运用法律来规范政府营销活动,并自觉接受执法部门的管理与监督。在国家和国际政治法律体系中,相当一部分内容直接或间接地影响政府营销,如某些政治制度和法律条款就明确禁止、限制或鼓励某些行政行为。在国家对外交往、经济交流和商务活动中,需要了解和遵循相关国家法律法规和国际法规与通行规则,利用国际法律法规保护自身利益,防止违反相关国家和国际法律。

在依法治国的道路上,中国已经迈出了越来越坚定的步伐。1997年9月,党的十五大报告明确提出,实行依法治国,建设社会主义法治国家。从此将"依法治国"确立为党领导人民治理国家的基本方略。1999年3月,九届全国人大二次会议将"依法治国"载入宪法,从而使"依法治国"从党的意志转化为国家意志。2002年11月,党的十六大报告提出"要把坚持党的领导、人民当家作主和依法治国有机统一起来"。2007年,党的十七大报告将深入落实依法治国基本方略列入实现全面建设小康社会奋斗目标的新要求。2012年,党的十八大报告提出"全面推进依法治国""加快建设社会主义法治国家",将依法治国方略提到了一个更新的高度。2014年10月,十八届四中全会通过了《中共中央关于全面推进依法治国若干重大问题的决定》,全面提出了依法治国的路径图。

全面推进依法治国是国家治理领域一场广泛而深刻的革命。全面推进依法治国,总目标是建设中国特色社会主义法治体系,建设社会主义法治国家,形成完备的法律规范体系、高效的法治实施体系、严密的法治监督体系、有力的法治保障体系,坚持依法治国、依法执政、依法行政共同推进,坚持法治国家、法治政府、法治社会一体建设,实现科学立法、严格执法、公正司法、全民守法,促进国家治理体系和治理能力现代化。

### 5. 科技环境

科学技术是最强大的生产力,是政府营销环境中最为活跃的因素。科学技术的成果会给政府营销带来影响,甚至是带来深刻的变化,如网络技术的发展就大大丰富了了政府营销传播的模式。科学技术的发展既给一些国家或地区带来机会,也给另一些国家或地区带来威胁。政府应准确地把握科技革命的发展趋势,密切注意技术环境的变化对政府营销活动的影响,并及时采取适当的对策,利用科学技术发展民族经济,发展科学技术提升国家创新能力和高端竞争能力,利用科学技术造福人民,利用科学技术更好地服务人民。

当前,中国在核电、航天航空和高铁等高科技领域已经站在世界的前沿,推动中国从制造大国向制造强国升级;在互联网技术日益普及的背景下,中国大力推动电子政务建设、推动智慧城市和智慧交通建设,为人民群众提供优质公共服务;同时致力于网络安全维护和网络秩序建立,打击网络诈骗和网络犯罪,推动互联网全球治理体系变革,共同构建和平、安全、开放、合作的网络空间,建立多边、民主、透明的全球互联网治理体系。

### 6. 自然环境

自然环境是指人类生存和发展所依赖的各种自然条件的总和,是人类最基本的活动空间和物质来源,是政府赖以开展营销活动的场所和物质基础,政府营销活动在受到自然环境的影响与制约的同时,也会对自然环境产生一定的影响。目前,全球自然环境正面临着资源逐渐枯竭、环境污染严重等问题,所以各国政府在推介公共产品时,必须围绕可持续发展进行可行性论证,要大力发展绿色产业,倡导绿色消费。

中国在高速发展阶段取得了巨大的成绩,也造成了一些环境问题,影响到中国经济的可持续发展,影响到人民群众的身心健康,因此必须转变经济发展方式,加大自然生态系统和环境保护力度,努力建设天蓝地绿水净的美丽中国。2014年12月,习近平总书记在中央经济工作会议上指出"从资源环境约束看,过去能源资源和生态环境空间相对较大,现在环境承载能力已经达到或接近上限,必须顺应人民群众对良好生态环境的期待,推动形成绿色低碳循环发展新方式。"2015年3月两会期间,习近平同志说"环境就是民生,青山就是美丽,蓝天也是幸福。"习近平总书记还多次说过"绿水青山就是金山银山,保护环境就是保护生产力,改善环境就是发展生产力。"2016年9月,在二十国集团工商峰会开幕式上的主旨演讲中,习近平主席承诺"我们将毫不动摇地实施可持续发展战略,坚持绿色低碳循环发展,坚持节约资源和保护环境的基本国策。我们推动绿色发展,也是为了主动应对气候变化和产能过剩问题。今后5年,中国单位国内生产总值用水量、能耗、二氧化碳排放量将分别下降23%、15%、18%。我们要建设天蓝、地绿、水清的美丽中国,让老百姓在宜居的环境中享受生活,切实感受到经济发展带来的生态效益。"

### 7. 文化环境

文化是在一种社会形态下已经形成的信念、价值、观念、宗教信仰、道德规范、审美观念以及世代相传的风俗习惯等被全社会所公认的各种行为规范。一个国家、地区或民族的传统文化以及受其影响而长期形成的消费观念、风俗习惯、伦理道德、家庭关系,加上开放和国际化带来的现代文化,共同构成政府营销的文化环境,深远地影响着人们的生活方式和行为模式,公众的公共需求都深深地带有文化的烙印。另一方面,政府营销策划人员也深受文化的影响,表现出不同的营销运作习惯和风格,如各城市在城市形象设计和招商引资宣传等方面,都要充分考虑并尊重当地的传统文化。

一个国家的文化影响力,既是一个国家软实力的重要构成要素,又是国家软实力的重要表现元素,在国家营销层面尤其重要。改革开放以来,随着国门的打开,中国对外经济和文化交流快速增加,西方文化对中国产生了深刻而广泛的影响,西方发达国家成为部分精英阶层的向往,成为旅游、留学和移民的重要目的地。情人节和圣诞节等西方节日文化、美国好莱坞的娱乐文化、意大利和法国的服饰文化、韩国的偶像文化和整容文化,对中国的年轻人群产生了极大的吸引力,他们成为这些精神文化产品的崇拜者和重度消费者。进入互联网时代以来,全球范围内的信息沟通极大便利化,不仅网民利用互联网了解外部世界,互相交流信息,而且政府也利用互联网传播意识形态和本国文化。

而随着中国的经济发展和国力的增强,古老的中华民族、悠久的历史文明、灿烂的文化魅力,也吸引着越来越多的外国青年来中国学习语言、学习文化艺术、学习武术等中国功夫。20世纪80年代末90年代初,中国的电视屏幕上只有一个会说中国相声的外国人大山,到21世纪最初十年,在中国电视屏幕上表演中国文化艺术的海外留学生遍及西方发达国家、新兴市场国家以及非洲国家,甚至一些外国青年来到中国以后,深深爱上了中国,长期留在中国生活,甚至成为中国女婿或中国新娘,成为中国家庭的成员。中国文化也越来越具有国际影响力。

8. 社会环境

民心安定、安居乐业是人民的福祉,也是政府的责任和追求。社会稳定与否是影响到民生和政权的重要因素,社会动荡不安、社会矛盾和社会冲突严重且普遍,是人民的灾难。因此,正确判断社会环境和社会形势,采取正确措施提高社会福祉、维护社会稳定是政府营销的重要任务。

对于中国社会的评价,理论学界和社会民间均存在不同的观点。一是"动荡说",认为随着社会分配不公的扩大,社会冲突会更加激烈,中国将会发生较大的社会动荡;二是"超稳说",认为中国虽然存在问题,但总体而言是世界上最稳定的。三是"刚性稳定说",以中国社会科学院于建嵘为代表,虽然他认为中国社会秩序总体上是稳定的,但这种稳定是"刚性稳定",它以垄断政治权力为制度特征,以绝对管治秩序为表象,以国家暴力为基础,以控制社会意识和社会组织为手段。这种高压下的社会稳定会导致政治合法性快速流失,迫使当权者在面对社会矛盾和冲突时越来越依赖国家暴力,并导致政治体制维护自身运行的成本越来越高,一旦这种维稳成本超出其支付能力,就可能出现社会无序和冲突失控,从而演变为"社会动荡"。

我们认为,当前中国社会的基本面是稳定的。因为中国改革开放以来,社会各阶层经济收入和生活条件得到了明显改善,人心思稳;因为中国的政治局势是稳定的,国家政权在全国范围内的治理是有效的,执政党的自身组织仍然能够有效运转。虽然政治稳定未必等同于社会稳定,但政治稳定是社会稳定的重要条件。但是中国也确实存在社会分配不公的问题、两极分化程度还在拉大,社会阶层存在固化现象,社会利益集团阻碍着社会利益调整,还存在局部的社会冲突和群体性事件。这是政府治理和政府营销需要采取相关措施,及时快速加以解决的。

## （二）政府营销微观环境

政府营销的微观环境是指与政府营销直接相关的各种力量要素，是直接影响政府营销决策的各种参与者，包括政府供应商、政府营销中介、政府用户、社会公众、政府竞争对手、政府自身，等等，他们从政府营销的外部与内部直接影响政府营销的决策和进程。政府营销的微观环境一般可以分为以下6类：

### 1. 政府供应商

政府供应商是指为政府营销提供上游产品和技术的供应机构，包括向政府提供公共产品所需资源的上级政府及机构、政策制定机构、社会团体和企业组织。政府供应商向政府提供优惠政策、技术、物资、能源、劳务和资金等。在国家营销层面，政府供应商还包括国际组织、外国政府及其有关机构等。

### 2. 政府营销中介

政府营销中介是为政府营销提供营销渠道，推动政府营销传播和实施的机构，包括新闻机构、金融机构、商业服务机构等能够为政府营销提供服务，参与政府营销传播与推进的各种社会机构。政府营销中介是政府营销不可缺少的渠道和环节，大多数政府营销活动，都要通过它们的协助才能顺利进行。而随着市场经济的发展，社会分工愈来愈细，这些中介机构的影响和作用也会愈来愈大。因此，政府在营销过程中，必须重视营销中介组织，并要处理好同它们的合作关系。

### 3. 政府用户

政府用户是指购买和享受政府产品与服务的个人和组织用户。政府营销用户包括外部用户和内部用户。政府营销的外部用户包括国际用户、上级政府、投资者、旅游者、外来务工者等，政府营销的内部用户是政府机构及其工作人员、政府辖区内的社会团体和定居者等。

### 4. 政府竞争对手

政府的竞争对手是指与政府争夺资源、与政府争夺市场以及反对政府的组织团体。本书认为，政府竞争对手包括以下3种类型：

（1）与政府地位平等的其他政府组织机构，因为其与政府争夺有限的资源目标形成竞争关系。比如，国际上的国家之间是竞争关系，申办2008奥运会的国家和城市与中国北京形成竞争关系。一国内部，不同省市之间也在某些条件下形成竞争关系。

（2）与政府提供相同服务、产品与职能的社会机构与组织。比如，在中国民间，家族组织也可以提供一些公共服务、帮助和扶持困难家庭、维护家族安定团结。这些组织在大多数正常情况下，是政府组织的补充，并不妨碍政府工作的推行，但是在某些特定的情况下，也会演变成政府工作的对立面，阻碍政府工作开展。

（3）反政府组织。他们反对政府领导，反对政府的执政纲领，甚至企图推翻政府，制造民族和国家分裂。在有些国家，反政府组织不仅有组织纲领，还有军事力量和军事武器，在军事上与政府进行对抗。在国际上，恐怖分子是反政府组织的一个特殊类型。以军事力量干涉他国内政甚至颠覆他国政权，以及以经济、科技、文化等方式瓦解他国政府的霸权国家，也是反政府组织。

5．社会公众

社会公众是对一个组织完成其目标的能力有着实际或潜在兴趣或影响的群体。影响政府营销的社会公众包括国民（公民）、居民和国内外的各种社会组织团体。影响政府营销的主要公众包括：① 监管部门，负责监督与管理本级政府活动的上级政府相关部门和同级人大等机构；② 媒体公众，网络、报纸、杂志、广播、电视等具有广泛影响的大众媒体；③ 金融公众，影响政府取得资金能力的银行、投资公司等金融机构；④ 权益公众，如消费者权益保护组织、环境保护组织、少数民族组织等；⑤ 本地公众，政府辖区内的居民群众、地方官员等。政府营销必须考虑上述各类公众，努力塑造并保持政府良好的信誉和公众形象。

6．政府自身

政府自身的政治体制、行政规章制度、执政意识与执政能力、政府财力资源、政府官员素质结构和能力水平等要素，都是影响政府营销策略制定、执行及其效果的因素。

政府在制定和执行政府营销战略时，必须获得政府最高管理层的批准和支持，并与其他部门搞好分工协作。首先，要考虑最高管理层的意图。作为政府的领导核心,最高管理层负责制定政府的任务、目标、发展战略及重大决策,而这些都直接影响到政府营销活动。政府营销部门必须在政府发展战略的指导下制定营销战略。其次,政府营销传播部门要考虑其他部门(如财政部门、人事部门、宣传部门、市容部门、城管环卫等部门)的情况,并与之密切合作。

## (三) 政府营销信息管理系统

政府营销的信息管理系统由相关信息机构与政府信息管理制度等内容构成。

政府营销的信息机构包括各级统计专业机构,各政府部门和经济、社会管理部门的信息统计机构,如发改委、经贸委、商务部、民政部、海关、银行和税务等部门和机构的信息统计职能单位。还包括一些驻外机构的信息情报机构,如国家驻国外的使领馆、地方政府驻外办事处等。

政府的信息统计机构有相应的信息统计指标口径、信息统计汇总制度以及报告和发布制度。统计信息的报告制度有相应的密级和报告层级流程,供政府内部使用。依法公开的统计信息一般是按期公开发布的,供广大社会机构和人员了解和研究使用。

政府信息管理应坚持真实原则,正确反映真实状况,为政府营销策划、政府营销决策与政策制定提供准确的依据。不真实信息的发布和报告,会导致公众对信息内容和信息发布机构的不信任,会导致政府领导和有关部门对局势和情况的错误判断,造成决策和政策措施失误。因此,统计数据失真甚至造假,危害巨大,必须按照统计法规对统计数据造假者进行追责处罚,对失真和造假数据进行技术还原,恢复真实面目。

**辽宁首次公开确认:2011 年至 2014 年经济数据造假**

2017 年 1 月 17 日,辽宁省委副书记、省长陈求发代表省政府,在辽宁省十二届人大八次会议上作政府工作报告时,首次对外确认,辽宁省所辖市、县,在 2011~2014 年存在财政数据造假的问题,"官出数字、数字出官",导致经济数据被注入水分。

报告援引了国家审计署 2016 年的一份文件:"辽宁省所辖市、县财政普遍存在数据造假行为,且呈现持续时间长,涉及面广、手段多样等特点。虚增金额和比例从2011～2014年,呈逐年上升趋势。财政数据造假问题,不但影响中央对辽宁省经济形势的判断和决策,还影响到中央对辽宁省转移支付规模,降低了市县政府的可用财力和民生保障能力"。除财政数据外,其他经济数据也存在不实的问题。"

面对辽宁的数据造假和部分干部忽悠作风,省委书记李希多次严厉告诫全省各市委书记和主要厅局负责人:"哪位同志担任负责人,都想让本地区发展快一点,数据好看一点,这是一种担当。但我们要追求实实在在的发展,追求没有水分的发展,追求质量效益相统一的发展。我们追求的政绩,要对党的事业负责,对历史负责,对人民负责,这是更大的担当。"

对忽悠成风,数字出官、官出数字的"忽悠"文化,新一届辽宁省委深恶痛绝。省委书记李希强调,"绝不能让忽悠成为文化,要让忽悠没有市场,让忽悠者没有前途!"

2014年,中央巡视组首轮巡视辽宁时严肃指出,"辽宁全省普遍存在经济数据造假问题"。"不客气地说,在经济数据上,前一任挖了一个巨大的坑。"辽宁一位地级市政府研究室主任痛心地说,"而且欠下了近万亿元的巨额债务,辽宁现在不是在平地起楼,而是在坑底爬坡。"

2014年以来,辽宁经济数据很难看。地区生产总值是负的,财政收入一段时期两位数下滑,固定资产投资60%～70%的下跌。主要经济指标大幅下降,但经济社会基本稳定,民生也未受太大影响。对此,辽宁省社会科学院副院长梁启东研究员直言,一段时期的这种断崖式下滑,很难用经济模型来解释。除了经济自身确实困难外,那只有一个可能,就是之前的经济数据不真实,存在大范围造假。

当地经济研究专家介绍,一些县区过去经济数据至少有20%～30%的水分。沈阳周边一个县,2013年统计的财政收入是24亿元,审计署审计后"修改为"不到11亿元。类似情况的并非个别现象。比如,岫岩满族自治县虚增财政收入8.47亿元,高出同年实际财政收入的127%。开原市是前几年的明星县、百强县,可随着担任过开原市委书记的省政府副秘书长魏俊星落马,开原的财政收入也拦腰斩。

财政收入数据造假,"吹牛也要上税",也让辽宁一些地市付出惨痛代价。一个地级市市委书记告诉记者,在分税制体制下,财政收入虚增的税收数额,也要按比例向中央和省上缴。前几年财政收入虚增空转,百姓没有得到好处不说,相当于平均每人要多交税收1000元!

2016年8月,辽宁省委在巡视整改通报中指出:"对全省各地区主要经济指标数据进行严格评估审核,做到基层数据准确、宏观数据匹配,指标统计数据客观真实。加大统计执法力度,对经济数据造假的,一经发现依纪依法追究责任。"目前,辽宁正在按照有关规定,严格落实统计数据质量责任制,提高统计数据的真实性。

## (四)政府营销调查研究系统

政府营销所需要的信息仅凭信息管理系统的常规报告有时还不够,因此还需要通过调查研究系统进行搜集。

政府营销调查研究系统一般包括以下5种组织形式:

### 1. 政府首脑、政府首长的视察与调研

为快速了解真实信息,为全面了解真实状况,政府首脑、政府首长仅凭下级汇报情况、下级上报统计数据是不够的,互联网时代虽然具备了随时上网访民情的便利,但也替代不了亲自调研,政府首脑、政府首长还必须制度化地坚持亲自深入实地进行调查研究。

政府首脑的调查研究在中国历史上由来已久。为防止下级官员报喜不报忧,不让上级和首脑看到真实的民情,有些开明皇帝还进行微服私访。在现代电视和网络等传播媒体发达的情况下,政府首脑或首长微服私访很容易被认出,微服私访的效果也大不如从前,微服私访的必要性也大大降低。但是,政府首脑、政府首长深入基层和民间视察和调研,仍然是有必要的,仍然是有成效的,不仅应该是首脑和首长个人的自觉行动,而且应该是政府组织制度性要求的职务行为。

### 2. 政府决策咨询机构的调查研究

为政府提供决策咨询的机构需要进行调查研究才能为政府提供正确的决策咨询建议。这类机构,中央和国务院层面的有中央书记处,国务院研究室、国务院发展研究中心、中国社会科学院等,中央部委层面的研究机构有国家发改委的宏观经济研究院,中国人民银行的金融研究院等,地方层面的有党委系统的政策研究机构、政府系统的政策研究机构(政策研究室、发展研究中心和社科院等)。在西方发达国家,为政府提供决策咨询的机构被称作智库。当然

西方国家智库也为企业提供咨询服务。改革开放以来,尤其是最近十来年,中国政府也加快了智库建设,2015年,中办国办联合发出重要文件,部署加强中国智库建设工作,发挥智库的独立研究与决策咨询作用。

在西方发达国家,智库发挥着产生新思想、影响政治决策、引导舆论、教育公众、储存和输送人才、开展二轨外交等功能,影响甚大,被称为是所在国立法、行政、司法权力机构之外的"第四种权力"。智库同时也为社会大众提供思想和观点,与媒体合作对大众舆论起到引导作用。

根据宾夕法尼亚大学智库研究项目研究编写的《全球智库报告2016》,2016年全球共有智库6 846家,美国依然是世界上拥有智库数量最多的国家,有1 835家。中国是世界第二智库大国,拥有智库数量达到435家。英国和印度智库数量位列中国之后,分别拥有288家和280家。

《全球智库报告2016》的2016年全球智库综合排名榜单共列及175家世界智库。美国入选全球十大智库的数量最多,达到6家,布鲁金斯学会连续5年排行第一。英国查塔姆社和法国国际关系研究所分列第二、第三位。

在中国政府重视智库建设的背景下,中国智库迎来了发展的春天。在全球智库175强榜单中,有9家中国智库上榜:中国现代国际关系研究院(第33名)、中国社会科学院(第36名)、中国国际问题研究院(第39名)、国务院发展研究中心(第52名)、上海国际问题研究院(第73名)、北京大学国际战略研究院(第79名)、中国与全球化智库(第111名)、人民大学重阳金融研究院(第149名)等。亚洲大国智库(中国、印度、日本、韩国)智库排名60强中,有18家中国智库上榜。

### 3. 新闻媒体机构的调查研究

为保证广泛、快速获得真实信息情况,通过相对独立的新闻通讯机构进行调查研究、分类报告或披露相关信息,是各国政府采用的通用手段。在我国,新华通讯社是进行真实情况调查的权威机构。新华社编写的内参是党和国家领导人了解社会真实情况的重要渠道之一。中央电视台的《焦点访谈》《新闻调查》等都是新闻机构进行各种真实社会问题与现象调查的著名栏目,其他中央级、地方级媒体也都有这样的职能。在政府首脑、首长无法进行微服私访的现实状况下,新闻媒体机构的调查研究具有重要的意义,也具有更广泛的意义。

4. 学术研究机构的调查研究

各级党校、各级行政学院和各高等学校等学术研究机构,以及各种协会、研究会均可以进行调查研究,不过相对来说,部分纯学术研究机构的调查研究时效性可能不够快,研究程度可能不够深入和全面。

5. 民间研究机构的调查研究

一些民间调查研究机构也可以为政府提供信息服务,如美国的盖洛普是美国民意调查方面的著名机构。中国这方面的力量还不够大,但是随着改革开放,随着民间调查研究的成长,发展会加快,如樊纲先生主持的北京国民经济研究所是近年来比较活跃的民间经济研究机构。而随着互联网通信和大数据技术的发展,电信企业和互联网企业也能够快速提供多方面的数据报告、数据分析与数据预测。

# 三、政府市场细分

政府市场细分可以借鉴企业市场营销的细分标准和方法,如地区、职业、收入、教育程度等。在进行市场细分市场以后,政府营销需要根据细分市场的需求特征制定特定的具有针对性的政府营销策略和手段,以解决其特定的问题。就改革开放以来的经济发展、社会管理及公共服务等方面来说,我国政府在市场细分与营销战略上采取了以下措施:

(1)根据地理区间和经济发展水平状态,中央政府将我国划分为东部沿海地区、西部地区、东北地区和中部地区,先后实施东部沿海地区改革开放、西部大开发、振兴东北重工业基地和中部崛起等重大战略。

(2)根据年龄和就业状态,将公民划分为学生、就业人员和下岗人员,实施高校扩招、下岗再就业工程,提升高等教育入学率、扩大高等教育规模、扩大高等教育享受面、提高国民素质,为经济建设培养更多的高层次人才。围绕国企改革、国退民进所形成的人员分流,政府实施再就业工程,解除下岗人员的心理恐惧与压力,开展再就业培训,提升下岗人员再就业能力,放宽再就业与创业政策,扩大再就业渠道,提高再就业率,维护社会安定。

(3) 根据收入水平和生活水准,将居民分为高收入阶层、中等收入阶层和低收入阶层,在个人所得税征收管理、城市低保人员生活保障、保障性住房和经济适用房的建设和分配等方面制定标准,以饲养宠物、购买轿车等外在显性标准为依据,将这部分人排除在城市低保政策以外,保证了社会公平。

# 四、政府市场优选

企业进行目标市场优选的3种基本策略同样适用于政府营销,但由于政府的特殊性,政府市场优选也存在不同于企业市场优选的特性。

## (一) 政府市场优选的无差异策略

无差异策略的基本含义是整体市场是没有差异的,因此无法细分,只能将整体市场作为目标市场,只需采用一套营销策略就可以满足整体市场需求。

由于政府是全体人民的政府,国家和地方营销不能将本国、本地或本市的某些企业、某些居民排除在本国政府、本地政府或本市政府的管辖和服务范围之外。除因为犯罪依法被剥脱政治权利之外,所有公民均应享受平等的政治权利,享有工作和生活的权利。从这个方面来说,政府营销在市场优选过程中,必须采取无差异策略。

## (二) 政府市场优选的差异性策略

市场优选的差异性策略的基本含义是整体市场是有差异的,因此,可以细分为具有不同特征的子市场,在市场优选的决策中,可以将整体市场作为目标市场,但必须分别采用不同的营销策略分别满足不同子市场的需求,才能达到占领整体市场的目标。

国家营销、地方营销必须将国内、境内的所有公民或居民列为本级政府的管辖范围和服务对象,这是由政府的性质决定的。但是可以因公民或居民的职业、收入、教育程度和需求的差异进行社会阶层和市场构成细分,分别采取不同的服务政策与措施,实施差异性的政府营销。

差异性市场策略是国家营销和地方营销的基本策略。比如在高校招生计划指标分配中,北京、上海等地的国家级重点高校,由于主要是依靠国家力量和国家财力而不是地方财力兴办和建设起来的,因此,全国考生也应该享有同等的入学权力,这是教育公平的需要和体现。因此,近年来要求北京、上海的优质重点高校向外地投放更多招生指标的呼声很高,教育主管部门和重点高校两者在这方面也在努力改进。

再比如,进城农民工子女的入学教育问题受到了政府教育主管部门的高度重视,从入学政策和教育收费等方面积极主动帮助进城农民工子女就近入学。在九年义务教育阶段,政府规定了分片就近上学政策,不按考试成绩高低和赞助费用多少决定就读学校。在非义务教育阶段,则可以按照考试成绩决定就读学校,实行优生优教。

在企业市场方面,对于支柱产业和鼓励发展的产业,政府制定更加有力的鼓励支持政策。对于限制发展的高能耗、高污染的产业,则制定限制发展,鼓励改造、升级、转产的产业政策。

## (三) 政府市场优选的密集性策略

市场优选的密集性策略的基本含义是整体市场是有差异的,因此可以细分为具有不同特征的子市场,在市场优选的决策中,由于资源和任务的原因,没有必要或可能将整体市场作为目标市场,而只能或只需将个别子市场作为目标市场,其他子市场则放弃,有所为有所不为,集中资源集中力量,制定一套特别有针对性的营销策略以满足目标市场的需求,并实现营销目标。

国家营销、地方营销和部门营销,在对外营销过程中,可以采用密集型策略,优选最合适的目标市场,制定针对性强、有效性高的营销策略,以期尽快实现营销任务。比如,国家营销在吸引外商投资方面、地方营销在招商引资方面,没有必要也不可能在全世界漫无目标地搜寻。我国改革开放初期的吸引外资战略在华裔资本市场最有成效,港资和台资是初期进入大陆市场的重点。后来随着中国经济的发展政局的稳定,世界500强企业越来越看好中国,我国吸引外资引进国外先进管理和技术的重点转向世界500强企业和高科技企业,并开始限制高污染企业。地方营销在招商引资方面,初期的重点对象应该放在有地缘联系、有文化联系的外地客商方面,在发展到一定阶段具备一定的条件以后,需要甄别对象,优选项目,实行招商选资。

有些地方和城市以风景名胜为吸引力主打旅游营销,但是在吸引外地游客方面也有所侧重,如更加欢迎文化素质高、文明程度好、消费能力强的游客,而不太欢迎文化素质低、破坏或损害旅游景点形象与设施的游客。

江苏省盱眙县选择在南京、上海和宁波三个地方举办中国龙虾节,有其特别的用意。到南京是为了推销旅游资源,到上海是为了推销农副产品,到宁波是为了推进招商引资。中国龙虾节不仅给盱眙带来了知名度、开放度、美誉度,同时还带来了巨大的经济效益。2006年,盱眙县从事龙虾产业的有6万多人,创造了"四个80%以上",即盱眙80%以上的农副产品销往长三角地区,80%以上的劳务输出到长三角地区,80%以上的游客来自长三角地区,80%以上的招商引资项目来自长三角地区。

部门政府营销由于专业管理和专业服务的原因,一般来说可以且需要采集密集型策略,只为特性的目标对象服务,但惠及全社会的公共产品和公共服务则需要采取无差异策略。部门政府营销是否需要采取差异性策略,则需要视具体营销项目而定,不能一概而论。

## 美国民主党、共和党群众基础与执政理念的区别

美国民主党建于1791年,由部分种植园主和与南方奴隶主有联系的企业家组成。1933年罗斯福利用经济危机引起的人民不满情绪竞选总统获胜并连任四届总统,民主党因而连续执政20年。民主党群众基础主要是劳工、公务员、少数民族和黑人。

美国共和党成立于1854年,由反对奴隶制的东北部工商业主及中西部开发各州的农业企业家代表组成。1860年林肯当选总统,共和党开始执政,并在南北战争中击败南方奴隶主势力平息了内战。该党群众基础主要是郊区和南方的白领工人及年轻人。二战后中产阶级为其新的支持力量。

两党的执政理念还是存在有明显的不同。

治国方略有差异。在政府职能方面,共和党主张小政府、大社会,反对扩大政府在经济和社会事物方面增加预算开支,主张扩大国防预算开支,而且主张减税,将财政盈余还之于民;在社会福利方面,共和党担心过度宽容的福利制度,只会助长公民的依赖心理和不劳而获的惰性。而民主党却坚持应当更加关注弱势群体,反对削减社会福利开支,要求政府采取更积极的行动推动社会福利事业和控制企业活动,主张将财政盈余用于教育和医疗的新项目上;在

伦理道德方面,共和党相对传统和保守,恪守美国的核心价值观,坚持新教所强调的人的"品质",恪守对国家的"忠诚"和"责任";坚持传统的家庭观念,反同性恋、反堕胎、禁酒,等等;比较多地反映中上层的价值取向。而民主党则相对"自由",希望突破传统,支持同性恋者的"婚姻"权利和自由"堕胎"的自由权利,较多反映中下层的思想和利益等。

外交政策有差异。在外交方面,特别自美国成为世界"强国霸主"以来,美国民主党和共和党,虽然都在极力地把美国的"价值观和民主制度"推向世界,并积极支持代表外国或地区内的"民主力量",大力开展反恐运动,利用多种手段推翻、颠覆、或遏制"专制的""独裁的""流氓的"政府,以维护和推进世界的和平环境。但是,后冷战时期,这两大政党在两党内部和两党之间却形成不同的派系,比如所谓的"国际派"和"孤立主义派"之分,"鹰派"和"鸽派"之争,或是"缓和派"和"强硬路线派"之战,正因为有这些同派别的存在,往往就会产生出不同外交战略或者不同的外交路线。

## 五、SWOT 分析与战略选择

SWOT 分析与战略选择是对国家(或地方)内部条件和外部环境的各种因素进行系统评价,分析出与国家(或地方)的优势和劣势、机会和威胁,然后形成国家或地方的经济与社会发展战略。

(1) 优势(Strengths):是指国家(或地方)内部优势,即国家(或地方)较之竞争对手在哪些方面具有不可模仿的独特能力,可以与其他国家(或地区)相抗衡。

(2) 劣势(Weaknesses):是指国家(或地方)内部的劣势,即国家(或地方)较之竞争对手在哪些方面具有缺点与不足。

国家(或地方)内部的优势和劣势是相对于竞争对手而言的,一般表现在国家(或地方)的自然禀赋、地理区位、国体政体、社会文化、民众教育、产业技术、财政税收等方面。判断国家(或地方)政府内部的优势和劣势主要有两种标准:一是单项的优势和劣势。例如,国家(或地方)政府经济发达、财力雄厚,则在经济实力上占有优势;经济落后,则在经济实力上处于劣势。二是综合的优势和劣势。比如有的地区,不仅经济发展水平低,贫困人口多,而且受教育程度低,观念落后,基本建设和基础设施条件差,存在诸多劣势。

(3) 机会(Opportunities):是指国家(或地方)外部环境的机会,即国际环境变化趋势中对本国、国内环境对本地,具有积极的、正向意义的要素,比如世界经济的健康发展,国外对本国产品需求的增加,国际贸易壁垒的降低,新兴技术的发展等等。

(4) 威胁(Threats):是指国家(或地方)外部环境的威胁,即外部环境变化趋势中对本国(或地方)政府营销不利的、负面作用的要素,如世界经济增长的低迷或下降、国际金融危机、汇率的变化、国际贸易保护主义的抬头、能源与矿产品原料的涨价,甚至于军事威胁与恐怖组织干扰等等。

国家(或地方)政府在实际运用 SWOT 分析法制定发展战略时,总的决策原则应该是发挥优势,抓住机遇,克服劣势,规避风险。具体来说,SWOT 分析的进一步展开,能帮助国家(或地方)政府识别和制定四种战略:SO 战略(优势—机会战略),WO 战略(劣势—机会战略),ST 战略(优势—威胁战略)、WT 战略(弱势—威胁战略),如表 4.1 所示。

表 4.1  SWOT 分析与战略选择

|  | 内部优势-S<br>• 优势 1<br>• 优势 2<br>• 优势 3 | 内部劣势-W<br>• 劣势 1<br>• 劣势 2<br>• 劣势 3 |
| --- | --- | --- |
| 外部机会-O<br>• 机会 1<br>• 机会 2<br>• 机会 3 | SO 战略<br>战略意图:利用优势,抓住机会 | WO 战略<br>战略意图:利用机会,克服劣势 |
| 外部威胁-T<br>• 威胁 A<br>• 威胁 B<br>• 威胁 C | ST 战略<br>战略意图:利用优势,规避威胁 | WT 战略<br>战略意图:克服劣势,规避威胁 |

SO 战略是利用国家(或地方)政府的内部优势去抓住、利用外部机会。这是最优战略选择。所有的国家(或地方)政府都希望自己能运用内部优势来抓住外部机会和充分利用其他环境因素。比如具有劳动力资源和成本优势的国家和地区积极发展国际和国内产品市场需求旺盛的劳动密集型产业,具有教育科技与核心技术开发优势的国家和地区积极发展高科技产业,等等。

WO战略的意图在于利用外部机会来改善内部劣势。这是次优战略选择。有时关键的外部机会是存在的，但是国家（或地方）政府的内部劣势妨碍了它去利用这种机会，这时就需要采用补短板战略，整改提升，发展自身。

ST战略是利用国家（或地方）政府的优势来规避或者减少外部威胁的冲击。这也是一种次优战略选择。当外部没有良好机会而偏偏遇到了不可改变的威胁时，必须采取这种战略。例如，在2008年爆发的国际金融危机中，中国政府利用国内市场庞大的自身优势，利用中国政府决策速度快、执行力强的体制优势，通过扩大内需和基本建设，成功抗击了国际金融危机的袭击和国际市场下滑的威胁。

WT战略则是一种防御性的战略，通过克服劣势降低威胁，以规避外部威胁和内部劣势带来的不利影响。这是一种最糟糕的内外交困情况下的战略选择，也是一种无可奈何背水一战置之死地而后生的战略选择。

总体而言，SO战略是最容易实施的战略，是最容易取得最好结果的战略。ST战略和WO战略，相对来说比较容易实施，也较容易取得良好的结果。WT战略是最难执行的战略，也最不容易取得良好效果。不过，虽然成功逆袭的概率不高，但也还是有可能的，至少能够抑制情况的恶化或控制事态的进一步扩大，因而在确实不得不选择的时候还是有意义的。

## 浙江经济与社会发展的八八战略

浙江山川秀美，人杰地灵，但是陆地只占全国百分之一，是中国面积最小的省份之一。1978年全省生产总值仅124亿元，农村人口占85%以上。改革开放以来，经济有了很大发展，由工业欠发达的农业省份转变为以工业为主的经济大省。

"八八战略"对浙江经济发展起了很大的推动作用。"八八战略"之所以取得成效，是因为这个计划从浙江的实际情况出发，利用一切资源，调动各种因素，使地尽其利，物尽其用，人尽其才，为经济发展创造有利的条件。2003年7月，省委十一届四次全会围绕加快全面建设小康社会、提前基本实现现代化的目标，坚持继承与创新的统一，提出了"发挥八个优势""推进八项举措"的"八八战略"。"八八战略"的内容为：一是充分发挥浙江的体制机制优势，大力推动以公有制为主体的多种所有制经济共同发展，不断完善社会主义市场经济体制。二是充分发挥浙江的区位优势，主动接轨上海、积极参与长江三角洲地区合作与交流,不断提高对内对外开放水平。三是充分发挥浙江的块状特色产业优势,加快先进制造业基地建设,大力发展现代服务业,走新型工业化道路。四是充分发挥浙江的城乡协调发展优势,统筹城乡经济社会发展,加快推进城乡一体化。五是充分发挥浙江的生态优势,创建生态省,打造"绿色浙江"。六是充分发挥浙江的山海资源优势,大力发展海洋经济,推动欠发达地区跨越式发展,努力使海洋经济和欠发达地区的发展成为我省经济新的增长点。七是充分发挥浙江的环境优势,大力改善基础设施,建设"平安浙江",构建和谐社会、法治社会。八是充分发挥浙江的人文优势,积极推进科教兴省、人才强省,加快建设文化大省。①

# 六、政府市场定位

政府在本国国民和国际社会的形象和地位与政府自身初始的定位有关,也与政府的执政行为有关。而良好的政府形象是从正确清晰的定位开始的。在政府营销的战略分析过程中,必须明确政府的市场定位。

政府市场定位主要是定性的形象定位,主要包括政府自身的形象定位、社会形象定位和产业经济定位等3大方面。

## (一) 政府形象定位

### 1. 统一的全国政府形象定位

一个国家从中央到地方的各级政府必须树立一个统一的整体政府形象,这既是对内国家管理的需要,也是对外国际交往的需要。统一的政府形象,始于政府定位决策,贯穿于政府的长期执政过程之中。

按照党和国家领导人的指示要求,中国政府必须是一个高效、亲民和廉洁的政府。建设效能政府、亲民政府和廉洁政府,是中国政府的统一形象定位。

效能政府的含义是从政府运行效率的角度出发,提高政府工作效能和效

---

① "八八战略"在浙江的生动实践[EB/OL]. [2014-12-26]. http://polifics.people.com.cn/n/2014/1226/c1001-26281737.html.

率,清正廉明、全心全意为人民服务,努力提高我国的国际地位。打造效能政府,必须加强政府的行政执行力建设,提高政府的行政效能。强化政府的行政执行力,必须建设和完善贯彻执行的责任链条,重视领导干部的推动作用,形成有利于执行的文化氛围,完善行政执行的考评、监督与问责机制。

亲民政府的含义是从政民关系的角度出发,构建以人为本的政民关系。这是现代政府不断扩展社会属性方面职能的具体表现,也是公共管理运动的世界发展潮流的重要内容。就我国各级人民政府和行政机关的本质来说,也符合全心全意为人民服务的基本要求。实际上,亲民政府是亲民化政策取向的必然要求和价值体现。

廉洁政府的含义是从政府运行成本的角度出发,严格控制政府行政预算,降低政府运行成本,精简政府机构,抑制铺张浪费,建设高效率低成本政府(有的学者称为"廉价政府"),而不只是防止和罚治政府官员的贪腐行为。

## 2. 鲜明的地方政府形象定位

各地地方政府在中央政府统一形象定位与建设要求之下,还需要根据当地经济和社会发展的需要,确立鲜明独特的区域政府形象定位。

20世纪90年代以来,上海市政府根据上海在国际城市中的地位,在与国内外企业合作的过程中,高标准、高起点、严要求,拒绝低水平、低档次、高能耗、高污染的企业在上海市及其郊区落户,形成了强势政府定位与形象。苏州则根据理性的原则和务实的态度,欢迎可能的外资外商合作,打造苏州新区,形成了理性政府定位与形象。温州则放手发展民营经济,充分发挥民营经济的体制优势和活力优势,形成了放权政府定位,建立了放权政府形象。

## (二) 社会形象定位

社会形象与政府形象既相联系又相区别,社会形象中包含政府形象的要素,同时还包含更广泛的要素。它是一个国家或地区,由于文化传统、人文精神、社会风俗以及地理区位、地形地貌甚至建筑风格等形成的一定的社会认知。这种社会形象认知,既可以是自然形成的结果,也可以是有意识定位塑造并长期努力向外传达的结果。国家或地区的社会形象,对于国家营销、地方营销有着重要影响,是能否赢得好感与合作的重要因素之一。因此,社会形象也是政府营销在战略分析过程中需要认真研究并正确决策的。

1. 国家社会形象定位

一个国家的社会形象是一国政府、一国人民、一国文化、一国经济等多种要素长期以来综合形成的社会印象。

中国的社会形象一般可以这样描述：中华民族有着悠久的历史、灿烂的文化，中国人民勤劳勇敢，中国人口众多，幅员辽阔，物产丰富。现代中国经济发展迅猛，国际地位和国际影响日益提高。日本的社会形象则是这样的：日本是狭长的岛国，自然资源贫乏，火山地震频繁，日本人崇尚武士道精神，在二次大战期间给亚洲人民带来了深重的灾难。战后日本经济快速发展，成为世界最大的经济体之一，但是最近十来年经济增长乏力。新加坡在世界人民中的印象则是：新加坡是一个花园城市，是一个清洁文明的港口国家。

2. 区域社会形象定位

省、自治区、城市乃至县和乡镇，在外地、在全国人们心目中也以一定的形象形成认知。比如由于传统积淀，中国的著名城市在国人心中有以下印象：北京最大气、上海最奢华、大连最男性、杭州最女性、苏州最精致、南京最伤感、武汉最市民、西安最古朴、成都最悠闲等。

对于这些城市形象认知，有些城市满意，有些城市则不满意。不满意的城市政府和居民希望重新定位城市形象，并希望通过政府和市民的共同努力改变外界对当地的印象。

比如大连对其最男性的社会形象并不满意，希望建立具有男性之美的烂漫之都形象，于是在这种形象定位之下，进行城市环境改造，组建女骑警队伍，持续举办大连国际服装节，等等。

再比如，杭州对其最女性的形象认知并不满意，于是将城市定位为生活品质之城。

有些地区和城市的社会形象存在负面认知，必须重建形象才有利于今后的发展。因此，社会形象重新定位、社会形象再造就成为必要。而实践和事实证明，这是可以做到的，社会形象认知是可以改变的，社会形象重塑是可以实现的。

"南京最伤感"就是一个比较负面的形象认知，这种认知可能源于南京虽为六朝古都，但每个朝代的历史都不长很快都被推翻，可能源于日本侵略者的南京大屠杀。伤感的形象与欣欣向荣的中国经济发展、与兴旺发达的江苏经济增长也不相称,因此有重新定位重新打造的必要。

安徽的落后、合肥的无名和安庆的沉寂都对当地经济的发展和民心的振奋不利。但是,最近十几年借助中部崛起,省会合肥在实施大拆违之后,开始大建设、大发展,综合性国家科学中心等全国性重大项目落户合肥,"大湖名城、创新高地"的城市定位在城市建设和发展中有序推进,合肥和安徽的形象变化快速刷新令国人刮目相看。这些对于改变安徽和合肥落后的形象都具有重要的意义。

区域社会形象定位既要考虑现有的社会形象,又要考虑政府希望打造的理想形象,既要兼顾各方面的形象和利益又要突出根本形象和基本利益,是一项非常复杂的工作。合肥市2006年由市委宣传部牵头,联合多家新闻媒体广泛征求民意,集中专家评审,并经市委同意,将代表着合肥市过去、现在和未来的"包公故里、科教基地、滨湖新城"确定为城市名片。但由于三者之间缺乏紧密的联系等原因并没有取得广泛的认可。合肥市旅游局是积极为合肥进行形象定位的政府机构,2009年8月,合肥市旅游局又提出"上善水都、微笑合肥"的定位方案,但也没有获得认可。2011年,合肥行政区划调整后(巢湖市区和庐江县并入合肥),合肥市委、市政府在广泛征求理论界、规划界和社会各界意见的基础上,提出了"大湖名城、创新高地"的战略定位。这个战略定位对上承接了国家和安徽省对合肥市的主体功能定位,对内反映了合肥市的主要优秀特征,对外展示了合肥市当期与预期的整体形象,因而获得了较为广泛的社会认同。

## (三) 产业经济定位

一个国家、一个地区的生存与发展,必须依赖支柱产业,必须具备经济基础,必须找到具有发展前景和竞争优势的产业经济。政府营销中的市场定位,需要对其产业经济进行定位。

中国改革开放40余年的辉煌依赖于中国制造业。制造业的发展壮大是中国经济起飞的推进器,这与中国人口众多、劳动力资源丰富是密切相关的。但是,未来中国发展需要实现产业突破,从中国制造向中国创造的转变是大多数经济学家和实际工作者的共同认知。

内蒙古的自然资源禀赋在于养殖业。经过长期实践和思考,内蒙古深深认识到这一点,于是内蒙古有所为、有所不为,主动放弃没有先进技术的电子工业,集中发展与自然禀赋相关的养殖业及其深加工工业,因此,涌现出了鄂尔多斯、伊利、蒙牛等著名企业品牌。

在世界经济一体化发展的今天,很多地区和城市再次以国际化视角审视自己的定位,提出了一些更加具有前瞻性的定位。比如,上海的国际金融中心定位。另外一些城市也跳出了省区等行政区划局限,在更广阔的地理空间内定位自己、定位产业,比如天津的中国北方金融中心定位等。

产业经济定位更是一个极具挑战性的营销难题,既要考虑本地的资源禀赋,又要考虑更广泛的市场需求;既要具备长远眼光,又要具备现实可行性;既要考虑产业的国际与地区分工,又要考虑本国本地的产业与经济安全;既要考虑经济效益,又要考虑环境保护和生态效益;既要考虑技术的先进性,又要考虑保障社会劳动就业。因此,需要政府首脑借助实业家、经济学家和营销战略专家的集体智慧,反复研究、科学论证,直到具备科学性和可行性,才能确定定位并推动定位执行。

贵阳市在人们的传统印象中,是一个边远省份的省会城市,区位优势、经济优势和科技优势并不明显,但是贵州省大力发展高新科技产业,致力于将贵阳市打造成大数据之都,并且取得了令人瞩目的成果,得到了中央领导人的重视和支持,吸引了众多世界级高科技企业的投资。本章以贵州省大数据产业发展应用规划纲要(2014~2020年)作为深度案例附在结束部分。为充分说明产业规划的过程思考与内容全貌,本书作者仅对规划的第五部分保障措施做了删减,读者从这个案例范本中也能完整地学习和掌握产业规划的策略推演过程和内容结构。该规划纲要资料来源于贵州省经信委网站。

## 贵州省大数据产业发展应用规划纲要(2014~2020年)

### 序　言

大数据是通过快速获取、处理、分析以从中提取价值的海量、多样化的交易数据、交互数据与传感数据。大数据产业是指一切与大数据的产生与集聚、组织与管理、分析与发现、应用与服务相关的经济活动的集合,以数据挖掘分析服务为核心,包含数据中心、宽带网络等基础设施服务,数字内容服务、物联网服务、位置服务等信息服务,智能终端制造、电子元器件制造等电子产品制造,以及智能交通、互联网金融和智慧城市等应用服务。继云计算、物联网和移动互联网之后,大数据正成为信息技术的新热点,产业发展的新方向,将对人类的生产与生活产生巨大影响,对经济与社会发展带来深刻变革。把握大数据发展方向,推动大数据开发应用,发展大数据服务产业,是推进贵州省信息技术产业集聚发展和经济社会跨越发展的重要抓手,对推动贵州工业结构调整、加快贵州新型工业化和城镇化进程、打造贵州经济社会发展升级版,具有十分重要的战略意义和现实意义。

本规划纲要依据《国务院关于进一步促进贵州经济社会又好又快发展的若干意见》《黔中经济区发展规划》《"十二五"国家战略性新兴产业发展规划》以及《中共贵州省委贵州省人民政府关于加快信息产业跨越发展的意见》《贵州省人民政府关于加快培育和发展战略性新兴产业的若干意见》等文件的部署和要求制定,旨在为贵州省大数据产业发展提供指导。规划期为2014~2020年。

## 一、发展机遇与优势

(一)发展机遇

1. 国家和贵州省全力支持为大数据产业发展提供政策保障

为贯彻落实有关规划和意见,国家35个部委相继出台支持贵州发展的政策文件或与贵州签署合作协议,对贵州省发展的支持力度明显加大。贵安新区跻身国家级新区,在财税、投资、金融、产业、土地、人才等方面享有更多广泛的改革试验权和更加优惠的产业政策,为贵州省经济发展注入了强劲动力,对产业和人才、资金、数据资源的吸引力显著增强。各类政策叠加效应日益显现,为贵州省大数据产业发展带来难得机遇。贵州省委、省政府对大数据发展高度重视,将大数据作为贵州省的战略重点之一,为加快招商引资、加速资源集聚、推动大数据产业发展提供了保障。

2. 贵州省重视电子信息产业为大数据产业发展提供产业基础

近年来,贵州省日益重视电子信息产业发展,先后出台《贵州省人民政府关于加快培育和发展战略性新兴产业的若干意见》《关于加快信息产业跨越发展的意见》《"宽带贵州"行动计划》《贵州省促进信息消费实施方案》《贵州省信息化和工业化深度融合专项行动计划实施方案(2014~2017)》等文件,与大数据关系密切的软件、集成电路、物联网、下一代互联网、云计算等均列为发展重点。贵州省正以贵安新区、贵阳市为主要承载地,推动电子信息产业高端化、集群化、快速化发展。富士康贵州第四代绿色产业园,以及电信、移动、联通三大运营商的云计算和大数据中心的加快建设,将为贵州省大数据产业发展提供新动力。

3. 经济社会加速转型升级为大数据产业发展提供市场需求

贵州省已进入工业化、城镇化加速发展阶段,推动改革发展转型、提高经济增长的质量和效益、保障和改善民生等任务艰巨,需要强化创新驱动和推动信息技术的广泛深入应用,把握和发挥大数据在决策、管理等方面的重要作用。由此将带来各行业、各领域数据量的爆发性增长和大数据应用需求的急速增大,带动政府部门、社会机构、企业及个人的大数据应用热潮。旺盛的应用需求将为大数据产业发展提供广阔的市场空间,更好地促进数据资源、应用资源的产生和聚集,实现产用衔接,互动共进。

(二) 发展优势

1. 生态优势:气候环境优良,地质结构稳定

贵州省属亚热带季风湿润气候,夏季平均气温低于25℃,全年风速以微风为主,没有明显沙尘天气,空气质量常年优良。地质结构稳定,远离地震带,灾害风险低。优良的生态环境为发展大数据基础设施提供了独特优势。

2. 能源优势:水煤资源丰富,电力价格低廉

贵州水能资源蕴藏量为1 874.5万千瓦,居全国第六位,其中可开发量达1 683.3万千瓦,占全国总量的4.4%。煤炭资源储量居全国第五位,煤层气资源量列全国第二位,全省火电装机容量超过2 000万千瓦。电力价格具有竞争优势,贵州省工业用电平均价格明显低于国内其他地区。能源优势能够为大数据企业提供廉价、稳定的电力资源,降低企业运行成本。

3. 区位优势:地理位置特殊,交通日趋便利

贵州省位于我国中部和西部地区的结合地带,连接成渝经济区、珠三角经济区、北部湾经济区,是我国西南地区的重要经济走廊。近年来,抓紧建设以贵阳龙洞堡国际机场为核心的"一干十三支"民航系统,以黔桂、成贵等铁路干线和贵广高铁、沪昆高铁为代表的铁路运输网络正在形成,2014年进入"高铁时代"。贵州省公路路网结构日趋完善,高速公路通车里程3 261公里,2015年通车里程将突破5 100公里,实现"县县通高速"的目标。持续优化的交通条件,使贵州省经济走廊的地位进一步凸显。

4. 战略优势:西部重要增长极,内陆开放新高地

党中央、国务院高度重视贵州省的发展,先后出台的《全国主体功能区规划》《国务院关于进一步促进贵州经济社会又好又快发展的若干意见》《西部大开发"十二五"规划》和《黔中经济区发展规划》等政策规划,都明确了对贵州省的支持政策。2014年1月6日,国务院批复设立国家级新区,确立了贵安新区

作为西部地区重要的经济增长极、内陆开放型经济新高地和生态文明示范区的战略定位,进一步加大了对贵州省发展的支持力度。

## 二、指导思路与发展目标

### (一)指导思想

紧抓国家西部大开发战略实施机遇,面向贵州经济社会跨越式发展的需求,以大数据应用作为产业发展的战略引领,坚持"应用驱动、创新引领,政府引导、企业主体,聚焦高端、确保安全",通过改革、开放、创新,挖掘数据资源价值,集聚大数据技术成果,形成大数据企业集群,全面提升大数据产业发展支撑能力、大数据技术创新能力和大数据安全保障能力,努力建成全国领先的大数据资源集聚地和大数据应用服务示范基地,为贵州省经济社会加速发展、加快转型、推动跨越提供有力支撑。

### (二)基本原则

应用驱动、创新引领。坚持以应用需求为导向、"应用、数据、技术"三位一体协同发展,集中攻克大数据关键技术和产品,集聚丰富数据资源,发展数据服务业务。推动技术产品、应用模式、商业模式和体制机制的协同创新,大力推进原始创新和集成创新,形成完整创新链条,促进产业发展向创新驱动型转变。

政府引导、企业主体。发挥政府统筹作用,加大引导力度,优化政策环境,建立推动大数据发展与应用的协调机制,充分调动各方积极性,形成最广泛合力,提高全社会对大数据的认识。发挥市场在资源配置中的决定性作用,以企业作为创新发展的主体,形成政、产、学、研、用联合推进的良好机制。

聚焦高端、确保安全。依托贵州省特色优势,围绕大数据分析处理等核心环节和大数据明星企业打造,坚持高水平建设、高端化发展,充分发挥大数据的引领带动作用。建立科学的数据开放规则和机制,以技术创新和管理模式创新推动构建安全、规范的发展与应用环境,提升数据资源开放利用的信心。

### (三)发展目标

1. 总体目标

推动贵州省大数据产业稳步快速发展,到 2020 年,大数据带动相关产业规模达到 4 500 亿元。大数据产业体系基本健全,业务形态较为齐备,创新能力显著增强,安全保障能力明显提高。产业载体建设顺利推进,聚集一批具有较强市场竞争力的骨干企业。数据中心布局合理,政府数据资源实现有效整合,大数据开放与管理机制初步建立,应用水平明显提高,以大数据引领和支撑贵州省经济社会转型发展的能力显著增强。

2. 阶段目标

遵循"基础构建、集群聚集、创新突破"的发展路径，以2015年、2017年和2020年为主要节点，分三个阶段规划发展。

(1) 基础构建期(2014~2015)

发展路径：在完成园区规划和完善宽带网络等基础设施的同时，加快贵州省各领域数据资源建设，启动大数据平台建设，实施重点领域应用示范工程。大力引进国家级数据资源库、存储与服务中心、数据灾备中心、超级计算中心，逐步完善产业发展环境，加速吸引以大数据服务为核心的电子信息企业入驻和大数据人才汇集。

发展目标：到2015年，三大电信运营商数据中心等大数据产业基地基础设施基本建成，1~2个重点领域的大数据服务平台初具雏形，大数据应用服务初步形成布局。大数据基地初具规模，聚集一批大数据采集、存储、分析服务企业和软硬件配套企业。引进10家左右大数据存储管理、分析处理的先进企业和若干电子信息产品制造业的龙头企业，培育200家大数据保障、系统集成服务、数据服务软件研发的中小企业，基本形成大数据产业配套体系，初步建立以大数据应用为基本业态的产业发展模式。通过大数据带动相关产业规模达到1 100亿元，引进和培养2 000名大数据产业高端人才。

(2) 集群聚集期(2016~2017)

发展路径：继续强化数据资源优势，完善优惠政策，健全配套产业体系和大数据标准规范体系，优化发展环境，深化与国家各部委、大型企业、科研机构和高等院校的合作，大力引进国内外数据存储、分析和应用服务的高端企业，逐步集聚一批国家部委的信息分析中心和国内外龙头企业的研发、服务、交易、结算总部，吸引和培育一批数据分析和数据应用企业，打造形成以数据分析、挖掘、组织管理、应用服务为核心的产业集群，争取在食品安全、环境保护、射电天文、民族医药等领域形成国家级数据处理和备份中心。

发展目标：到2017年，建成国内一流的数据资源中心，打造形成国内一流大数据产业基地和科技密集型的新一代信息技术产业集聚区。引进或培育30家大数据龙头企业，500家创新型大数据相关企业，产业链条基本健全，研发创新能力显著增强，能提供较为全面和专业的大数据分析、挖掘、组织和管理等服务，实现大数据与云计算、物联网、移动互联网等业态的融合发展，形成以数据服务为核心的产业集群化发展模式。通过大数据带动相关产业规模达到

3 000亿元,引进培养5 000名大数据产业高端人才。

(3)创新突破期(2018~2020)

**发展路径**:推动大数据服务、云计算服务、物联网服务、移动互联网服务的融合协同发展,拓宽以数据资源为基础的信息服务业发展空间,完善高端品牌创建、高素质人才引入、高增值和高回报产业培育,不断充实巩固大数据产业基地的资源实力、创新实力和市场竞争实力。吸引更多信息技术产业领域相关软硬件产品企业和服务企业,逐步形成与贵州地方产业基础和优势条件对应的信息技术产业体系,提高贵州省新一代信息技术产业发展水平。

**发展目标**:到2020年,国内一流的数据中心地位进一步巩固,大数据产业基地基本建成,数据为基础的信息服务产业特色明显,大数据、云计算应用和服务水平居国内领先地位,产业体系健全,成为西部地区重要的、全国有影响力的战略性新兴产业基地。通过大数据带动相关产业规模达到4 500亿元,吸纳就业20万人。

### 三、重点任务

(一)建设大数据基地,优化产业布局

按照"黔中引领、两极带动、协同发展"的思路,以黔中经济区核心区为主,规划建设贵安新区电子信息产业园大数据基地、中关村贵阳科技园大数据基地、黔南州超算中心等多个产业基地。

贵安新区以三大电信运营商数据中心为重要依托,推动实现物联网、云计算等管理平台的统一,网络、存储、计算、系统等软硬件资源平台的统一和"一站办理、一网连通、一号服务、一卡通行"等服务资源平台的统一,引导大数据产业上下游优势企业落户基地聚集发展。

贵阳市充分利用中关村贵阳科技园的创新理念和各类资源,依托贵阳市信息技术产业基础,建设大数据特色产业基地,大力推进智慧城市、网络金融、食品安全等领域的示范应用,带动大数据产业集聚发展。

其他市(州)根据本地信息产业基础和需求,发展各具特色的信息产品制造业和大数据服务业。

(二)实施五大计划,推动信息产业"蛙跳式"发展

1. 数据资源开发利用计划

围绕拓展新兴信息服务业态,推动大数据采集、加工、处理、整合和深加工。面向重点行业和重点民生领域,开展大数据重大应用示范,提升大数据应用服务能力。组织实施大数据关键技术产品产业化和大数据生产、转换、加

工、展现平台及专用工具的产业化项目,大力发展基于大数据的生产性信息服务业,推动工业结构升级。

2. 产业技术创新和成果转化计划

支持建立和引进大数据研发中心、工程技术(研究)中心等技术创新和产业化机构。组织实施大数据关键技术产品产业化项目,支持用于整合、处理、管理和分析大数据的关键技术产品产业化。加快推动以北斗导航为核心的技术研发和产业化进程,深化与大数据的结合,推动基于北斗卫星导航的地质灾害预报预警、交通运输监管、智慧旅游等应用示范,支持位置信息服务(LBS)业务发展。在产品、市场及产业链分析研究,产业共性关键技术研究,大数据、云计算及相关领域重点实施一批行业应用示范项目。

3. 高端人才引进和培养计划

以大数据领域研发和产业化项目为载体,积极引进高端人才。创造条件,引进大数据领军人才100名,高端人才5 000名。围绕大数据产业所需专门人才,鼓励高校开设大数据相关的研究生课程。支持建设专门高等职业技术教育学院,开展高等技术教育和职业技能培训。未来5年培养5万名左右的技术技能型、复合技能型和知识技能型专业技术人才,满足大数据产业发展需求。

4. 产业配套升级计划

依托射电天文数据处理中心、三大电信运营商数据中心、阿里巴巴和京东贵州馆电子商务集群、大数据应用示范工程等一批特色项目,集聚和配套发展智能终端设备、云存储、云超算、云管理、数据清洗等产品和服务,在大数据基地形成专业化分工和社会化协作,鼓励龙头企业积极开展外包,推动实现大数据产业省内配套。

5. 大企业培育和大项目带动计划

采取政策引导、资源整合、兼并重组、企业上市等综合措施,重点引进世界500强和国内电子信息百强企业落户,形成大项目带小项目、主体项目带配套项目、上游项目带下游项目的良好发展局面,建立"基于黔中经济圈、立足全省、覆盖全国"的大数据产业体系。到2017年,培育5家以上营业收入超百亿元的大型龙头企业,20家以上营业收入超10亿元的骨干企业,100家以上营业收入超亿元的重点企业,新增上市或股权挂牌交易企业10户以上。

(三)推动云计算服务发展,创新产业发展模式

推动云计算服务发展。大力引进公共云服务龙头企业,促进本地电子信

息企业转型发展和创新创业,集聚一批服务能力突出的云服务提供商,提供高质量的云计算服务。

打造电子政务云服务平台。充分发挥政府在云计算服务应用中的引领作用,引导财政资金支持的信息化项目优先考虑和利用统一的大数据基础设施进行部署,逐步推进相关政府部门现有信息系统向平台迁移。

打造工业云服务平台。支持工业大数据应用开发和专业化云计算服务提供,加快推进贵州省两化深度融合。先行选择基础条件较好的工业行业开展云计算应用创新试点。推动大企业利用云计算技术整合信息系统,提高运营管理水平和服务能力。

(四)拓展大数据应用领域,提高科学发展水平

推动电子政务及信息资源共享。继续实施和完善党委、政府系统电子政务工程以及"金"字工程,推进政府信息公开和政务业务协同系统建设。加快省数据中心、电子文件(档案)备份中心、异地灾备中心建设,推进四大基础数据库和市场经营主体信用信息数据库的建设和完善。梳理各部门信息资源共享需求,建设覆盖全省的跨部门、跨地区的信息资源目录体系与交换体系,推进信息资源交换与共享。

挖掘"智慧贵州"大数据潜力。依托市(州)开展以"智慧交通"、"智慧旅游"、民生服务等为主要内容的"智慧城市"试点,整合信息资源,实现软硬件资源的共建共享。围绕车辆、商品和人员流动建设物联网应用平台,围绕医疗、教育、社保、食品安全等领域,推进民生服务信息化平台建设。推动社区信息化建设,促进行政管理、社会事务、便民服务等社区管理服务一体化。

## 四、重大工程

(一)信息基础设施提速工程

推进全省通信骨干网络扩容升级和网络通信能力优化,加快数据中心等基础设施建设,打造全国信息交换枢纽和信息存储中心,逐步成为全国重要的"信息港"。

加快全省骨干网络设施建设。积极争取国家有关部门支持,在我省设立国家级互联网骨干直联点。加快贵州省对外网络扩容步伐,到2017年全省互联网出省带宽达到4 000Gbps。落实《"宽带贵州"行动计划》,开展"宽带中国"示范城市群创建工作。到2020年,力争全省城区实现光纤接入,城市宽带用户接入能力达50Mbps。提高低频段频谱资源使用效率,推进农村信息基础设施建设,到2017年实现村村通宽带,到2020年,借助各种先进技术实现农村

宽带用户接入能力达12Mbps。实现新建开发区、产业园区宽带网络全覆盖，推进1Gbps光纤到楼，100Mbps光纤到户。

加强重要产业基地网络建设。加快部署LTE网络、网络带宽升级和区域性关键节点建设，力争将贵安新区在2015年建设成为区域性的核心节点，2020年升级为国家级的核心节点。加快制度创新，强化信息基础设施共建共享机制，在贵安新区先行先试。综合采用光纤到户、WIFI和4G技术，率先在贵阳国家高新技术开发区、贵安南部科技新城、贵阳经济技术开发区、花溪大学城实现宽带全覆盖。

统筹重要产业基地数据中心建设。推进中国电信、中国移动、中国联通三大运营商的大规模数据中心建设，吸引大型互联网信息服务企业、专业数据中心运行企业和金融机构等用户企业来贵州建设数据中心。充分利用已建、在建数据中心资源，建设全省数据中心，统筹推动全省数据资源整合和云计算、大数据应用。

加快重点地区北斗增强系统设施建设。率先在贵安新区、贵阳市、遵义市和安顺市建设北斗多模连续运行参考站网，实现增强系统信号全覆盖，提供事前分米级、事后厘米级精确定位服务。

（二）产业链整合提升工程

加强招商引资和本地优秀企业培育，在电子信息制造产品、基础软件和应用软件、产业公共服务平台等领域实现重点突破，全面带动贵州大数据产业发展。

发展电子信息制造产品。推动贵州省电子信息产业园区及示范基地建设，积极引进国内外电子信息制造业龙头企业，大力发展阻容感片式元件、显示模组、锂离子电池等产品，逐步发展传感器、音视频采集、条形码、RFID等数据采集设备产品，重点发展高性能低功耗服务器、存储设备等云端设备，构建配套体系。

发展基础软件和应用软件。引进国内外知名的基础软件和应用软件企业，扶持本省知名企业和中小型企业，加快智能海量数据存储与管理系统、非结构化数据处理软件等的开发及产业化。引进一批云服务相关应用软件开发企业。

推进物联网应用服务发展。在工业制造、农业生产、节能环保、商贸流通、交通能源、公共安全、社会事务、城市管理、安全生产等领域推动物联网的集成应用。扶持一批物联网骨干企业，提高物联网技术应用水平。

## （三）数据资源集聚加速工程

建设贵州省大数据平台，整合贵州省政务、公共服务数据资源，建设数据资源灾备中心，不断完善数据资源建设机制，提升数据资源集聚和管理水平。

建设贵州省大数据平台。优先考虑三大电信运营商数据中心设施硬件基础，建立贵州省大数据平台，与政府各部门、公共服务机构信息化部门的信息系统科学对接，实现各部门数据资源的互联互通。指导和支持龙头企业或第三方公共机构以大数据平台为依托，加强数据资源建设。支持和鼓励政府部门、公共服务机构、企业基于大数据平台开发面向特定行业领域和用户群的大数据服务平台，利用大数据平台的数据资源提供服务。

加快整合贵州省数据资源。明确政府电子政务项目建设原则，各省直部门和各市（州）原则上不再新建数据中心，全省各部门（单位）的政务数据、公共服务数据集中存放在省大数据平台。加强与行业企业合作，提升大数据平台的数据采集、数据整合和数据管理能力。

建设数据资源灾备中心。面向国家部委、中央企业等的数据存储和容灾备份需求，积极与国家部委、大型企业对接，引进国家基础数据库入驻，建设国家基础数据备份中心、容灾备份中心和企业数据灾备中心。积极参与国家公安、社保、医疗、档案、税务、财政、工商、国土、统计、水利、农业、商业、文化、民政、司法行政等部门的地方数据中心和数据灾备中心建设，争取国家级数据资源库入驻。

建立数据资源管理与服务机制。立足贵州省大数据平台，建立数据资源管理与服务机制，对大数据平台中的数据资产进行统一管理。制定政府数据资源利用管理办法，推动政府数据资源开放、开发。建立数据资产登记制度和数据资产交易规则，建立数据资产元数据标准，规范数据资产说明，公开数据资产目录，推动形成数据资产交易市场。建立数据资产知识产权管理制度，加强对数据资产的知识产权管理。建设大数据交换平台与数据交易市场，为大数据发展与应用提供数据资源。

## （四）重点领域应用示范工程

组织实施重大应用示范项目，推动建设面向政府、公众和企业的云计算和大数据服务平台，探索新的商业模式，及时总结经验并推广。

电子政务云工程。面向政府部门提高职能效率、实现跨部门信息资源共享和推进政府信息公开的需求，建立统一的贵州省电子政务云服务平台，发展电子政务云计算服务。结合党委、政府系统电子政务工程及"金"字工程实施和完善，梳理、整合贵州省各级各部门的数据资源及共享需求，加快建设覆盖全省的跨部门、跨地区的数据资源目录体系与交换体系，推进数据共享。提供以数据为驱动的业务支撑服务，以及城市管理相关决策辅助服务，推进财政税收、行政审批、电子监察、综合执法、数字城管、应急管理、公共安全管理、社会管理以及社会信用信息管理等领域的政务业务协同系统建设，推动精简、高效、廉洁、公平的政府运作模式建立，向社会提供全方位、高质量的管理与服务。

智能交通云工程。面向政府决策、交通管理、企业运营、百姓出行等需求，建立智能交通云服务平台。统筹全省公路、水路、铁路、航空等运输方式及管理部门的数据资源，整合公安、城管、交通、气象、铁路、民航等监控体系和信息系统，通过监控、监测、交通流量分布优化等技术，开展针对车辆属性信息和静、动态信息即时更新的运行平台，实现全网覆盖，提供交通诱导、应急指挥、智能出行、出租车和公交车管理、智能导航等服务，实现交通信息的充分共享、公路交通状况的实时监控及动态管理，全面提升监控力度和智能化管理水平，确保交通运输安全、畅通，推动构建人车路和环境协调运行的新一代综合交通运输运行协调体系。

智慧物流云工程。面向物流作业与行业管理需求，建立智慧物流云服务平台。大力推进物流领域信息基础设施建设，加快物流信息交换平台及第四方物流信息平台建设。整合商品信息、交通路网、货物运输、货物周转等行业数据，实现物流政务服务和物流商务服务的一体化。整合物流行业管理、电子口岸、危险品流通管理、出入境检验检疫监管等业务，建立仓储管理、业务协同、订单管理、运输管理系统，实行统一服务认证，为个人和企业提供统一窗口，开展市场需求信息查询、市场供给信息查询、业务运作管理咨询等服务，满足物流系统中各个环节不同层次的信息需求和功能需求。

智慧旅游云工程。面向日益增长的旅游行业管理、旅游景区信息化发展需求及自驾、自助游爆发式增长的趋势，建立智慧旅游云服务平台。整合旅游、建设、文化、交通、公安等部门和旅游景区、旅行社、酒店等单位的数据资源以及公路、铁路、机场等交通数据资源，建立全省统一的跨地区、跨景区的旅游数据资源交换体系。提供游客、旅游景区和旅行社等旅游企业的管理信息服务，提升景点旅游信息、建设、地貌、民族文化等信息整合程度和创新业态服务水平，提升具有民族特色的个性化旅游体验。

工业云工程。以提升智能化和柔性敏捷生产水平为重点，建设工业云服务平台,面向国防工业、装备制造、轻工食品等行业提供云计算服务,并逐步推广。面向工业企业生产经营的重点环节,提供工业设计、工艺设计、产品研发、企业管理等云服务,提升企业运营管理和研发创新能力。整合工商局、工商联、中小企业协会(联盟)等行业机构及中小企业的数据,搭建企业间数据资源交换体系,提供财务管理、人力资源管理、客户管理、供应链管理等运营管理服务,降低企业发展成本、提高工作效率。

电子商务云工程。面向贵州省电子商务发展需求,建立电子商务云服务平台。依托京东电商产业园、贵阳国际电商产业园等园区,加快电子商务支撑体系建设,整合生产企业、销售企业、运输企业、消费者、电商等方面数据,实现电子商务运行"一站化",面向中小企业和"淘宝村"建设提供信息发布、商务代理、网络支付、融资担保和技术支持等服务。面向不同行业、区域和消费者,支持支柱产业大中型骨干企业开展电子商务应用,加快推进电子商务在农业、制造业、商贸流通等领域的普及和深化。鼓励金融机构、互联网企业等利用大数据资源开展互联网金融、移动电子商务等业务。大力吸引大型企业结算中心入驻。

食品安全云工程。面向政府有效监管、企业品质提升、公众知识普及科学和健康消费等需求,促进健康消费服务产业的发展,集合全省农产品生产、食品加工企业、流通环节中省内外食品企业、全省餐饮行业中的数据资源,加强食品安全与营养标准及知识库建设。建立基于大数据的食品安全与营养云平台,创新构建全国领先的食品安全政府监管、企业自律、媒体监督、消费者参与的社会管理"贵州模式",促进健康消费,形成完整产业链,推动贵州食品产业后发赶超。

(五)核心产业载体发展工程

统筹规划,集中资源,重点支持,开展大数据基地建设,加快提升大数据基地服务能力,逐步形成和发挥辐射带动作用,带动全省大数据产业发展。

创建国家级大数据基地。重点支持贵安新区电子信息产业园和中关村贵阳科技园等园区开展大数据基地建设,吸引国内外知名云计算、大数据企业入驻,加快形成集聚效应,打造大数据产业发展高地。积极创造条件,利用省部联席会议机制,争取国家部委支持,与贵州省联合建设国家级大数据基地。

加快产业载体建设进程。创新和运用政策手段,引进国内外知名云服务、大数据企业向产业基地聚集。健全商务、资金、信息、技术开发与交流、国际合作等公共服务,打造"一站式"配套服务能力。建设大数据企业孵化器,设立创业种子资金,加强与创业投资、担保机构和云计算开发平台企业的合作,打造创业型企业孵化能力。支持建设和引进大数据相关的公共技术平台和管理平台,构建公共服务集成、专业服务支撑和应用创新推广于一体的大数据公共服务平台体系,创新基地建设、经营和服务模式,为创新创业企业技术创新和管理创新提供支持。

推动大数据基地智慧园区建设。面向大数据产业基地建设和管理需求,推动大数据基地智慧园区建设。探索产业基地大数据管理机制,建立有效、便捷的数据资源汇聚机制和公平、公正的数据资源交换机制。面向管理层提供行政审批、电子政务、招商引资、工商、税务、质监、开发建设等服务,为开发运作层提供基础设施建设、拆迁改建、公共设施建设等方面的服务。鼓励大数据企业积极参与基地建设,为公共服务平台建设和基础设施建设提供决策支持服务。

(六) 安全保障能力建设工程

以平衡产业创新发展与信息安全保障间关系为目标,探索完善云计算与大数据环境下信息安全管理规则、管理模式与管理流程,提高产业安全保障能力。

增强大数据技术保障能力。加强安全测评、电子认证、应急防范等信息安全基础性工作,大力推广国产密码算法应用。加快大数据安全软硬件技术产品研发和标准制定,建立大数据安全评估体系,提高大数据平台信息安全监测、预警和应对能力。加强测试工具研发,开展大数据平台可靠性及安全性评测服务,引导大数据安全可控和有序发展。

开展信息安全保障体系建设。加强大数据环境下信息安全认证体系建设,做好信息安全顶层设计,有效保障数据采集、传输、处理等各个环节的安全可靠。围绕信息系统安全、基础设施安全、云平台安全、网络通信安全、数据安全、身份认证与管理等方面,开展全面系统的信息安全保障试点工作,探索建立信息安全保障体系。

加快制定相关标准规范。制定大数据采集、管理、共享、交易等标准规范,明确收集数据的范围和格式、数据管理的权限和程序以及开放数据的内容、格式和访问方式等。制定出台数据资源开放指导办法和数据资源安全开放标准规范,按照"开放优先、安全例外、分类分级"的原则,对大数据中心的数据资源进行梳理和开放风险评估,制定数据开放目录并及时更新。

加强大数据资源安全管理。面向大数据平台建设和应用服务需求,围绕大数据资源的分级、共享、开放、交易等推进标准规范制定和实施。

**五、保障措施（略）**

（一）加强组织领导

（二）强化政策扶持

（三）健全投融资机制

（四）着力市场应用培育

（五）支持技术创新

（六）强化信息安全保障

# 第五章 政府营销产品
## ——创建政府公共服务价值

## 一、政府产品概念

一般消费者和公众对产品概念的理解是指工商企业生产和销售的有形物品。在市场营销理论中,产品的概念比消费者和公众的理解要广泛得多,它包括任何个人和组织向市场提供的可以满足某种消费需求的各种有形产品与无形产品(如精神产品和服务等)。厂商提供的售后服务是其产品的一个构成部分,书店销售的书籍、音像资料是产品,银行和保险机构提供的各种存款期限和利息、贷款期限和利息、保险险种等都是产品。

菲利普·科特勒在《国家营销》(1997)、《地方营销》(1993)、《公共部门营销》(2007)这几本政府营销经典著作里,没有对政府营销的产品概念给出定义和解释。在《社会营销》(1996)中,菲利普·科特勒认为,在社会营销活动中,产品是指所推销的东西,即目标行为及这种行为方式为目标受众带来的利益。社会营销产品同样包含为支持与促进目标受众改变当前行为方式所推行的有形产品和服务。

我们认为,政府营销中的产品,则是政府组织提供给外部市场和内部组织与公民(或居民)的、能够满足市场需求及增进社会公共利益的有形产品、服务、观念、政策和行为。

我们这里的政府营销的产品概念包括以下3层含义:

(1) 政府营销产品的服务对象包括外部社会市场和内部社会市场两个部分。外部社会市场存在于政府地理空间范围之外,是一国政府或一地政府之外的他国(他地)政府、投资者或个人。内部社会市场是存在于本国或本地政府管辖范围之内的社会组织机构、企业、公民(居民)个人及家庭。两种服务对象不仅存在地理空间的差别,也存在服务内容和方式的区别。

（2）政府营销产品的目的，包括满足产品服务对象的消费需求与增进公共利益。满足消费者需求是众多学者都明确的，增进公共利益则是很多学者所忽视的，但在政府营销中却是不能忽视的。增进公共利益是政府营销的根本目的，营销产品是实现这一目的的重要手段之一。增进公共利益也是政府营销与企业营销最根本的区别之一。在政府营销中，不能因为满足营销服务对象的需求而损害本国或本地人民的公共利益。比如，在吸引外资和招商引资过程中，虽然需要满足外国和外地投资者的盈利需要，但也不能以牺牲本国本地共同利益、严重污染环境为代价。

（3）政府营销的产品形态是多种多样的，包括有形物质产品、无形精神产品、政策法规、施政纲领、行为规范等等。其形态比企业营销中的产品要丰富广泛得多，其中政策法规、施政纲领和行为规范是政府营销根本区别于企业营销的特殊产品。

# 二、政府产品类型

由于政府和企业的性质和职能不同，政府产品的概念范畴和类型区分远多于企业，即便是像宝洁这样采用多元化和多品牌战略的全球性企业，其产品范围和类型也不可能比政府多。

叶明海教授认为，政府营销的产品形式包括实体产品（公共设施）、服务（行政行为）、人（行政领导）、地点（旅游地）、组织（志愿者组织）、创意（政策措施）等方面；按照企业市场营销中的产品分类分为快速消费品、耐用消费品和服务3类，政府产品中的快速消费品是指变化的公共政策，耐用消费品是指耐用的公共设施，服务是指长期的公共服务。

朱华锋（2010）在《政府营销论纲》中将政府产品划分为施政纲领、固定环境、移动产品、人力资源、行为倡导与劝阻等5大类。随着研究的深入，视野的拓展和成果的积累，我们在本书里将政府产品扩展为：竞选纲领/施政纲领、公共政策、公共产品/公共服务、环境资源、物产资源、知识产权、人力资源和行为规范等8大类。

在接下来的内容里，我们将对政府产品具体类型和内涵展开详细的分析介绍。

## (一)竞选纲领/施政纲领

竞选纲领是竞选制国家政府首脑候选人参加竞选时向选民承诺的治国安民方略,竞选纲领的制定和表达是参选政治家获得选民认可的重要依据。在多党执政的国家,总统大选(如美国)、首相大选(如英国)、总理大选(如法国、德国和澳大利亚等国),是取得合法执政地位的必由之路。竞选纲领的制定与传播、竞选战略的制定与实施,已经成为美国等国家政治营销的核心内容。

施政纲领是指已经取得执政地位的政府为推动政府目标实现而制定的政治、经济与社会管理制度与措施,其实施效果以其本身的合理性、执行的有效性和民众的接受性为基础。在竞选制国家,施政纲领与竞选纲领具有高度一致性,施政纲领是参选时期的竞选纲领在成功当选以后的延续和完善,否则就会引起选民的不满甚至弹劾,如果当选后的施政纲领与竞选纲领完全不同,选民就会感到上当受骗,就有可能发动示威游行等抗议活动直至将当选者赶下台。在选举制国家,比如中国,虽没有耗费大量时间和经费的竞选,没有所谓的竞选纲领,但换届选举上任的新一届政府需要制定具有操作性、效果可预期的施政纲领,并在执政期间贯彻执行。

竞选纲领/施政纲领的主要内容包括以下 4 个方面:

### 1. 治国纲领与基本国策

这是一国政府基于国情国力和国际形势的分析判断,为实现国家的长治久安和稳定发展而制定的治国指导思想与方针战略。治国纲领与基本国策具有全局性、长期性、稳定性和纲领性,适用于本国各地方,并在相当长的时期内保持稳定,不轻易改变。

地方政府亦需要根据地方治理需要,在贯彻执行中央政府治国纲领与基本国策的前提下,制定符合地方经济发展和社会稳定需要的地方性管理方略。

### 2. 事关国家安全的国防政策

这是中央政府从政权、主权、军事等方面制定的维护国家安全、领土完整、政局稳定与社会稳定的执政战略,这种战略以军队与国防力量、公安武警力量为基本保障。地方政府不需要制定国防政策,但需要制定和实施维护地方安全稳定的治安政策。

**3. 事关国民经济的宏观产业政策**

这是从经济层面制定的以推动经济增长为目的的财政政策、货币政策等宏观调控措施,以及以推动具体产业发展为目的的产业政策与发展规划。地方政府没有货币发行权,不可能制定货币政策等宏观调控政策,但可以依据中央政府制定的国家宏观调控政策和产业政策,根据本地实际制定促进本地经济与社会发展的经济政策与产业政策。

**4. 事关民生福祉的公共管理政策**

这是从社会事务层面制定的有利于处理社会公共事务、稳定社会局面、规范社会秩序、促进社会和谐的公共管理政策与制度。

此外,面对有可能突发的自然灾害、公共卫生事件、公共安全事件、灾难事故、金融危机、经济危机、军事外交危机等,政府必须制定应急预案,能够快速出台应急行动措施。

## (二)公共政策

公共政策是政府等公共权力机关为解决公共问题、达成公共目标、维护公共利益,通过科学与民主的流程与方法,制定的共同行为准则和行动方案。公共政策的具体表现形式包括法律法规、行政规定或命令、政府规划、政府首脑和首长的书面或口头的指示等。

公共政策的内容丰富而全面,形成了公共政策体系。从纵向层级方面看,公共政策体系的内容包括总政策、基本政策和具体政策。

总政策是公共政策主体在一定历史阶段为实现一定的目标或完成一定的任务而制定的指导全局的总原则。总政策是公共政策体系的最高等级,在公共政策体系中,总政策是基本政策和具体政策制定和运作的基础,处于提纲挈领和总揽全局的指导地位。总政策的表现形式一般有以下 4 种:① 宪法;② 执政党的党纲;③ 执政党领袖、国家元首、政府首脑的施政纲领和政策报告;④ 执政党、政府的重要文件。

基本政策是公共政策主体用以指导某一领域或某一方面工作的指导原则,是总政策在某一领域或某一方面的具体化。基本政策与总政策的区别在于:总政策是跨领域的、指导全局的综合性政策,在一定历史阶段内是稳定不变的;基本政策是某一领域内或某一方面的指导性原则,在不同的具体时期内具有不同的内容。基本政策的要素主要包括政策目标、战略重点、战略方针、实施原则等。

具体政策是不同层次的公共政策主体针对某一具体问题而制定的具体措施、准则、界限性规定等。当下中国最受关心的公共政策有延迟退休政府、医保政策、食品安全监管政策等等。具体政策在公共政策体系中处于最低层次,是总政策的落地化,是基本政策的具体化,总政策、基本政策的目标和原则最终要靠具体政策贯彻和落实。

从横向构成方面看,公共政策体系内存在着由不同领域和不同方面的政策构成的相互联系、相互作用着的政策系统,它们各有不同的功能和作用对象,在政策运行过程中,应当彼此协调、相互配合,才能促进经济和社会协调有序地发展。公共政策体系内各个政策系统之间的协调、配合关系主要体现在政策目标的协调、政策功能的补充、政策措施的组合和政策工具的配合。

从总体上看,公共政策体系必须发挥出综合整体效应,即纵向层级的公共政策必须以上率下、上下呼应,不存在断层和阻隔,横向构成的公共政策必须互相协调互相衔接,不存在互相冲突,不存在空白地带。

公共政策在社会公共事务管理中的功效与作用,主要表现在合理配置社会资源、规范社会公共行为、解决社会公共问题、维护社会公共利益、达成社会公共目标、促进社会协调发展。

公共政策作为对社会利益的制度性分配,必须反映大多数人的利益才能使其具有合理合法性。公共政策的正确制定与有效执行,将为国民经济和社会整体的发展带来良好的效果;政策制定失误,缺乏公众理解与支持,政策执行简单、粗暴或不力,将累积社会问题,造成民怨民愤,不仅不能增进社会利益,促进社会发展进步,还有可能影响到政府公信力,甚至影响到政权稳定性。因此,从这种意义上来说,公共政策问题是国家立法活动、司法活动、行政活动和政党活动的核心问题之一,因而受到了世界各国政府官员和学者的高度重视,并加强了对公共政策的研究。政治学家和公共管理学者为此创建了公共政策学,营销学者为此创建了政策营销(或称公共政策营销)。

1982年,美国密歇根大学工商管理学院的Tom Kinnear创办了《营销与公共政策杂志》(后更名为《公共政策与营销杂志》),在创刊号上写明了该杂志的使命:"为了给营销和公共政策事务提供一个对话平台,刊物将主要刊登研究公共政策如何影响营销事务或者如何将营销研究的概念与方法运用到公共政策事务中去的文章。"

为什么政策需要营销？美国公共事务专家Snavely Keith(1991)认为通过营销过程中对公众行为和需求调查后再考虑制定适当的执行方案，可以协助政策的执行，减少公众的抵触情绪。①

荷兰学者Buurma Hans(2001)认为，政策营销就是政府通过借用营销交易的方式挑选适当的政策工具，促使社会行动者做出特定行动，以实现共同目标的规划和执行过程。②

中国台湾学者邱昌泰(2001)认为"政策行销"是对政策进行周全的设计，通过对社会大众进行行销，使大众了解并遵守执行，是一个政策宣传的过程。③ 台湾的"行销"和大陆的"营销"是同一个概念，只是用词习惯不同。

中国台湾学者吴定(2009)将政策行销界定为政府机关及人员采取有效的行销策略和方法，促使内部执行人员和外部服务对象，对研议中或已形成之公共政策产生共识或者共鸣的动态性过程；其目的在于增加政策执行的成功率、提高国家竞争力，达到为公众谋福利的目标。④

中国大陆学者谭翀(2013)认为，"政策营销"是以政府为主体的公共部门运用营销的技巧，促使公共政策和社会需求"互配"。其价值理念是为了更好地识别、预判、满足公众的需要。在营销过程中，强调充分尊重民众的意愿，尽可能运用民众惬意的手段而非强制措施来推行政策。"政策营销"作为一个过程，应当贯穿于议程设定、政策制定、政策评估、政策终结等整个周期。⑤

谭翀和严强(2014)研究了转型期中国政策动员模式变迁的趋势与逻辑：从"强制灌输"到"政策营销"。⑥

中国大陆学者章兴鸣(2013)认为：公共政策营销是一种顾客（公众）导向的管理理念与方法体系，即把公众视为顾客，以顾客需求满意为出发点，以实现顾客价值为目标，以顾客满意度为衡量标准，通过创造性的沟通和递送公共服务持续满足顾客需求来实现管理目标。⑦

---

① Keith S. Marketing in Government Sector: A Public Policy Model[J]. American Review of Public Administration，1991(12):311-326.
② Hans B. Public Policy Marketing : Marketing Exchange in Public Policy Sector[J]. European Journal of Marketing，2001(35):11-12.
③ 邱昌泰.政策分析[M].台北:空中大学出版社,2001:310.
④ 吴定.公共政策[M].台北:五南图书出版公司,2009:308.
⑤ 谭翀."政策营销"：源流、概念、模式与局限[J].中国行政管理,2013(12).
⑥ 谭翀,严强.从"强制灌输"到"政策营销"[J].南京社会科学,2014(5).
⑦ 章兴鸣.转型期我国公共政策营销研究[J].现代经济探讨,2013(5).

## (三) 公共产品/公共服务

公共产品是西方经济学的概念,纯粹的公共产品是指消费或使用上具有非竞争性和受益上具有非排他性的产品。政府营销中采用的不是这种经济学上的纯公共产品概念,而是类似于经济学上的准公共产品概念。实际上,纯公共产品的范围是比较狭小的,但准公共产品的范围比较宽。如教育、文化、广播、电视、医疗机构提供的均属于准公共产品,自然垄断行业如自来水、电力、电信、邮政和城市公共交通等行业提供的也是准公共产品。在中国的政府营销中,这些公共产品,一般来说,或者说从总体上来讲,是由政府组织提供的,而不是完全由个人或企业提供的,政府负有组织提供、监管规制和营销推广的责任。因此,也是政府营销的产品范畴。

公共服务是公共管理学的概念,一般是指由政府等公共组织或经过公共授权的组织提供的具有共同消费性质的公共物品和服务。

公共产品和公共服务既有联系又有区别。从联系方面看,公共产品和公共服务具有基本相同的特性:① 都是由政府等公共部门主导提供的;② 都具有消费的非排他性。每项公共产品、每项公共服务,人人可以享用,并不排斥其他人享用。③ 都具有收益的非竞争性。公共产品和公共服务的任意一个人的消费和收益都不会影响其他人的消费和收益。两者的区别在于:① 概念提出的学科不同,公共产品是西方经济学的概念,公共服务是公共管理学的概念;② 从形态上看,公共产品更多是有形的,公共服务更多是无形的。

2012年7月,国务院印发了《国家基本公共服务体系"十二五"规划》(以下简称规划),界定了我国基本公共服务的概念和范围,明确了我国公共服务体系建设的目标、任务和标准。在这个规划中,将公共产品纳入了公共服务概念范畴之中。其中,对基本公共服务的概念和范围的表述如下:

基本公共服务,指建立在一定社会共识基础上,由政府主导提供的,与经济社会发展水平和阶段相适应,旨在保障全体公民生存和发展基本需求的公共服务。基本公共服务范围包括保障基本民生需求的教育、就业、社会保障、医疗卫生、计划生育、住房保障、文化体育等领域的公共服务,与人民生活环境紧密关联的交通、通信、公用设施、环境保护等领域的公共服务,以及保障安全需要的公共安全、消费安全和国防安全等领域的公共服务。见图 5.1 所示。

规划指出,享有基本公共服务属于公民的权利,提供基本公共服务是政府的职责。建立健全基本公共服务体系,促进基本公共服务均等化,是深入贯彻落实科学发展观的重大举措,是构建社会主义和谐社会、维护社会公平正义的迫切需要,是全面建设服务型政府的内在要求,对于推进以保障和改善民生为重点的社会建设,对于切实保障人民群众最关心、最直接、最现实的利益,对于加快经济发展方式转变、扩大内需特别是消费需求,都具有十分重要的意义。

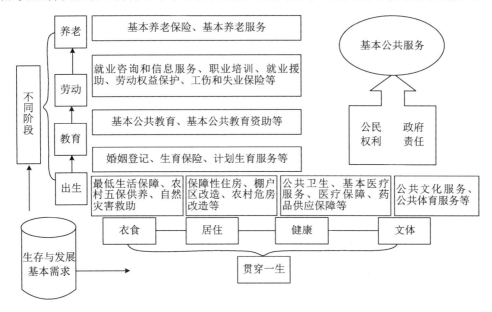

图 5.1 基本公共服务的范围内涵

基本公共服务体系,指由基本公共服务范围和标准、资源配置、管理运行、供给方式以及绩效评价等所构成的系统性、整体性的制度安排。基本公共服务均等化,指全体公民都能公平可及地获得大致均等的基本公共服务,其核心是机会均等,而不是简单的平均化和无差异化。

规划依据"学有所教、劳有所得、病有所医、老有所养、住有所居"的要求,确定了公共教育、劳动就业、社会保障、医疗卫生、人口计生、住房保障、公共文化等基本公共服务领域的重点任务、服务标准和保障工程。

运用营销思维尤其是服务营销思维及其策略工具,可以为政府更好地提供公共服务起到很好的帮助作用,也有利于建设服务型政府,因而出现了公共服务营销的概念。国内学者方堃和杨毅(2007)对公共服务营销策略和目标模式进行了探析,李延松和姜文芹(2014)提出以服务营销视角构建政府的公共服务新模式,姜文芹(2015)著有《政府公共服务营销模式研究》。

## (四) 环境资源

环境资源是以坐落在固定地点的自然景观或以建造在固定地点不可移动的基础设施与建筑景观等硬件为主体、以相关软性服务为支撑的产权属于政府或集体所有的环境资源产品。环境资源产品需要政府主导打造或引入社会资本参与打造、公众集体维护，顾客可以来到实地共享，但不可以独自占有享用，也不能异地或移地共享。环境资源具体可以分为以下 4 类：

### 1. 投资营商环境

这是以地理区位、交通物流条件、基本建设、基础设施、产业配套、产品服务和政府产业政策以及财政税收政策为主体形成的经济环境。打造良好的投资营商环境，有利于吸引国外、境外资金和技术。

改革开放以来，中国各级政府对于营造良好的投资营商环境均高度重视，无论是国家营销层面的吸引外资工作还是地方政府营销层面的招商引资工作，都有赖于投资营商环境的建设和优化。而且投资营销环境营造的范畴、手段和方法，都有了很多改进，从最初的注重基础建设等物质环境建设提升到政府服务等软环境建设，从注重经济建设环境提升到注重社会生态环境，从招商引资提升到招商选资，等等，这些变化都是非常有意义的，反映了各级政府在营造投资营商环境观念上的进步和方法上的优化。

### 2. 旅游观光环境

这是以自然景观和人文景观为依托以优质服务为纽带所形成的社会人文与自然经济环境。打造优质的旅游观光环境与优质服务形象，才能吸引外地游客，才能持续稳定发展旅游经济。

营造良好的旅游观光环境对于以旅游作为支柱产业的地方政府来说尤其重要。黄山是安徽省最重要的旅游资源，长期以来，黄山市政府部门和旅游管理机构在保护黄山旅游景点、改善黄山当地市民的旅游服务形象、提升黄山旅游观光与服务形象方面做出了不懈的努力。2009 年 9 月，黄山市委、市政府决定，用 5 年时间对 103 个古村落和 1 065 幢古民居进行抢救性保护。列入抢救性保护范围的 103 个古村落包括西递、宏村等。在 1 065 幢古民居中，406 幢各级文保单位将保持原有风貌，已毁损的将予以复原；429 幢未列入文保单位但有保护价值的古民居,将采取有效保护措施并合理改造,以适合现代人居住休闲;230幢不适合原地保护的古民居,将通过试点实行异地集中保护。这一规模浩大的抢救性保护工程需投资14.5亿元。黄山市委、市政府决定,项目所需资金将列入市级财政预算,设立四级文物保护专项资金,同时采取"以奖代补"的措施,鼓励民间资金参与保护。

### 3. 就业工作环境

这是以就业机会、工资收入水平、劳动条件和劳动保护政策为依托形成的社会经济环境。只有打造优质的就业工作环境,才能吸引人才、留住人才,促进当地经济发展和社会文明程度的提升。

中国是一个人口大国,就业问题历来是一个影响到社会稳定、政局稳定和国计民生的重要问题,中国政府历来都十分重视就业问题。在国企改革过程中,为推动下岗人员再就业出台了很多优惠政策;在高校扩招之后,对于解决大学生就业难问题也出台了很多措施;在应对国际金融危机影响,增加农民工就业机会,帮助农民工追讨工资,维护农民工利益方面,政府和新闻媒体均给予了极大的支持。

国外政府同样重视就业问题。2007年在美国爆发的国际金融危机对美国的就业形成了极大的困难,2009年10月,美国失业率攀升至10.2%,达到26年来新高。2009年12月8日,时任美国总统奥巴马宣布,将采取减税、奖励以及增加投资等一揽子举措创造更多就业岗位,以应对当前日益严峻的失业问题。另外,奥巴马还希望通过动用救助金融机构的剩余资金,在短期内创造职位。按照奥巴马公布的促进就业方案,美国政府将三管齐下:① 通过减税、奖励和信贷优惠等措施促进小企业发展;② 加大对桥梁、道路等基础设施建设的投资力度;③ 加大对新能源和节能领域的投资,通过这一系列举措,创造更多就业岗位。此外,奥巴马还承诺,政府将继续向年老者和失业者提供保险金,并向一些地方政府和社区提供援款以减少裁员现象。

### 4. 人居生活环境

这是以自然气候、住房建筑、道路交通、水电煤气管道等公共设施为主体,以学校、商店、医院等公共机构的社区服务为依托,以工作收入、消费水平、社会治安及生活舒适与便利为主要感受形成的社会生活环境。打造优质人居生活环境,才能使人民群众安居乐业,享受生活,愉快工作,才能防止人口外迁,防止优秀人才的流失。

世界著名的旅游城市威尼斯人口多年持续减少。有关统计结果显示,威尼斯全市已不足6万人,其中四分之一为64岁以上的老年人。2009年11月14日,当地居民为这座"垂死"的城市举行了一场"葬礼"。一个由三艘贡多拉组成的"送葬船队",运载着象征威尼斯已死的粉色棺材,沿着威尼斯大运河缓缓前行。一名男子身披黑色斗篷,用威尼斯当地方言朗诵诗歌,表达对威尼斯人生活现状的惋惜。在抵达著名的里亚尔托桥后,众人把棺材抬上了岸,并接着把它抬到了市政厅前面。威尼斯人口锐减的原因除了近年来日益频繁的水灾外,更重要的是兴盛的旅游业推高了生活成本,威尼斯房价高昂,而且很多房主乐于将房子短租给外来游客,而非长期居住的本地人,以获取更多租金。此外,旅游业还排挤了其他产业的生存空间。威尼斯物价上涨迅速,每年有不少当地居民不堪忍受高物价,"逃离"威尼斯,选择到意大利其他城市或欧洲大陆居住。

## (五)物产资源

物产资源是指政府辖区的企业生产制造的可进入居民家庭或社会机构消费的有形产品资源。按照产品形态,主要有农产品资源、土特产品资源、畜产品资源、林产品资源、矿产品资源和工业产品资源,有些是具有独特价值的原产地产品资源,有些是具有广泛市场影响力的品牌资源,是政府和当地具有影响力的形象象征和具有价值的品牌资源。比如澳大利亚和中国内蒙古的畜牧产品和乳制品,就是当地非常著名的物产资源。

物产资源有区别于环境资源的明显特征,即客户可以通过购买行为占有产品的所有权,也可以进入客户家庭或工作场所,实现客户的就近方便消费。因此,物产资源的异地推广和异地销售就具有可能性,上门营销物产资源、拓展物产资源的外地市场、外国市场乃至全球市场,既有可能也有必要。

物产资源虽然不是政府提供的,而是政府辖区的企业提供的,但是对于政府的财政收入、对于本地的经济发展、劳动就业、社会稳定都具有重要意义,对于政府形象建设和传播也具有重要价值。因此,政府对于本地物产资源的营销具有重要影响、重要职责,应该主动积极为本地物产资源的营销提供强有力的支持,引导和支持本地企业打造品牌,帮助和支持本地企业开拓外地市场甚至国际市场。

## （六）知识产权

知识产权是非物质化的精神产品,是人类社会不断发展进步的成果,凝集着人类的文明与智慧,也是形成一个国家一个地区形象、软实力和竞争力的重要基础。政府等公共机构应该加大对知识产权的保护和利用力度,让知识产权更好地促进经济建设、增进社会文化、提升社会形象。

知识产权有多种形式,但正是由于形式多样,因此并未取得公认一致的分类。这里,我们尝试从政府营销的视觉需要,将知识产权分为以下6类:

### 1. 科技成果

科技成果是指人们在科学技术活动中通过复杂的智力劳动所得出的具有某种被公认的学术或经济价值的知识产品。科技成果具有独立、完整的内容和存在形式,如新产品、新工艺、新材料以及科技报告等,中国科学院制定的《中国科学院科学技术研究成果管理办法》把科技成果的含义界定为:对某一科学技术研究课题,通过观察实验、研究试制或辩证思维活动取得的具有一定学术意义或实用意义的结果。科技成果按其研究性质分为基础研究成果、应用研究成果和发展工作成果;科技成果通常需要由法定机关(一般是科技行政部门)以专利审查、专家鉴定、检测、评估等方式进行认可。在一定范围内经实践证明先进、成熟、适用,能取得良好经济、社会或生态环境效益的科学技术成果,其内涵与知识产权和专有技术基本相一致,是无形资产中不可缺少的重要组成部分。

大力促进科技成果的产生、大力促进科技成果的转化和利用,将科技成果转化为生产力,为经济建设和国家发展服务,是政府的重要职责之一。为此,中国政府在改革和完善科研管理体制、完善科研经费管理、完善科研成果转化激励机制、奖励为国家科学技术发展做出贡献的科研人员等方面做出了大量工作。

### 2. 专利技术

专利技术是指处于有效期内被专利所保护的技术。根据我国专利法对专利的分类,主要包括发明专利、实用新型专利和外观设计专利三类。发明是指对产品、方法或者其改进所提出的新的技术方案。实用新型是指对产品的形状、构造或者其结合所提出的适于实用的新的技术方案。外观设计是指对产品的形状、图案或者其结合以及色彩与形状、图案所作出的富有美感并适于工业上应用的新设计。

为了保护知识产权和鼓励创新,世界各国都对专利技术进行保护,非专利持有者不能无偿使用,必须经过专利持有人许可转让才能有偿使用,因此,专利技术是非常重要的财富。政府有责任做好专利技术的保护,并帮助专利持有的企业和个人开展专利转让与有偿使用。

### 3. 著作版权

版权最初的涵义是 copyright(版和权),也就是复制权。因为过去印刷术的不普及,所以当时社会认为附随于著作物的最重要的权利莫过于印刷出版的权利,故有此称呼。但是,随着时代演进和科技进步,著作的种类逐渐增加。英国《安娜法令》是世界上第一部版权法,开始保护作者的权利,而不仅仅保护出版者的权利。1791年,法国颁布了《表演权法》,开始重视保护作者的表演权利。1793年,法国又颁布了《作者权法》,作者的精神权利得到了进一步的重视。著作权的对象通常是作品,是指文学、艺术和科学领域内具有独创性并能以某种有形形式复制的智力成果。受保护对象主要是:① 文字作品;② 口述作品;③ 音乐、戏剧、曲艺、舞蹈、杂技艺术作品;④ 美术、建筑作品;⑤ 摄影作品;⑥ 电影作品和以类似摄制电影的方法创作的作品;⑦ 工程设计图、产品设计图、地图、示意图等图形作品和模型作品;⑧ 计算机软件;⑨ 法律、行政法规规定的其他作品。

著作版权也是重要的知识产权,非版权持有人不得无偿作为商业用途使用。保护著作版权是政府尊重知识产权的表现形式之一,促进著作版权的有偿使用也是政府职能和政府营销的任务之一,值得重视。

### 4. 文化艺术

文化艺术是指电影电视、新闻出版、戏剧歌舞、相声小品、美术动漫、书法绘画等文艺团体和艺术家个人创作出品的文化消费产品。文化艺术能够满足大众的娱乐休闲消费和精神审美消费需求。文化艺术对于弘扬民族文化、影响和传递社会道德与价值观念、引导受众心理和行为具有明显的作用。文化艺术交流也是传播国家形象和地方形象的重要形式,文化产业也是低能耗、低污染的产业,是值得政府大力营销的产业。

## 5．文物宝藏

文物是人类在历史发展过程中遗留下来的遗物、遗迹。它是人类宝贵的历史文化遗产。文物虽然也有具体的物质形式,但必须是人类历史上创造的,不可能在现在再重新复制,因而具有独特的价值,因而经常与宝藏联系在一起。宝藏一般指储藏的大宗珍宝或珍贵物品,也指蕴藏在地下的矿产资源,但这里不包括地下矿产资源的含义。因此这里的文物宝藏亦可称为"文物藏品"。根据《中华人民共和国文物保护法》,按照大小、规模和可移动性,文物分为"不可移动文物"和"可移动文物"二大类;按照文物所有者,文物分为国有文物(公有文物)和私有文物。"可移动文物"指馆藏文物(可收藏文物),分为珍贵文物和一般文物;珍贵文物分为国家一级文物、二级文物、三级文物。"可移动文物"的保护方式有博物馆、纪念馆、图书馆和民间收藏。

文物主要有历史价值、艺术价值和科学价值。文物主要有教育作用、借鉴作用和为科学研究提供资料的作用。保持民族文化特性,是国际社会各个国家的共同要求。许多国家都为此而制定了保护文物的法律和法规,加强了文物的保护和管理。文物保护和管理是国家文物行政管理部门的基本职能。国家通过法律、行政、经济、教育和科学技术等手段,协调、处理文物保护与国家各部门、各社会团体以及人民群众的关系,并通过全面规划、综合治理,制止和防止人为的与自然力对文物的破坏和损害,达到保护文物的目的。

## 6．非物质文化遗产

根据《中华人民共和国非物质文化遗产法》规定:非物质文化遗产是指各族人民世代相传并视为其文化遗产组成部分的各种传统文化表现形式,以及与传统文化表现形式相关的实物和场所。主要包括:① 传统口头文学以及作为其载体的语言;② 传统美术、书法、音乐、舞蹈、戏剧、曲艺和杂技;③ 传统技艺、医药和历法;④ 传统礼仪、节庆等民俗;⑤ 传统体育和游艺;⑥ 其他非物质文化遗产。

非物质文化遗产的最大的特点是不脱离民族特殊的生活生产方式,是民族个性、民族审美习惯的鲜活的表现。因此,非物质文化遗产是民族财富和民族形象的重要象征,对于传达和塑造民族形象具有重要意义。政府等公共组织负有保护和传承非物质文化遗产的职责和任务,让非物质文化遗产成为民族生生不息的历史延续,成为民族形象对外传播的鲜活符号与生动记忆。

## (七) 人力资源

人力资源竞争是企业竞争的根本,也是国家竞争与地方竞争的根本。人力资源是政府营销的主要产品资源。按照价值创造力的大小和社会影响力的大小,我们将人力资源这种政府营销的特点产品主要分为3种类型:

### 1. 劳动力资源

劳动力资源在人力资源中数量最多,规模最大。劳动力是重要的生产要素,劳动力资源是政府吸引投资开办企业的主要资源之一,而保障就业又是政府重要的职责之一。中央政府和地方政府应该将本国本地的劳动力当做产品资源进行有效营销,中国改革开放以来的持续高速增长就正是很好地利用了劳动力资源丰富且成本低廉这一优势和其他要素共同作用的结果。

在一些经济落后地区,通常缺乏资金和就业机会,组织劳务输出是解决就业问题的主要途径。政府应当组织好劳动力职业技能培训、加强劳动力输出市场的联系和开拓,加强劳务输出的组织引导和管理,保障外出劳动务工人员的基本权利。而我国政府在最近几年在清理拖欠农民工工资、保证农民工收入方面所做的努力有目共睹,所取得的成效有口皆碑。

组织劳务输出同时还是为地方经济建设培养有地缘联系的产业工人以及创业能人的主要途径,在一些地方组织和动员外出务工人员返乡创业和就业是发展地方经济的一个重要措施,也取得了一定的成绩,成为一条很有价值的经验。农民工的"凤还巢"现象给当地经济带来了持续性的发展和增长。

### 2. 人才资源

人才是掌握了更高层次知识与能力的人力资源。人才是推动经济发展、推动科技和产业创新的关键。政府在推动人力资源产品营销的过程中,需要格外重视经营性人才、技术性人才、社会性人才和政治性人才的发掘、培养和使用。中央组织部门和中央政府出台了科技领军人才等多种人才引进和培养计划,地方组织部门和政府也出台了多种人才计划,通过事业项目、福利待遇、经费保障等相关政策支持鼓励人才引进和培养。当然,政府的人才观念要与当地的政治经济社会现状以及发展战略相联系,脱离现实好高骛远,反而不能够吸引人才,留住人才,使得人才能够真正为当地发展服务。

### 3. 名人资源

名人是具有社会影响力的社会名流,是社会公众敬仰和学习的榜样,是影响大众观念和行为的偶像。正如企业营销利用名人效应和名人代言一样,政府营销用好名人资源,对于提升地方形象、提高地方文化品位和影响力,拉动投资和旅游,解决一些特定的问题等,均具有重要的意义。

古代名人是不可复制的历史资源。孔子对于中国形象和山东形象具有重要意义,老子和华佗对于安徽形象具有重要价值。因此,古代名人是政府营销的历史宝藏。借古扬今是一个重要的政府营销法则。开封、合肥和宁波对于包拯形象的争夺说明了历史名人的重要现实价值。

安徽历史名人众多,影响延伸到周边省份,因此"抢夺"安徽历史名人现象应当引起安徽各级地方政府关注。胡雪岩被称"祖居杭州",曹操、华佗被称为"河南老乡",湖北嘉鱼县向国家工商总局申请注册三国美女"二乔故里",浙江义乌也声称是"二乔故里"。安徽必须打响历史名人现代保卫战。

健在名人是鲜活的现实资源。政治、经济、文化、科技名人,对于家乡经济和社会发展具有重要意义。即使是体育娱乐明星,对于家乡也有重要的传播符号意义。因此,推动名人名气上升,防止名人过气,规范明星行为,提倡明星更多关注社会公益事业和弱势群体,防止出现耍大牌、吸毒等负面行为甚至违法行为,防止出现负面影响,不仅是明星个人的健康公众形象塑造的需要,也是政府营销应关注的范围。

## (八)行为规范

为倡导社会文明,增进社会友好,增进身心健康,节约社会资源与能源,在法律调节之外,政府还应该对国民(居民)虽然不违法但不够健康或文明的行为进行合理劝阻与引导,使其朝着更加文明健康的方向发展。文明健康行为的倡导、欠文明非健康行为的劝阻,也可以视为政府营销推广的产品。

在中国,历史上早就既有官方的国学礼仪规范,也有民间的家风民风。在革命战争年代,"三大纪律八项注意"是军队的行为规范。在 20 世纪 80 年代,"五讲四美三热爱"是中国公民的行为规范;2006 年 3 月,时任中共中央总书记、国家主席胡锦涛提出要引导广大干部群众特别是青少年树立社会主义荣辱观,加强思想道德建设,倡导行为规范,即以热爱祖国为荣、以危害祖国为耻,以服务人民为荣、以背离人民为耻,以崇尚科学为荣、以愚昧无知为耻,以辛勤劳动为荣、以好逸恶劳为耻,以团结互助为荣、以损人利己为耻,以诚实守信为荣、以见利忘义为耻,以遵纪守法为荣、以违法乱纪为耻,以艰苦奋斗为荣、以骄奢淫逸为耻。

2012年11月,党的十八大提出倡导"富强、民主、文明、和谐、自由、平等、公正、法治、爱国、敬业、诚信、友善",积极培育和践行社会主义核心价值观。这是新时期更加全面的价值观念和行为规范,"富强、民主、文明、和谐"是国家层面的价值目标,"自由、平等、公正、法治"是社会层面的价值取向,"爱国、敬业、诚信、友善"是公民个人层面的价值准则。

在这里,我们将行为规范类政府产品细分为以下5类:

### 1. 劝阻粗俗行为,倡导文明行为

胡锦涛提出的社会主义荣辱观是这一类政府产品的典范。在商品短缺时代,商业主管部门为解决商业服务人员脸难看话难听等服务态度差、服务水平低的问题,开展过"倡导文明用语、杜绝文明忌语"活动,对于改变由于商品短缺形成的商业服务人员不文明行为表现取到了一定的作用。现在,由于商品短缺这一根本问题解决了,商业服务人员服务态度不端正的根子解决了,但是热情过度、欺骗顾客、售前和售中热情、售后退换货服务则尽量推脱等行为则大大增加,需要从另一个角度进行引导和规范。

各地政府在创建文明城市、文明社区、文明单位和文明家庭活动中,倡导尊老爱幼行为、尊师重教行为、邻里互助行为等等,都属于这一类政府营销行为产品的范畴。

### 2. 劝阻危险行为,倡导安全行为

有些行为属于轻度违法或者不够违法程度但是达到了违章标准,虽然可以按照法律和规章制度处罚,但是由于执法成本过高、处罚程度过轻,难以达到迅速教育行为当事人改正严重危害行为的目的,因此需要配合经济措施、以教育的、营销的手段进行规范,甚至在一定时期内配合强大的营销宣传攻势,加大惩处力度,以达到快速校正危害行为的目的。

这方面的政府营销行为产品包括:① 劝阻儿童在不安全的情况下游泳以免引起溺水;② 游乐设施必须定期进行检测以免危害游人;③ 倡导机动车驾驶人、非机动车驾驶人和行人均应遵守交通规则,不准酒后开车等。

### 3. 倡导健康行为，维护身心健康

为增进公民健康，增强国民体质，应该合理引导公民的饮食娱乐行为，比如反对暴饮暴食，提倡健康均衡饮食；为了增进公民健康，政府需要倡导定期检查身体行为，促进国民树立健康检查意识，以实现有病早发现早治疗，没病早放心早安心。在日本，根据法律规定，地方政府和企业每年为雇员进行体检时，必须为40～74岁员工的腰围把关，男性腰围不得超过85厘米，女性腰围不可超过90厘米。超标的员工如果在3个月内没有减掉多余的赘肉，就要接受饮食指导和进行锻炼。政府还会对未达到要求的企业和地方政府施加经济惩罚，此项举措有效地控制了中风、糖尿病等疾病，还控制了医疗成本的增长，减轻了政府和企业的经济压力。

### 4. 倡导节约行为，劝阻浪费行为

为创建资源节约型社会，政府应该倡导一些行为，限制或劝阻一些资源浪费行为，比如鼓励购买环保产品、低能耗产品或节能产品，劝阻购买或消费高能耗产品。具体政府营销行为包括：推广节能空调、冰箱等家电产品，倡导小排量低油耗汽车，倡导节约用水、节约用电等等。

### 5. 倡导有益社会行为，劝阻损害社会行为

有些企业或个人行为或许对消费者、对个人有益无害，但是对社会却有害无益，因此需要政府营销进行劝阻。比如产品包装可以增加价值感，但是过度包装和非环保包装却无益于社会，因此需要倡导环保包装。塑料袋包装虽然方便且成本低廉，但是形成了白色污染，因此需要劝阻使用塑料包装和使用购物塑料袋。车辆乱停乱放虽然车主方便，但是给其他车辆和行人造成了不便，因此需要治理车辆乱停乱放行为。占道经营虽然有利于店家产品销售，但是影响交通和市容，因此需要治理占道经营行为。

综上所述，我们将政府营销的产品类型分为竞选纲领/施政纲领、公共政策、公共产品/公共服务、环境资源、物产资源、知识产权、人力资源、行为规范八种类型，不同类型的政府营销产品对应着相关的政府营销类型与目的。为简洁明晰三者之间的关系，我们将政府营销的产品类型、政府营销的类型和政府营销的目的进行了一个归纳总结，形成一张简明对比表，如图5.1所示。

表 5.1 政府营销产品与政府营销类型及目的对比

| 政府产品类型 | 政府营销类型 | 政府营销目的 |
| --- | --- | --- |
| 竞选纲领<br>施政纲领 | 政治营销 | 通过民选获得合法执政地位 |
| 公共政策 | 政策营销 | 政策制定获得公民认可<br>贯彻执行获得公民支持 |
| 公共产品<br>公共服务 | 公共服务营销 | 公共服务惠及民生<br>政府组织获得民意 |
| 环境资源 | 环境营销 | 资源保护<br>资源增值<br>资源可持续利用 |
| 物产资源 | 有形产品营销 | 产品品牌塑造<br>市场贸易拓展 |
| 知识产权 | 无形资产营销 | 知识产权保护<br>转化利用增值 |
| 人力资源 | 人力资源营销 | 人力资源开发<br>人尽其才效应 |
| 行为规范 | 社会营销 | 创建文明社会<br>增进社会和谐 |

# 三、政府产品整体概念

在企业市场营销中,产品是一个整体概念。早先营销学者认为产品整体概念包含三个层次,后来进一步发展为五个层次。产品整体概念三层次观点认为,产品是由核心产品、形式产品和扩增产品三个层次构成的。核心产品是指产品对于消费者的价值和利益,是产品最本质的内核,如果产品没有核心价值和利益,就没有满足消费者需要的可能,就不能够实现持续销售。形式产品是产品的实际构成和外观,包括产品的制作材料、结构形式、外观造型、质量和品牌等,是形成产品实物的要素,也是支撑核心产品的硬件。扩增产品是为了促进产品销售附加提供的销售服务,如安装、配送、维修、使用知识与技术培训等等。

产品整体概念五层次观点认为,产品是由核心产品、形式产品、期望产品、扩增产品和潜在产品五个层次构成的。如图5.2所示。五层次概念是在三层次概念基础上发展起来的,其中核心产品、形式产品和扩增产品的含义是一样的。而期望产品的含义是指除核心产品以外消费者还希望产品具备的其他价值功能利益,比如通话清晰和网络连接是智能手机的核心产品,是智能手机的核心价值利益,但是消费者要求在具备通话清晰网络连接这两个核心价值的基础上还希望充电速度快、待机时间长且储存容量大等价值功能。潜在产品是指消费者目前使用不上的产品功能但是希望产品具备升级换代功能为未来消费预留储备功能。比如有些消费者希望智能手机具备他暂时还不需要但未来有可能需要的立体视频播放功能等。

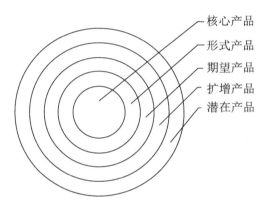

**图5.2 产品整体概念**

菲利普·科特勒认为政府营销的产品包含三个层次。比如社区大学的核心产品是教育,形式产品是课堂,扩增产品是提供特殊辅导。警察部门的核心产品是预防盗窃和追回被盗财物,有形产品包括回应汽车失窃的报案,扩增产品可以是提供购买汽车锁定装置的折扣券。在《社会营销》中,菲利普·科特勒指出社会营销工作者可以根据产品三个层次的整体概念来设计产品。比如,为推进健康的整体产品,核心产品可以是健康长寿,其形式产品可以是戒烟,扩增产品是设置戒烟专线;核心产品还可以是防止酒精中毒,其形式产品可以是适度饮酒,扩增产品可以是酒精含量检测装置。又比如,关于预防伤害的整体产品中,核心产品既可以是预防强奸女性伤害,形式产品可以是女性晚上结伴同行,扩增产品可以是学校应为女生提供护卫服务;核心产品还可以是为滑倒的人提供救援和医疗服务,形式产品是滑倒者的求助行为,扩增产品是电动扶梯的紧急按钮等。

本书认为,政府营销的产品也可以是五个层次的整体概念。比如,2008年下半年开始实施的家电下乡工程,是一项政府产品,其核心产品是刺激内需、促进农村消费升级、应对国际金融危机、防止经济下滑;其形式产品是家电下乡项目中标企业制造的家电产品以及政府给予的13%的财政补贴;其期望产品是消费者对于家电产品的核心价值以外的需求,以及政府财政补贴快速便捷的拿到手;其扩增产品既包括享受家电企业同样的售后服务,又包括政府家电下乡工程财政补贴的信息系统;其潜在产品是家电下乡产品不是落伍产品,能够跟上未来消费潮流,等等。

# 四、政府产品寿命周期

企业市场营销中的产品寿命周期是一个很重要的概念。它是产品从投入市场到退出市场的全部过程,一般分为导入期、成长期、成熟期和衰退期四个阶段。不同的阶段,产品的销售、盈利状况不同,营销策略也不同。导入期产品销售量增长较慢,利润额多为负数。当销售迅速增长,利润由负变正并迅速上升时,产品进入了成长期。经过快速增长,销量逐渐趋于稳定,利润增长处于停滞,说明产品成熟期来临。在成熟期的后一阶段,产品销量缓慢下降,利润开始下滑。当销量加速递减,利润也较快下降时,产品便步入了衰退期。见图5.3所示。

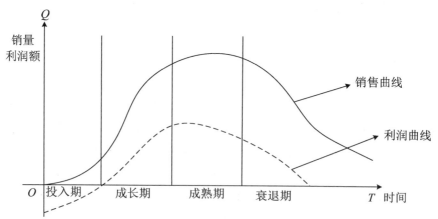

图5.3 产品生命周期

导入期是新产品首次正式上市的最初销售时期,这时只有少数创新者和早期采用者购买产品,销售量小,促销费用和制造成本都很高,竞争也不太激烈。这一阶段企业营销策略的指导思想是,把销售力量直接投向最有可能的购买者,即新产品的创新者和早期采用者,让这两类具有领袖作用的消费者加快新产品的扩散速度,缩短导入期的时间。"快"是导入期的策略重点;成长期的产品,其性能基本稳定,部分消费者对产品已熟悉,销售量快速增长,竞争者不断进入,市场竞争加剧。"好"是成长期的策略重点;成熟期的营销策略应该是主动出击,以便尽可能延长产品的成熟期。"长"是成熟期的策略重点;衰退期的产品销量猛跌,价格下降,利润减少,替代性新产品出现,老产品前途暗淡。这一阶段的策略重点要突出一个"转"字。企业应当有计划、有步骤地撤退老产品,抓住市场机会,发展新产品,顺利地实现老产品的更新换代。

企业市场营销中的产品寿命周期理论对于政府营销产品具有明显的借鉴意义。政府产品也存在寿命周期,在不同的产品阶段需要采用不同的政府营销手段和策略。不过,与企业产品寿命周期划分标准有所不同,政府产品应该采用参与程度与使用水平替代企业产品的销售(数量或金额),用留存收益代替企业盈利。

1. 政府产品导入期的营销策略

政府产品在导入期,目标受众的知晓度低、接受度低,参与度和使用水平也较低。政府产品这一阶段的营销目标是建立政府产品的知晓度与理解度,促进目标市场采取接纳政府产品的认知和态度,进而尝试采用政府产品,实现政府产品快速顺利进入市场。在这一阶段,需要将针对市场和政府营销需要研发的产品通过公共宣传、广告和人员宣传的方式,广泛地进行传播,沟通宣传是这一阶段政府营销的策略重点。

2. 政府产品成长期的营销策略

政府产品在成长期,目标受众的知晓度、接受度已经有一定的基础,政府营销的目标是在初步参与和采用政府产品的基础上,快速扩大战果,发动更多的目标受众参与政府营销行为,采纳政府营销产品。扩大政府产品的生产供应、改善政府产品与公众的便利接触、加强产品沟通传播与产品服务是这一阶段的营销策略重点。

### 3. 政府产品成熟期的营销策略

政府产品在成熟期,已经有了很好的产品接受度和采用率,甚至达到了接受度与采用率的最高峰,政府营销的目标是维持政府产品的接受度与采用率,使之不要下降,以延长产品的寿命周期。改进产品功能、增进产品价值,丰富产品内涵、拓展产品层次,是这一阶段的营销策略重点。同时要进一步增加产品消费的便利性,降低产品消费的成本,以实现政府营销产品的社会效益最大化和经济成本最低化。

### 4. 政府产品衰退期的营销策略

真正进入衰退期的政府产品应该已经不适应社会和经济发展的需要了,所以政府需要有计划地废止相关产品,并有计划地推出新的产品,在这之间需要做好新旧产品的过渡与衔接,尤其是政府政策方面的产品,要实现平稳过渡以及顺利衔接。中央和地方政府就曾经依据社会经济发展,连续公开废止了一些过时的制度条例。准确预见产品衰退期的到来,提前研发新产品并做好新产品的市场导入准备是这一阶段的营销策略重点。

## 国务院公布首批文件清理结果　489 件文件失效

经李克强总理签批,国务院 2015 年 12 月初印发《关于宣布失效一批国务院文件的决定》(以下简称《决定》)。《决定》指出,国务院从 2015 年起用三年时间,对新中国成立以来的国务院文件进行全面清理,目的在于进一步推进简政放权、放管结合、优化服务改革,促进大众创业、万众创新,激发市场活力和社会创造力,加快建设法治政府,维护国务院文件的权威性、严肃性。

《决定》指出,经过前一阶段清理,国务院决定,对与现行法律法规不一致、已被新规定涵盖或替代、调整对象已消失、工作任务已完成或者适用期已过的 489 件国务院文件宣布失效。凡宣布失效的国务院文件,自《决定》印发之日起一律停止执行,不再作为行政管理的依据。

《决定》要求,各地区各部门要充分认识文件清理工作的重要意义,对本地区本部门印发的文件抓紧进行全面清理,把简政放权、放管结合、优化服务改革推向纵深,加快政府职能转变,为创业创新营造良好环境,促进经济社会持续健康发展。

**国务院印发《关于宣布失效一批国务院文件的决定》**

经李克强总理签批,国务院 2016 年 6 月印发《关于宣布失效一批国务院文件的决定》。《决定》指出,在前期已宣布失效一批国务院文件的基础上,国务院对改革开放以来以国务院和国务院办公厅名义印发的政策性文件进行了全面清理,旨在推动简政放权、放管结合、优化服务改革向纵深发展,营造实施创新驱动发展战略、推动大众创业万众创新的良好环境,促进新经济、新动能成长。对不符合现行法律法规或没有法律法规依据,不适应经济发展需要、严重束缚企业生产经营和管理活动,设立的审批事项已取消或下放,或不同文件对同一事项重复要求、规定不一致等的 506 件国务院文件宣布失效。

《决定》要求,各地区各部门要做好政策衔接,完善事中事后监管,防止出现"空档"。要加大工作力度,继续抓紧清理和废止不符合现行法律法规或没有法律法规依据,不利于稳增长、促改革、调结构、惠民生的政策文件,坚决破除对企业和群众干事创业的各种束缚,进一步激发市场活力和社会创造力,促进经济社会持续健康发展。

产品寿命周期既是一个时间维度的概念,也是一个空间维度的概念。在一个政府产品在发达地区进入成熟期的时候,欠发达地区也许还处在导入期,在发达地区进入衰退期的时候欠发达地区可能刚进入成长期,这就为政府政策产品的地区性借鉴和过渡、产业的地区性梯度转移提供了理论依据。

## 五、政府新产品研发

随着社会和科技的发展,新事物、新行业不断出现,尤其互联网时代,信息传播大大加速,信息传播范围突破时空限制,新业态发展速度大大加快,政府需要快速跟踪,适时采取必要的规范措施促进新业态的健康发展,维护社会各方面的利益均衡,维护社会公共利益。因此,政府营销过程中同样需要研发新产品,制定新的行业管理制度与政策。当然,在研发出台新制度、新政策的时候,快只是关于表示效率的一个方面,同时还需要追求公平合理,要以包容的态度对待创新,不要用老方法、老制度监管新事物,而要创新制度设计。

## 中国成全球网约车合法化第一个国家

2016年7月28日,随着《关于深化改革推进出租汽车行业健康发展的指导意见》《网络预约出租汽车经营服务管理暂行办法》对外公布,这是世界范围内第一个宣布网约车合法化的国家法规。方案公布的同时,国新办召开新闻发布会,邀请相关部委负责人进行解读。

网约车业务2009年起源于美国,开创该业务的优步(Uber)公司如今已在全球220多个城市开展业务,同时也饱受争议。2012年以来中国也涌现了一批本土网约车公司,其中滴滴占有最大份额。中国网约车从一开始就跳出了出租车行业管理范围,利用高额补贴逆着"法理"和"商规"快速发展。中国社会常被认为在接受新事物方面是保守的,中国不是网约车的技术发明国,但中国成了第一个网约车合法化的国家。这说明在促进民生方面,中国政府已经走在了很多国家前面。

网约车改善了市民出行,但也同时暴露出承运人责任主体不明确、乘客安全和驾驶员权益得不到保证,个人信息安全泄漏风险较高等问题。国际上对网约车管理尚未形成一致意见,德国、法国、西班牙、日本、新加坡等大多数国家和城市禁止其发展,美国不同的州也实行不同的管理策略。对于网约车,中国没有一禁了之,而是最大限度地适应新业态特点,创新制度设计,量身定制许可条件,简化许可程序,支持规范发展。在这一背景下,交通运输部于2015年初开始联合有关部门启动了出租车行业改革事宜。

此次改革在国家层面,更多是在出租汽车定位、巡游出租汽车经营权等方面明确了大的方向,为了规范运营、防范风险、加强监管,也对网约车平台、车辆、驾驶员等提出了相应的准入与约束条件。具体到各个城市,巡游车和网约车的数量规模如何管控、运价如何动态调整、网约车车辆条件如何确定,则留给了各城市人民政府因城施策做出细则规定。

政府研发新产品的流程也可以借鉴企业的新产品研发,但政府新产品的研发也有其特殊性,这是政府产品的特性和决策流程决定的。

政府产品由于涉及社会各方面各阶层的利益,因此在研发和决策过程中,民意的调研是相当重要的,产品的创意设计必须建立在充分调研的基础之上,新产品研发的过程要充分考虑民众的接受度,新产品的决策过程也要透明化、公开化,需要采取听证会等方式充分听取社会各方面的意见,决策过程中的科学性、合法性和合理性是非常重要的。在推进政府新产品的过程中，则需要考虑到民众接受的阶段性、过程性和成功率，在追求效率的同时，兼顾渐进性和稳妥性，不要盲目急于求成。

在起草 2017 年政府工作报告的过程中，起草组召开了中央党校学员、媒体（新媒体）代表、外国专家座谈会，在中国政府网开展"我向总理说句话"网民建言活动，从各个渠道一共收集汇总整理了 1 270 余条意见，经过起草组反复研究，最后吸收了 300 多处重要意见，将征求意见稿印发了 3000 多份，发到全国 148 个单位来征求意见。总理主持召开 3 次座谈会听取意见建议，一次是各民主党派中央、全国工商联负责人、无党派人士代表座谈会，一次是专家学者和企业界人士座谈会，一次是教育、科技、文化、卫生、体育界人士和基层群众代表座谈会。党中央、国务院先后召开四次会议，对报告进行审议讨论。在全国人大会议上经过全体代表审议通过以后，才正式形成定稿。

2016 年 2 月，中共中央办公厅、国务院办公厅印发《关于全面推进政务公开工作的意见》推进政务阳光透明。其中，与这里的政府新产品研发相关的内容包括："推进决策公开，实行重大决策预公开制度，除依法应当保密的外，在决策前向社会公布决策草案、决策依据，广泛听取公众意见，探索利益相关方、公众、专家、媒体等列席政府有关会议制度。"可以认为这是中国政府在政府产品研发与决策方面的重要依据。

### 专家献策《电子商务法（草案）》：平台应承担更多责任

中新网北京 2017 年 1 月 19 日电 中国消费者协会于 18 日召开《电子商务法（草案）》（以下简称"草案"）与消费者权益保护座谈会，十几位专家、律师建言献策。多位专家认为，电子商务平台占有巨额信息，且具备预防风险能力，应当承担更大的责任。

伴随我国电子商务蓬勃发展，一些现实问题也开始浮现。根据全国消协组织受理投诉情况统计，2015 年，全国消协组织受理网络购物投诉数量占远程购物总量的 95.41%。2016 年前三季度，全国消协组织共受理涉及网络购物的投诉 11 305 件。其中质量类问题位居第一，占网络购物的比例为 35.8%。宣传与实物差距大、商品质量良莠不齐、格式合同有待规范、物流配送问题频出、货款支付存在风险等网络消费问题困扰着消费者，而在维权中，消费者可能又面临责任主体认定难、投诉证据获取难、异地维权协调难等维权难题。

"草案应把交易平台作为一个重点加以规范。"中国人民大学常务副校长、中国消费者协会副会长王利明建言,现实中,平台交易模式是多样化的,草案该如何适应这一多样化的情况就变得异常重要,应更加细化和突出平台主体的责任。

"电子商务交易过程中,谁能够预防风险,谁就应该承担更大的责任。"中国政法大学副校长时建中认为,在电子商务交易中,平台主体应更多的承担责任。在平台本身占有巨量信息的前提下,电子商务的责任分配原则不应与传统交易完全一样。

消费者权益保护法研究会会长河山说,电商平台本质上和商场的性质是一样的,消费者在商场购买到假冒伪劣商品,可以向生产厂家索赔,也可以向承租柜台的销售者索赔,还可以向出租柜台的商场索赔,这是基于商场对进场销售的商品有审查义务,承担连带责任。但在电商平台上买到假冒伪劣商品,只要电商平台提供经营者名称、地址、联系方式,就可以免责,这对消费者维权很不利。因为电商经营跨地域、虚拟性的特点,消费者要找到千里之外的经营者十分困难,往往只能放弃维权;而要找电商平台,则容易得多。电商平台本身就对入场商家有审核义务,对其销售的假冒伪劣商品,也应该承担连带责任,并享有向商家追偿的权利。

多位专家建议进一步强化消费者权益保护的内容。消费者是电子商务终端的交易者,意味着所有电子商务经营者利润最终还是来源于消费者,没有消费者就没有交易,也就不存在电子商务。因此作为电子商务交易最终承担者,消费者在电子商务中的地位不可或缺。

政府新产品研发尤其是施政纲领和公共政策的研发,创造性是尤为重要的。面对复杂的国际国内形势,要协调各方面的利益,没有创造性是难以研发出各方面都能够接受的产品的。例如,面对1997年香港回归问题,邓小平同志提出的"一国两制"设想就具有非同寻常的创意,既保证了香港按时回归祖国保障了中华人民共和国的主权利益,又充分考虑到了大陆和香港经济政治方面长期以来形成的历史差异,以及国际社会、香港人民以及大陆人民的感情和认识,对于保证香港回归以后的长期稳定繁荣以及大陆与香港之间的政治与经济联系均起到了决定性的作用。"一国两制"思想在收回香港主权上的成功运用,创造了解决中国历史遗留的复杂的政治领土分割问题的典范,对于后来成功顺利收回澳门主权起到了先导作用。可以预计,"一国两制"思想也将是和平解决台湾问题,实现祖国统一的重要法宝。

# 六、政府产品品牌与包装

政府产品的品牌和包装实际上是对政府产品核心利益价值的提炼归纳和视觉呈现,它能够使得政府营销的目标受众通过政府品牌和包装来识别政府产品,来选择政府产品。因此,政府品牌和包装,实际上是以政府信用和权威对政府产品的品牌背书。

公共政策类的政府产品,中国政府现行的品牌策略是通过政府名称和政府签章来进行标识。政府名称和政府印章即是政府品牌名称和政府品牌标志。加盖政府印章的政府红头文件是具有权威性的,也是其他任何机构不能假冒伪造的。

环境资源、公共产品与公共服务及其提供者,也因为固定在一定的行政地理区间内,具有地区名称,因此在公众和消费者眼中也具有政府品牌的痕迹和标识作用。

地方生产制造企业及其各种产品在企业命名注册和产品命名时往往也带有地方印记。地方名特优产品,尤其是历史性的名特优产品,其地名或者品牌名称已经是当地企业共享的公共资源,但外地企业不得使用。有些地方产品,在消费者心目中已经享有很高信誉,部分消费者甚至了解哪些地方是这种产品的原产地,而原产地的产品才是最正宗的优质产品。这种情况下,政府对于原产地资源和标识的保护就变得非常重要。

地方背景和地方名称对于新创立企业的发展、对于新产品的市场推广也具有品牌标识性作用,发达地方的背景更有利于新企业的发展和新产品的推广,而落后地区的背景则不利于公众接受其企业和产品。在中国珠三角和长三角地区则具有区域形象标识优势,西北和西南欠发达地区则呈现出形象印象劣势,短期内这种现象还难以改变,甚至还存在"马太效应",需要相对落后地区长期奋斗、励精图治改变形象后才会出现改观。

人力资源产品也因为籍贯形成品牌印记。而由于地形地貌、文化传统等复杂原因,不同地方的人群,也会形成不同的地方性格和长相,从而打上地方品牌的标记。比如南方人的性格精细与体态的娇小,北方人的性格豪爽与体格的魁梧,等等。

相当多的城市政府通过评选和认定城市标志物、吉祥物、设计城市标识等强化城市品牌化认知和城市具象识别,比如评选和确定市树、市花、市鸟等。

政府产品的包装则分为物质形态产品包装和非物质形态产品的包装两类。物质形态产品的包装和企业产品的包装一样,具有实体形态与视觉化包装意义,需要在产品实物形态上表现品牌和产品的理念、定位和标识,需要给公众以强烈的视觉吸引和美好的品牌联想。公共政策和行为规范等非物质形态的政府产品,不需要实物形态与视觉化的产品包装,其包装的意义更多地在于产品核心价值利益的提炼和呈现,使得公众更够更好地理解、识别这类政府产品,更有意愿参与和支持这类政府产品的营销推广。

## 七、政府产品组合

政府产品组合需要从公共产品与公共服务、地方产品与产业两个方面来考虑。公共产品和公共服务,不同的地方政府之间存在较大的共性,凡是居民生活所需要的公共产品和公共服务政府都需要提供,中国政府的理念是实现公共服务均等化,因此不需要也不能够进行差异性和个性化选择,如果有差异的话,应该体现在如何做得更好而不是做与不做。

政府产品组合的重点在于当地产业结构的谋划与定位,即支柱产业的选择与定位,这是政府营销的重要决策问题。这一问题的决策,既要考虑地方资源禀赋与传统优势,又要考虑与外地的竞争与比较优势,既要考虑市场机遇还要考虑环境威胁。决策主要集中在选择什么样的主导产业以及多少产业门类上,亦即是专业化和多元化的问题上。一般来说欠发达地区、经济规模和总量比较小的地区,宜于以专业化实现起飞,不能搞小而全。发达地区、经济规模和总量比较大的地区则可以考虑产业多元化,但是也不是搞大而全,还是要聚焦数个优势产业为宜,并尽可能形成产业集群和产业价值链,以打造更广泛更坚实的地方经济竞争实力和优势。关于这一问题,请结合本书第四章的政府营销战略分析进行研究。决策还需要关注产业层次,一般来说,发达地区人力资源丰富、交通区位优势明显,适合发展战略性新兴产业,欠发达地区,人才和产业基础薄弱,适宜于承接产业转移,但也可以抓住战略机遇实现跳跃式发展,比如印度发展计算机软件产业,中国贵阳建设大数据之城,等等。

# 第六章 政府营销价格
## ——控制政府营销推广成本

# 一、政府营销中价格的含义

在政府营销中,价格是一个非常重要的策略,同时价格也是一个内涵非常宽泛的概念。由于涉及政府营销的目标、社会公共利益,作为非营利组织的政府在制定价格策略时,有着与企业产品定价不同的原则和流程。作为社会公共管理机构,政府又可以运用与价格相关的多种手段来影响社会公众与目标市场的行为,这是企业所不具备的优势和条件。

我们认为,政府营销中的价格含义包括以下 3 个方面的内容:

## (一)体现政府公共产品与服务价值的价格与收费

这种情况下的价格含义与企业提供的产品与服务的价格基本一致。政府在向社会公众和消费者提供公共产品和公共服务时,按照一定的定价原则和流程,确定产品和服务的价格,向消费者(或购买者)收取费用。

## (二)鼓励政府倡导行为的经济性奖励和非经济性奖励

这种情况下的价格含义是政府营销中的特有价格形式,是企业产品与服务价格不具备的长期性制度性价格策略,这种价格策略从"名"和"利"两个方面激励社会组织和公民的荣誉感和利益感,从而响应政府的倡导行为。

为鼓励经济组织(如企业)、社会组织(如科研机构和高等学校)、公民个人和家庭遵循政府的倡导行为,政府可以运用财政支持、信贷支持、补贴奖励、税收减免和费用减免等经济性奖励措施。这些经济性激励措施能够降低政府倡导行为的执行成本,扩大政府倡导行为的执行面,提高政府倡导行为的参与率与执行力。

以往为鼓励企业进行技术改造、发明创造、产品结构调整、产业结构升级、节能减排降低了污染,政府会提供专项财政拨款支持。现在实施供给侧结构性改革,政府也提供了有力的财政支持和政策支持。为鼓励企业扩大出口、开展国际市场营销,政府提供税收与信贷支持,实行出口退税,如国家开发银行等政策性银行为走出国门创建国际品牌的企业提供信贷支持。为保证社会公共安全与福祉,防止公共卫生事件、公共安全事件的扩大化,政府对受到危害的公民个人实行免费诊断治疗,如免费救治非典感染者、艾滋病感染者、食品中毒者和重大自然灾害伤残者,等等。为维持社会物价稳定和人民生活水平,在通货膨胀时期政府对生猪养殖户和经营者进行价格补贴。为刺激内需、扩大消费,政府对特定产品的购买者提供财政补贴,如对购买新能源汽车等产品进行补贴,等等。

为鼓励经济组织(如企业)、社会组织(如科研机构和高等学校)、公民个人和家庭遵循政府倡导行为,政府还可以运用政府资源、政府权威和政府声誉实行一些非经济性奖励措施。比如评选优秀单位和个人,给予政治荣誉与待遇,颁发优秀或荣誉证书,进行公开表彰,开展新闻宣传报道,等等。这些非经济性奖励能够提升政府倡导行为的价值感,增强参与者的荣誉感,因而能够发挥很好的行为指向性作用。

李克强总理在2017年3月的政府工作报告中指出:"以创新引领实体经济转型升级。实体经济从来都是我国发展的根基,当务之急是加快转型升级。要深入实施创新驱动发展战略,推动实体经济优化结构,不断提高质量、效益和竞争力。提升科技创新能力。完善对基础研究和原创性研究的长期稳定支持机制,建设国家重大科技基础设施和技术创新中心,打造科技资源开放共享平台。推进全面创新改革试验。切实落实高校和科研院所自主权,落实股权期权和分红等激励政策,落实科研经费和项目管理制度改革,让科研人员不再为杂事琐事分心劳神。"

## (三)限制政府劝阻行为的经济性惩罚与非经济性惩罚

这种情况下的价格含义同样是政府营销特有的价格形式,也是企业产品和服务价格所不能使用的价格策略。

为降低政府劝阻行为的发生,政府可以通过采取一定的经济性惩罚措施来加大政府劝阻行为的实施成本,给行为者形成一定的经济压力,从而事先给行为者以警示,事后给行为者以追悔。对政府劝阻行为的经济性惩罚措施一般包括征税、收费和罚款等。对于企业和其他社会组织发生政府劝阻行为的,同样需要进行经济处罚。

吸烟有害健康、酗酒也有害健康,吸烟和酗酒都是政府劝阻的行为,但是由于税收、文化和消费历史习惯等多种原因,我国目前乃至相当长的时间内还不能直接取缔烟草和酿酒工业,还不能禁止香烟和酒类的销售。因此,主要是从消费者终端劝阻吸烟酗酒行为,从经济方面加大烟酒消费的成本,主要措施包括征收一般消费品并不开征的消费税,并通过消费税率的调整变化来调节烟酒销售价格和消费成本。

为降低政府劝阻行为的发生,政府还可以采取非经济性措施。非经济性惩罚措施会加大政府劝阻行为实施的心理负担,给行为者形成一定的心理压力、舆论压力和声誉损失。对政府劝阻行为的非经济性惩罚措施一般包括新闻曝光、公开批评、取消评选优秀和先进资格,降职降级或取消一定时期内的晋职晋升资格,严重者还可以采取更为严厉的行政处罚乃至追究法律责任。

对于近年来频发的影响社会公共利益的网络电信诈骗和环境污染问题,2017年的政府工作报告提出以下处置措施:

一是健全立体化信息化社会治安防控体系,依法惩治黑恶势力犯罪和电信网络诈骗等多发性犯罪,维护国家安全和社会稳定。

二是加大生态环境保护治理力度,坚决打好蓝天保卫战。① 加快解决燃煤污染问题。全面实施散煤综合治理,推进北方地区冬季清洁取暖,全部淘汰地级以上城市建成区燃煤小锅炉。加大燃煤电厂超低排放和节能改造力度。抓紧解决机制和技术问题,优先保障可再生能源发电上网。加快秸秆资源化利用。② 全面推进污染源治理。开展重点行业污染治理专项行动。对所有重点工业污染源,实行24小时在线监控。明确排放不达标企业最后达标时限,到期不达标的坚决依法关停。③ 强化机动车尾气治理。基本淘汰黄标车,加快淘汰老旧机动车,对高排放机动车进行专项整治,鼓励使用清洁能源汽车。④ 有效应对重污染天气。加强对雾霾形成机理研究,提高应对的科学性和精准性。扩大重点区域联防联控范围,强化应急措施。⑤ 严格环境执法和督查问责。对偷排、造假的,必须严厉打击;对执法不力、姑息纵容的,必须严肃追究;对空气质量恶化、应对不力的,必须严格问责。

## 二、政府公共产品与服务定价

### （一）公共产品的定价机制与定价依据

和市场竞争形成的定价机制不同，公共产品价格的制定或调整一般都是沿用传统的成本加成定价法。但现实情况是，由于政府价格主管部门不参与市场准入、需求管理及运行成本的监控，很难全面准确辨别企业上报成本的合理性和真实性，但社会公众却认为某些公共部门的收费标准高得不能理解，比如对高速公路和收费公路以成本高要求提高收费标准或者延长收费期限大不理解。在缺乏竞争和成本约束的情况下，提供公共产品的企业根本没有动力降低自己的生产成本，相反会主动提高生产成本，因为高额的生产成本可以增加话语权和涨价幅度，其结果是公共产品价格随着成本的增加而提高，最终形成"提高成本—企业亏损—提高价格—提高成本"的恶性循环。

为此，必须改革和完善公共产品定价机制，针对不同的公共产品，探索采取多种定价方式。政府可以把公共产品的价格区分为竞争价格和垄断价格，对于竞争价格，要放宽市场准入门槛，增加竞争主体，最终由经营者根据市场供求关系和资源配置来确定价格。对于路网、电网、水网等垄断产品价格，可以采取最高限价模型定价方法，为垄断产品设置价格上限，并进行定期调整，以激励经营者提高效率、降低成本。对于供水、排水和污水处理、供热及公共交通等行业，可以采取特许投标制，并在投标和竞标的过程中确定所提供公共产品和服务的价格，这样既可以引入市场竞争机制，又可以实现社会福利的最大化。对于大宗交易，如铁路运输、直供电等，允许供求双方通过谈判方式确定价格。另外，还可以合理运用用量差别价格、季节价格、时段价格等多种定价方法，鼓励居民节约用水、用电、用气，建设节约型社会。

我国对公共产品价格的监管工作起始于1998年5月起实施的《价格法》。而《价格法》对公共产品价格的监管原则、监管机制和定价方法等规定不够明确，针对性和操作性不强。此外，大多数公用事业仍具有明显的政企合一特征。如城市煤气、自来水以及电力、邮政和电信等行业都是由相关行业主管部门管理，主管部门既是管理政策的制定者与监督者，又是具体业务的垄断经营者。这种政企不分的做法使公用事业由自然垄断变成行政垄断,导致企业没有竞争压力、效率低下、经营成本高企、服务意识较差。

为此,最近10多年来,中国政府加快了政府制定价格的政策规范建设,2006年1月和3月分别出台了《政府制定价格成本监审办法》和《政府制定价格行为规则》,2008年10出台了《政府制定价格听证办法》,2013年2月出台了《价格行政处罚程序规定》。《政府制定价格成本监审办法》是政府公共产品价格监管的主要依据。明确了定价成本的审核标准和方法,并要求各地政府价格主管部门要制定执行细则,各行业要制定行业定价成本监审办法。逐步建立定调价监审和定期监审相结合的成本监审制度,避免过分依赖企业单方提供的成本资料,增强价格管理的科学性、有效性和权威性。

《政府制定价格行为规则》规定:"制定专业技术性较强的商品和服务价格时,定价机关应当聘请有关方面的专家进行论证。定价机关制定价格时,对依法应当听证的,由政府价格主管部门主持,征求消费者、经营者和有关方面的意见。听证的具体内容按照价格听证的有关规定执行。对依法不实行听证的,定价机关可以选择座谈会、书面或者互联网等形式,听取消费者、经营者和有关方面的意见。"

2014年1月中国政府出台了《价格违法行为举报处理规定》;2015年制定了《中央定价目录》,建立了涉企经营服务收费、进出口环节经营服务收费和行政审批前置服务收费三项目录清单制度。推行收费目录清单制度,将政府定价权限定在清单范围以内。政府定价收费事项要全部进入清单并适时动态调整收费目录清单。企业对清单以外的政府定价收费项目有权拒绝缴纳,凡是没有法律法规等依据的收费项目一律取消。2016年4月国家发展改革委发布了废止涉及价格行政许可规章和规范性文件目录。

## (二)政府公共产品定价流程

政府公共产品定价流程和形式,与企业定价有一定的相关性,这反映了价格制定的规律性;另一方面,政府定价的流程和形式也与企业定价有一定的差异性,这反映了政府公共产品定价的特殊性,政府制定关系到广大人民群众切身利益的公共产品价格,需要对价格方案进行公开听证才能形成最终的价格决策,这是由政府公共产品的特性、政府组织的职能和特性决定的。一般来说,政府公共产品定价流程包括以下8个步骤:

1. 明确定价目标

企业定价目标一般分为利润、市场份额和竞争三类,政府定价目标不可能与企业完全一样。我们认为,政府的定价目标分为政府财政、社会利益、民众参与等几类。政府在选择和确定定价目标的时候,一方面要遵循政府营销目标的总体需要,另一方面要考虑价格形成的历史原因和价格现实水平,考虑市场的承受能力,不能暴涨暴跌大起大落。

追求政府财政的定价目标在成品油定价、以招拍租等形式出让土地等方面尤为明显。由于私人汽车并非是生活必需品,不影响老百姓的基本生活,而成品油的主要制造经营企业是国字号的国有企业中石油和中石化,追求政府财政的目标可以通过国有企业上缴利润的方式实现。政府出让土地开发商品房,必须引进竞争机制,以政府财政为目标,这是政府职能实现和政府为推进经济发展和增长集聚资金的需要,也是防止政府官员腐败的需要。而为低收入阶层提供廉租房和经济适用房,则应以社会稳定社会公平等社会利益为定价目标。政府公共服务项目的收费也应该以社会利益为主要定价目标。政府劝阻行为的经济处罚则以有利于获得民众响应与配合为目标。

政府定价目标的选择,既可以单一选择上述三种目标中的某一个,也可以一种目标为主其他目标为辅。比如中国民众曾经对于国家发改委制定和调整成品油价格颇有微词,对于油价与国际接轨的提法非常不认可,认为中国油价追高不追低,国际油价上涨时国内油价上涨跟得快幅度大,国际油价下降后中国油价却迟迟按兵不动,即使少有的油价下调也因为幅度极小被看成是"假装下蹲"。后来缩短成品油价格调整周期以后也曾出现封底价格现象。而作为主要资源产品的油价过高对于推高企业成本,不利于保证企业效益和整体经济增长和发展的影响也是显而易见的。因此,成品油价格的制定和调整,应该将目标调整为考虑政府和国企利益的同时兼顾社会利益。

2. 评估市场需求

政府公共产品定价的高低既要看市场需求的大小,同时也要看到政府公共产品价格也会影响市场需求,二者是互为因果的关系。但在政府首次制定公共产品价格时,应首先评估市场需求水平,以保证政府产品定价一出台就与市场需求相一致,从而实现政府公共产品价格的顺畅执行、政府定价目标的有效达成。

3. 评估产品成本

政府公共产品和服务的成本是定价必须搞清楚的指标参数。评估成本时需要评估直接成本和间接成本、生产制造成本和营销推广成本,同时还需要划清成本的界限,厘清成本的边界,以免跨界过多计算成本或省略过少计算成本。需求评估有助于确定价格上限,而成本评估有助于确定价格下限。政府公共产品低于成本定价的情况肯定存在,但是即使在这种情况下也需要清晰核算成本,因为这是正确计算政府补贴的主要依据。

在评估成本的时候,有两种情况值得注意。一是政府冗员过多、效率较低,因此行政成本过高,这既是世界各国较为普遍的现象,也是中国较为严重的现象。我们要正视这一现实,同时也不能将这一现象合理化,应该着眼于通过政府改革和职能转换、效能提升,逐步降低政府成本。二是政府往往只算政治账不算经济账,在政府定价和政府行为推行中不计成本不惜代价。这在特定时期、特定问题的特殊处理时是可以的,但是不能推而广之,将这种做法运用到所有时期所有政府定价和政府行为上。

4. 分析替代产品或方案

政府公共产品和服务并不是全面垄断的,因此政府公共产品和服务定价还需要考虑替代产品与替代方案。比如,上海市为了解决交通拥挤问题为汽车入户上牌制定了限制数量和提高收费标准的政策,部分上海市民则选择到江苏和浙江等周边不限制上牌数量且收费较低的地方入户上牌,由于不能完全长时期限制外地牌照车辆进入市区,实际上这些车辆主要还是行驶在上海市区。高收费政策并没有有效控制车辆增加和交通拥挤问题。单双号限行的城市,对于短期缓解交通压力是有效的,但如果不及时限制新购汽车上牌数量,又会出现新购汽车以规避单双号限行规定,结果不仅没有减少交通压力,还增加了停车空间压力。

5. 选择定价方法

定价方法的选择与定价目标有关,并受定价目标制约。企业在制定产品价格时有成本导向定价法、顾客导向定价法和竞争导向定价法三大类,这些方法政府定价均可以参考。政府定价时也可以采用两种以上的定价方法来试算价格,以便形成不同的价格方案,以供领导决策和价格听证分析选择。

6．制定价格方案

在试算价格的过程中,可以根据不同的盈利水平、不同的成本控制水平、不同的价格补贴水平、不同的价格基数和涨降水平、类似地区同类产品价格水平、竞争产品价格水平,以及社会价格总水平调控的需要、民众心理接受度和经济承受能力的情况,制定出几种不同的价格方案,以便分析比较和选择。如果只有一个价格方案则无法比较优劣、难以决策,在价格听证会议上也就成了迫不得已的唯一选择,这对政府的公众形象塑造和提升是不利的。老百姓对于价格听证会这种形式是怀有期望的,但是现实情况反映价格听证会就是被迫同意涨价的会。这一现象反映问题的环节在听证会上,但是问题的根源则在会前的定价目标、定价方法和价格方案上。

7．进行价格听证

举行价格听证既是公共产品政府定价的重要环节之一,也是一项民主政治生活制度,体现了人民当家作主的国家管理理念。因此,凡是涉及公共利益的公共产品价格制定和价格调整均应进行价格听证。

政府的价格听证环节,类似于企业的价格测试环节。企业制定的价格方案能否被市场接受,能否产生预期的效果,需要通过价格测试来进行检验。政府制定的价格是否能够得到大多数居民拥护和接受,也需要进行测试和检验。价格听证就是一种很好的测试和检验方式。这种公开的测试方式比企业的非公开测试更有优越性,是政府才能够充分享受的优越性。因此,政府需要利用好这一价格测试方式,在精心合理设计价格方案的基础上,选择好参加听证会的代表,保证代表有充分的典型性、代表性和权威性,尊重代表意见,开好听证会议,保证政府定价的合理性和合规性。

8．形成价格决策

通过价格听证的价格方案,应该说即具备合法性,是可以实施执行的价格方案。接下来的流程是以政府的名义或者政府价格管理部门的名义(一般是物价局或者发改委)正式公布实施。在价格执行的过程中,政府尤其是政府价格监管部门还需要进行检查和监督,需要进行价格监管,对于违反价格的行为,必须及时进行处罚和纠正。没有通过听证的价格方案,则应该重新修订,重新召开听证会,通过以后再予以公布实施。

## （三）政府公共服务收费标准的制定与审核

政府公共服务收费在实际工作中又称行政收费或行政事业性收费，是指国家行政机关或者依法履行行政职能的其他组织，在提供服务的前提下为满足行政支出需要，向公共服务享受者按照一定的标准收取的费用。

公共服务收费要体现效率和公平原则。效率原则的含义是通过收费提高资源使用效率，避免浪费；同时减轻外部负效应，降低社会成本，激励政府提供付费者希望得到的公共服务，并刺激政府和有关收费单位提高公共服务质量和水平。公共服务收费的公平性主要体现在谁受益谁负担，避免出现"纳税人不受益，受益人不纳税"现象。

公共服务收费应当遵循取之有度、用之得当的原则。设立收费项目要统筹考虑，既要考虑特别支出，又要考虑当事人的负担，并要避免重复收费或者对同一事项多头收费。

公共服务收费的管理要遵循收支分离原则，即收费与支出为两个过程，收费机关不能直接支出所收取的费用。这是遏制乱收费，促进廉政建设的重要有效措施。

政府在行政过程中具有一定的行政自由裁量权，而这种权力有可能被用于谋求收费以带来行政机构的私利。行政自由裁量权价值偏离的纠正，要从制度上设计加以制衡。还需要通过法律、新闻舆论、人大、公民个人等多种形式的监督，实现制衡。在制度设计上，政府部门和行使行政职能的有关事业单位是否收取费用，应当与其部门和单位利益没有直接关系，应当取决于服务成本的补偿机制与政策规定。行政主体运用一定的自由裁量权，可以节约行政成本，提高行政效率，但其权力的运用需要置于完善的监督机制下，以缩小寻租空间。为此，有必要加强以下制度建设与执行工作：

（1）明确行政收费的监督机关，特别是专门机关的监督，如审计部门、财政部门、物价部门和纪检监察部门等根据各自职权范围对收费进行的监督，以避免"无利不监督，有利乱监督"的现象。

（2）大力推行收费公示制度。进一步扩大公示范围，规范公示内容，充分发挥公示作用。监督部门应将现有的各种收费通过大众媒体和政府自媒体公之于众，以便接受社会各方面监督。

（3）加强许可证和收费年审工作。及时办理收费许可证变更、注销手续，通过年审发现收费项目、标准制定和收费管理中存在的问题。

（4）从行政权力的使用上规范部门的利益行为，并扩大企业、行业协会、消费者以及专家、社会公众、新闻媒体的监督权和发言权。

我国政府公共服务收费改革的基本取向是减少行政收费项目、降低收费水平、减轻社会负担、提供优质服务。2008年11月，财政部、国家发改委发出通知，决定自2009年1月1日起，在全国统一取消和停止征收100项行政事业性收费。该项措施对于扩大内需、促进经济平稳较快增长有着重要而直接的作用。同时，也有利于推进行政事业性收费改革，进一步理顺政府收入分配关系，充分发挥税收筹集财政收入的主体功能，提高财政收入质量，加强和改善政府行政管理，促进服务型政府的建立。

按照健全社会主义市场经济体制和完善公共财政体制的要求，我国还需要通过深化改革、完善制度、健全机制，进一步规范行政事业性收费管理。按照"正税清费"的原则，继续对现有收费进行清理、整合和规范，推进税费制度改革，建立起以税收为主收费为辅的制度。

根据2017年政府工作报告获悉，2016年中国政府围绕处理好政府和市场关系这一经济体制改革的核心问题，持续推进简政放权、放管结合、优化服务改革。在提前完成本届政府减少行政审批事项三分之一目标的基础上，又取消了165项国务院部门及其指定地方实施的审批事项，清理规范192项审批中介服务事项、220项职业资格许可认定事项。

2017年中国政府还将采取多项措施大幅降低社会非税负担：① 全面清理规范政府性基金，取消城市公用事业附加等基金，授权地方政府自主减免部分基金；② 取消或停征中央涉企行政事业性收费35项，收费项目再减少一半以上，保留的项目要尽可能降低收费标准。各地也要削减涉企行政事业性收费；③ 减少政府定价的涉企经营性收费，清理取消行政审批中介服务违规收费，推动降低金融、铁路货运等领域涉企经营性收费，加强对市场调节类经营服务性收费的监管；④ 继续适当降低"五险一金"有关缴费比例。

在国务院统一要求和部署下，全国各省市政府也相应开展有了当地公共服务收费的清理和规范工作，对于降低企事业单位和居民非税负担、提高公共服务效率、减少公共服务部门寻租腐败，塑造清心廉明的公共服务部门形象，将取到良好的作用。

# 三、政府营销热点项目的激励与监管

## （一）吸引外资与招商引资的激励政策

用市场营销观念指导一个国家的吸引外资或一个地方的招商引资工作，就是要求政府首先要准确把握目标投资者的需要和欲望，要通过有意识的努力，比其他国家、地方更有效地满足目标投资者的需求。

从价格策略方面看，减免税收、降低地价、优先和优惠给予配套资金支持等都是普遍采用的激励政策。众多国家和地区在这方面展开了激烈的竞争，希望赢得投资。在大多数情况下，也取得了明显的成效。我国改革开放初期的吸引外资政策和20世纪90年代开始的地方政府招商引资政策都取得了良好的效果。在世界其他地方通过税费减免优惠吸引外资也是一种非常普遍的方式。

各级地方政府在招商引资的过程中，除对外商、外资开出了极具诱惑力的税费减免刺激措施以外，也对本地有关部门和人员下达了招商引资的任务目标，一方面以行政手段刺激下属机构和人员努力工作，另一方面也开出了极有吸引力的经济奖励措施激励本地工作人员招商引资，2009年，安徽某县级政府甚至开出了百万年薪的标准招聘具有招商能力的商务人员。即使是在严令禁止"三公"消费的反腐背景之下，中央和各级政府对外事活动和招商活动的招待也实行例外管理。

2017年的政府工作报告提出大力优化外商投资环境。修订外商投资产业指导目录，进一步放宽服务业、制造业、采矿业外资准入。支持外商投资企业在国内上市、发债，允许参与国家科技计划项目。在资质许可、标准制定、政府采购、享受《中国制造2025》政策等方面，对内外资企业一视同仁。地方政府可在法定权限范围内，制定出台招商引资优惠政策。高标准高水平建设11个自贸试验区，全面推广成熟经验。中国开放的大门会越开越大，必将继续成为最富吸引力的外商投资目的地。

在发展中国家、欠发达地区通过减免税费吸引外资、招商引资的同时，发达国家和地区也在为留住企业防止企业外迁和资金外流开展着激烈的竞争，美国各州和城市之间曾经也出现过为留住大公司而展开的优惠政策大比拼，而2017年美国特朗普政府为吸引美国海外企业回归也抛出了多种优惠措施和政策要求。

在制定税费优惠政策吸引外资和招商引资的过程中，除了要考虑优惠政策对外资外商的吸引力外，考虑与竞争对手相比较的竞争力外，还需要考虑本国和本地的实际承受能力，考虑外商投资项目对本国和本地经济发展、社会就业和自然环境的实际作用。而且，从根本上说，仅仅靠这些税费优惠和刺激措施来吸引和留住大多数外来资本还是不够的。事实上，良好的整体投资环境、产业环境、市场环境和生活环境比单一的税收减免更有优势。因此，中国对外企实行国民待遇、取消三减二免政策并没有明显抑制外商投资，部分地区还成功地从招商引资过度到了招商选资。

当然，在制定吸引外资政策中，中央政府还需要考虑国家安全问题、行业安全问题和国家与民族的长远利益和根本利益，而不是短期的利益，局部的利益，单一的资金问题。要防止外资对本国企业的恶意收购。地方政府在吸引外资方面，要以国家利益为重，民族利益为重，而不能为了地方利益牺牲国家利益、民族利益。

## （二）鼓励出口与国际营销的激励政策

开拓国际市场，鼓励产品出口、鼓励本国企业开展国际营销，占领和扩大国际市场，既是政府的主要职责，也是国家经济建设与社会发展的需要。因此，各国政府都从多方面着手，从国际贸易政策完善到货物报关通关服务，以促进本国产品的出口和国际市场营销。从价格、成本、信贷和税费方面制定政策、采取措施，是各国政府鼓励出口、参与国际市场营销的主要战略，这方面的经济激励政策主要有以下5种方式：

### 1. 出口信贷

出口信贷是为了鼓励本国产品出口，加强产品的竞争力，由银行对本国出口商或外国进口商提供贷款支持。出口信贷分为买方和卖方信贷两种形式。此外，政府通常还建立出口信贷国家担保制度，即国家为了扩大出口，对于本国出口商或商业银行向国外进口商或银行提供的贷款，由国家设立的专门机构出面担保。

### 2. 出口补贴

出口补贴是一国政府为了降低出口商品的价格,增强其在国外市场的竞争力,在出口某商品时给予出口商的现金补贴或财政上的优惠待遇。出口补贴有直接补贴和间接补贴两种形式。

### 3. 出口退税

出口退税是对出口货物退还其在国内生产和流通环节实际缴纳的产品税、增值税和特别消费税。出口退税通过退还出口货物的国内已纳税款来平衡国内产品的税收负担,使本国产品以不含税成本进入国际市场,与国外产品在同等条件下进行竞争,从而增强竞争能力。

1985年3月,国务院正式颁布了《关于批转财政部〈关于对进出口产品征、退产品税或增值税的规定〉的通知》,规定从1985年4月1日起实行对出口产品退税政策。1994年1月1日起,随着国家税制的改革,我国改革了已有退还产品税、增值税、消费税的出口退税管理办法,建立了以新的增值税、消费税制度为基础的出口货物退(免)税制度。

### 4. 商品倾销

商品倾销是指商品以明显低于公平价格的价格,在国外市场上大量抛售,以打击竞争对手,占领或巩固国外市场。商品倾销分为偶然性倾销、间歇性倾销、持续性倾销三种。

### 5. 外汇倾销

外汇倾销是指降低本国货币对外国货币的汇价,使本币贬值,达到提高出口商品竞争力和扩大出口的目的。

## (三)扩大内需拉动消费的激励政策

扩大内需拉动消费对于经济增长和社会稳定具有重要的意义。在世界各国贸易保护主义抬头的背景下,扩大内需更具重要意义和现实意义。扩大内需拉动消费的激励政策需要全面系统思考,全面持续推进实施。就价格激励政策与消费需求层面来说,应该从以下5个方面来设计和实施:

### 1. 稳定就业能挣钱

挣钱是花钱的前提,就业是挣钱的基础。扩大内需拉动消费的根本策略是保障社会就业,保障居民收入。因此,政府需要在保障就业方面做好工作,方能在扩大内需拉动消费方面见到全面和持续的效果。

在应对2008年国际金融危机中,中央政府坚持将保就业放在重要的位置,并将保障农民工和大学生就业提到更高的位置来认识和对待,除有稳定社会的意义以外,还具有保居民收入保障内需的作用。因为拉动内需的重要区域在农村,城镇新增消费能力的群体在年轻的大学生阶层。

2016年城镇新增就业1 314万人,比原计划1 000万就业目标多增加就业314万人。2017年中国政府计划城镇新增就业1 100万人以上,比2016年新增就业增加100万人。重点做好2017年795万高校毕业生就业工作,切实做好退役军人安置工作。加大就业援助力度,扶持城镇困难人员、残疾人就业,确保零就业家庭至少有一人稳定就业。牢牢抓住就业这一民生之本,让人们在劳动中创造财富,在奋斗中实现人生价值。

### 2. 减轻税费能省钱

为使企业能够更好地投资扩大生产保障就业,为使居民能够有很多的消费意愿和更强的消费能力,政府需要采取减轻税费的政策,降低企业和居民经济负担,帮助企业和居民在非消费项目上省钱,从而增强企业投资能力、扩大居民消费能力,从投资和消费两个方面扩大内需。

在应对2008年国际金融危机中,中央政府在全国所有地区、所有行业全面实施增值税转型改革,鼓励企业技术改造,减轻企业负担1 200亿元。中国政府的一揽子刺激经济计划,实现结构性减税约5 500亿元,增强了企业的投资能力和居民的消费能力。

2016年宏观调控面临多难抉择,中国政府坚持不搞"大水漫灌"式强刺激,而是依靠改革创新来稳增长、调结构、防风险,在区间调控基础上,加强定向调控、相机调控。积极的财政政策力度加大,增加的财政赤字主要用于减税降费。全面推开营改增试点,全年降低企业税负5 700多亿元,所有行业实现税负只减不增。

中国政府计划2017年将进一步减税降费,全年再减少企业税负3 500亿元左右、涉企收费约2 000亿元,财政预算安排要突出重点、有保有压,加大力度补短板、惠民生。各级政府要坚持过紧日子,中央部门要带头,一律按不低于5%的幅度压减一般性支出,决不允许增加"三公"经费,挤出更多资金用于减税降费,坚守节用裕民的正道。

### 3. 降息降价愿花钱

银行降低利息,企业降低产品价格,可以相对降低储蓄的价值和利益,增加产品和服务消费的价值和利益,使得居民觉得花钱消费划算值得,从而愿意积极主动消费。政府可直接采取降息政策、并鼓励企业采取正当适度的降价措施刺激消费。

中国政府应对金融危机的一揽子计划中也运用了调低利率和存款准备金率,在保持银行体系流动性合理充裕、企业融资扩大投资能够得到满足的同时,鼓励居民消费。

2017年政府工作报告明确货币政策要保持稳健中性。要综合运用货币政策工具,维护流动性基本稳定,合理引导市场利率水平,疏通传导机制,促进金融资源更多流向实体经济,特别是支持"三农"和小微企业。促进金融机构突出主业、下沉重心,增强服务实体经济能力,防止脱实向虚。鼓励大中型商业银行设立普惠金融事业部,对不良资产、债券违约、影子银行、互联网金融等累积风险要高度警惕,保障公民财产安全。稳妥推进金融监管体制改革,有序化解处置突出风险点,整顿规范金融秩序,筑牢金融风险"防火墙"。

### 4. 价格补贴请花钱

政府从财政收入中拿出一部分作为价格补贴奖励消费的居民,是鼓励居民消费扩大内需的一项政策。虽然政府为此要支付一定的代价,但是相对于稳定经济、稳定税源、稳定社会和扩大内需的作用来说,还是值得的。

在应对危机保障内需工作中,在农村市场实行家电下乡补贴、汽车下乡补贴,在城镇市场试点以旧换新补贴、发放购物消费券和旅游消费券等政府刺激消费的政策,都收到了良好的成效。

### 5. 完善保障敢花钱

近年来,随着住房、教育、医疗等各项改革的实施,居民对未来支出的预期明显增加。尽管现行社会保障体系已形成基本框架,但还很不完善。基本养老保险、失业保险、城镇职工基本医疗保险、城市居民最低生活保障都程度不同地存在着保障水平偏低、覆盖范围有限、资金短缺等方面的问题。如果失业养老、健康医疗和住房等基本生活需求没有建立起可以令社会居民信赖和依靠的保障，居民就不敢大胆消费，而宁愿存钱储蓄自我应对基本生活、失业养老、医疗和住房等方面的问题与风险。因此，建立和完善基本生活、失业养老、健康医疗和住房保障制度，是扩大内需拉动消费的根基。

为此，中央政府2009年在全国10%的县市区试点新型农村社会养老保险，覆盖9 000万人。全面推进医药卫生体制改革，计划三年内各级政府新增投入8 500亿元，缓解城乡居民"看病难、看病贵"问题；中央财政还安排429亿元，解决关闭破产国有企业退休人员的医疗保障问题。2009年，中央财政安排用于教育、医疗卫生、社会保障和就业、保障性安居工程等民生方面的支出比上年增长29.4%。

2016年中国政府继续提高低保、优抚、退休人员基本养老金等标准，为1 700多万困难和重度残疾人发放生活或护理补贴。财政性教育经费支出占国内生产总值比例继续超过4%。重点高校招收贫困地区农村学生人数增长21.3%。免除农村贫困家庭学生普通高中学杂费。全年资助各类学校家庭困难学生8 400多万人次。整合城乡居民基本医保制度，提高财政补助标准。增加基本公共卫生服务经费。

## （四）旅游服务价格与收费监管

旅游服务是政府营销的重要产品之一。旅游服务的价格主要取决于旅游需求与旅游供给的关系。旅游服务价格制定的合理性，对旅游供求平衡、旅游经济效应的实现具有重要意义。旅游价格涉及的领域主要包括旅游景点、旅行社、酒店、交通运输、餐饮等领域，定价机制和价格监管也存在一些区别，在实际工作中存在较多问题，需要加强管理，完善旅游市场秩序。

目前，我国主要旅游景区门票价格仍然实行政府定价或政府指导价管理模式，但旅游食宿、旅游交通、娱乐购物等均由经营者自主定价，实行市场调节。旅游价格管理的重点旅游景区门票的制定和旅游价格的监管。

我国旅游景点门票定价问题一是景点收费门票过多，免费景点过少，自然景观、人文景点，甚至宗教寺庙等景点都设置门槛收费；二是门票价格过高，涨价速度过快，涨价幅度过大，热门景区黄金旅游期间情况更严重；三是门票设置复杂，有园中园票中票，旅游过程之中被强制参加"自费景点"参观，等等。

为此,必须严格依法实施旅游景区门票价格听证制度。1998年5月起施行的《中华人民共和国价格法》第二十三规定,制定关系群众切身利益的公用事业价格、公益性服务价格、自然垄断经营的商品价格等政府指导价、政府定价,应当建立听证会制度,由政府价格主管部门主持,征求消费者、经营者和有关方面的意见,论证其必要性、可行性。2013年10月起施行的《中华人民共和国旅游法》第四十三条更是明确指出:"利用公共资源建设的景区的门票以及景区内的游览场所、交通工具等另行收费项目,实行政府定价或者政府指导价,严格控制价格上涨。拟收费或者提高价格的,应当举行听证会,征求旅游者、经营者和有关方面的意见,论证其必要性、可行性。价格听证制度使得旅游景区门票价格决策基本做到了公开、透明。各地在提高景区门票价格调整方案时,不仅要考虑本地政府、旅游景点开发商投资者的利益,还要考虑外地旅游者的利益,考虑本地形象和长远利益。为保证旅游景区持续健康发展,尽可能景区实施"一票制",确实需要独立设置门票的,必须呈报省级价格主管部门审批。"

旅游食宿、旅游交通、娱乐购物等方面的问题也很多,价格没有明示,欺客宰客现象普遍发生而且非常严重。"天价虾""天价鱼""零负团费"等旅游价格乱象频发高发,对旅游市场造成不利影响,甚至于业内惊叹"一只虾毁掉一座城"。而这些问题的监管和查处,不仅涉及价格监管部门,还涉及旅游交通、工商行政、食品安全、文化娱乐、质量监督等多个部门,并非某个部门所能解决,而多个部门如果互相推诿,同样也无法解决。为此,2016年出台的《关于加强旅游市场综合监管的通知》强调:"要加强旅游市场价格行为监管,整顿规范旅游市场价格秩序,切实维护消费者合法权益。"

(1)强化政府的领导责任。国务院旅游工作部际联席会议下设旅游市场综合监管工作小组,由国家旅游局牵头负责统筹旅游市场综合监管的指导、协调、监督等工作。地方各级人民政府要建立健全旅游综合协调、旅游案件联合查办、旅游投诉统一受理等综合监管机制,统筹旅游市场秩序整治工作。要进一步落实游客不文明行为记录制度,大力营造诚信经营、公平竞争、文明有序的旅游市场环境,加快形成全国一盘棋的旅游市场综合监管格局。

(2)明确各相关部门的监管责任。按照"属地管理、部门联动、行业自律、各司其职、齐抓共管"的原则,建立旅游行政主管部门对旅游市场执法、投诉受理工作的有效协调机制,明确各相关部门责任。各有关部门配合旅游行政主管部门,做好相关行业指导、协调和督促检查工作。

(3) 落实旅游企业的主体责任。各旅游企业要依照法律法规主动规范经营服务行为。旅行社要坚决抵制"不合理低价游"、强迫消费等违法行为。在线旅游企业要遵守公平竞争规则。购物店要自觉抵制商业贿赂。饭店、景区、交通、餐饮等企业要保障旅游者出游安全,提高服务品质。各市场主体要积极践行旅游行业"游客为本、服务至诚"的核心价值观,在旅游服务工作中诚实守信、礼貌待客,共同维护旅游市场秩序,让旅游者体验到优质服务。

(4) 发挥社会公众的监督作用。要充分发挥"12301"等旅游服务热线和旅游投诉举报网络平台作用,鼓励社会各界积极提供各类违法违规行为线索。发挥旅游服务质量社会监督员和旅游志愿者的监督作用,提醒旅游者遵守旅游文明行为公约和行为指南,自觉抵制参加"不合理低价游"。要充分发挥旅游行业协会的自律作用,引导旅游经营者注重质量和诚信。强化媒体的舆论监督,支持媒体曝光扰乱旅游市场秩序的典型事件。

## (五) 劳动者最低工资标准制度

在市场经济条件下,劳动力是一种商品,也具有价格。劳动者的工资报酬就是劳动力的价格。由于劳动者相对于雇主来说处于确定工资报酬的弱势地位,因此,需要政府制定相应的法律制度和具体标准加以保障。最低工资保障制度是一项劳动和社会保障制度。实行最低工资制度有利于保障劳动者的基本生活需要具有保障功能,有利于构建和谐稳定的社会秩序。中华人民共和国原劳动和社会保障部于2003年12月30日颁布了《最低工资规定》,2004年3月1日起施行。

最低工资标准是指劳动者在法定工作时间或依法签订的劳动合同约定的工作时间内提供了正常劳动的前提下,用人单位依法应支付的最低劳动报酬。最低工资标准一般采取月最低工资标准和小时最低工资标准两种形式,月最低工资标准适用于全日制就业劳动者,小时最低工资标准适用于非全日制就业劳动者。

根据我国相关规定,最低工资标准的确定和调整方案,由各省、自治区、直辖市人民政府劳动保障行政部门会同同级工会、企业联合会/企业家协会研究拟订,并报经国家劳动保障部门同意。确定最低工资标准一般要考虑的因素有:当地城镇居民生活费用支出、职工个人缴纳社会保险费、住房公积金、职工平均工资、失业率、经济发展水平等。确定的方法通常有比重法和恩格尔系数法。比重法是确定一定比例的最低人均收入户为贫困户,再统计出其人均生活费用支出水平,乘以每一就业者的赡养系数,加上一个调整数。恩格尔系数法就是根据有关数据,计算出最低食物支出标准,除以恩格尔系数,再乘以赡养系数,加上调整数。

近年来,各地最低工资标准逐步有序上升,对于保障基层劳动者利益,起到了良好作用。

## (六)国企高管年薪与待遇管理

过去相当长的时间里,我国国有企业高管的工作水平较低,难以激励高管人员的经营积极性,这也是形成国企经营绩效不高的原因之一。后来随着国企股份制改造上市,国企高管的工资标准提高很快,这对于调动国企高管工作积极性、改善国企经营绩效取到了良好的作用。但是,又出现增长过快过高现象,与员工的工资水平形成了极大的反差,与企业的经营绩效增长也没有很好的关联,不少公司高管薪酬在公司利润下降时还在上升。尤其是垄断性行业、金融行业高管的天价年薪报酬与一般竞争性行业的工资水平形成了极大的反差和对比,引起了社会的强烈关注,形成了新的社会分配不公。虽然高管与员工收入差距扩大的情况在非国有企业同样存在,但是人们普遍对国企高管高薪无法接受。国企高管薪酬过高,原因之一是高管年薪标准绝大多数是由企业自己确定,主管机构审批,决定性意见出自企业高管本身。原因之二是绝大部分国企管理层并非通过竞争和公开选拔方式产生,他们的任命与政府官员类似,加之国企在占有资源、经营成本等方面的优势,国企高管的高收入并不是他们对企业贡献的真实体现。

国资委曾发文指出,中央企业负责人的收入不能简单地与国际大公司、非国有企业攀比,必须处理好收入分配中的各种关系,合理把握中央企业负责人的薪酬与职工工资的比例关系,防止差距过大。在收入分配上兼顾效率和公平,既要调动高管的积极性,又要调动职工的积极性。

2014年8月中共中央政治局召开会议,审议通过了《中央管理企业负责人薪酬制度改革方案》《关于合理确定并严格规范中央企业负责人履职待遇、业务支出的意见》。会议指出,深化中央企业负责人薪酬制度改革是中央企业建立现代企业制度、深化收入分配体制改革的重要组成部分,对促进企业持续健康发展和形成合理有序收入分配格局具有重要意义。

会议认为,深化中央管理企业负责人薪酬制度改革,要从我国社会主义初级阶段基本国情出发,适应国有资产管理体制和国有企业改革进程,逐步规范企业收入分配秩序,实现薪酬水平适当、结构合理、管理规范、监督有效,对不合理的偏高、过高收入进行调整。推进这项改革要坚持国有企业完善现代企业制度的方向,健全中央管理企业负责人薪酬分配的激励和约束机制,强化中央管理企业负责人的责任,增强企业发展活力;坚持分类分级管理,建立与中央企业负责人选任方式相匹配、与企业功能性质相适应的差异化薪酬分配办法,严格规范中央管理企业负责人薪酬分配;坚持统筹兼顾,形成中央管理企业负责人与企业职工之间的合理工资收入分配关系,合理调节不同行业企业负责人之间的薪酬差距,促进社会公平正义;坚持政府监管和企业自律相结合,完善中央企业薪酬监管体制机制,规范收入分配秩序。

会议强调,国有企业负责人薪酬制度改革具有系统性。其他中央企业负责人、中央各部门所属企业和地方国有企业负责人薪酬制度改革,也要参照《中央管理企业负责人薪酬制度改革方案》精神积极稳妥推进。有关部门要加强统筹协调和指导监督,推动改革顺利实施。

制定《关于合理确定并严格规范中央企业负责人履职待遇、业务支出的意见》,是贯彻党的十八届三中全会精神,对中央企业负责人履职工作保障和必要业务支出进行系统规范的总体要求,将进一步推进中央企业负责人履职待遇和业务支出制度体系建设和严格规范管理。要按照依法依规、廉洁节俭、规范透明的原则,对中央企业负责人公务用车、办公用房、培训、业务招待、国内差旅、因公临时出国(境)、通信等设置上限标准,明确禁止性规定,进行严格规范。要严肃财经纪律,严禁公款用于个人支出。严禁企业按照职务为企业负责人个人设置定额的消费。取缔企业用公款为负责人办理的理疗保健、运动健身和会所、俱乐部会员、高尔夫等各种消费卡。严禁用公款支付企业负责人履行工作职责以外的、应当由个人承担的消费娱乐活动、宴请、礼品及培训等各种费用,坚决制止与企业经营管理无关的各种消费行为。①

2016年12月,国务院国资委印发了《中央企业负责人经营业绩考核办法》,明确根据企业功能定位实行分类考核,对主业处于充分竞争行业和领域的商业类企业,重点考核企业经济效益、资本回报水平和市场竞争能力,鼓励企业承担社会责任。对主业处于国家安全、国民经济命脉的重要行业和关键

---

① 中共中央政治局召开会议审议《深化党的建设制度改革实施方案》等[EB/OL].[2014-08-29]. http://www.gov.cn/xinwen/2014-08-29/content_2742373.html.

领域、主要承担国家重大专项任务的商业类企业,在保证合理回报和国有资本保值增值的基础上,加强对服务国家战略、保障国家安全和国民经济运行、发展前瞻性战略性产业以及完成重大专项任务情况的考核。对公益类企业,坚持经济效益和社会效益相结合,把社会效益放在首位,重点考核产品服务质量、成本控制、营运效率和保障能力,相关考核指标引入第三方评价。坚持"业绩升、薪酬升,业绩降、薪酬降"的原则,强化业绩考核与激励约束的紧密衔接。明确企业负责人薪酬构成由基本年薪、绩效年薪和任期激励收入三部分构成。绩效年薪以基本年薪为基数,根据年度经营业绩考核结果并结合绩效年薪调节系数确定;年度综合考核评价为不胜任的,不得领取绩效年薪。任期激励收入与任期经营业绩考核结果挂钩,在不超过企业负责人任期内年薪总水平的30%以内确定;任期综合考核评价为不胜任的,不得领取任期激励收入。连续两年年度经营业绩考核结果为D级或任期经营业绩考核结果为D级、且无重大客观原因的企业,将对企业负责人予以调整。绩效年薪按照一定比例实施按月预发放,国资委根据年度经营业绩和半年预评估结果对企业负责人预发放绩效年薪予以调整。①

# 四、政府定价策略的运用与价格调整

## (一) 政府定价策略的运用

政府在定价过程中,也可以运用一些价格策略和定价技巧,以促进定价目标的实现,并有效降低价格执行风险和成本。

### 1. 差别定价策略的运用

针对不同的对象和不同的需求,政府可以视目标市场的经济条件对于相似的产品制定不同的价格。比如对于给正常企业与下岗再就业人员办理营业执照,政府收费标准可以有高有低;对于办理出国护照和普通居民办理身份证

---

① 国务院国有资产监督管理委员会. 国资委印发《中央企业负责人经营业绩考核方法》[EB/OL].[2016-12-23]. http://www.sasac.gov.cn/n2588035/n2588335/c4258423/content.html

件,政府可以差别定价收费;对于闯红灯等违反交通规则行为,对轿车驾驶人员的处罚力度高于摩托车驾驶人员,对摩托车驾驶人员处罚力度高于骑自行车人员;对公园、公共展览等游乐场所的参观收费,根据学生、教师、军人、老人和劳动模范等可实行半费或免费。

### 2. 心理定价策略的运用

数字具有一定的心理暗示或寓意作用,"8"和"6"是吉祥数字,"9"是最大数字。在政府定价过程中运用心理定价策略,通过制定具有心理价值提升作用或者威慑作用的高价格高收费,激励或阻止某些行为。比如,对于家庭轿车牌照号码,自选号比机选号可以收费高一些,系列吉祥数字的牌照号码更可以高收费。这些高收费能够适应目标市场的偏好需求,提升其心理满足感和价值感。而醉酒驾驶的高额罚款,再加上拘留和一定时间内的禁驾处罚,则能够威慑醉酒驾车行为人,对于减少醉酒驾驶行为,降低交通事故伤害,改善公共交通安全有很大帮助。

### 3. 整数定价策略的运用

在价格心理认知中,整数价格往往代表更高的品质和价值,在交易结算过程中也会简便而有效率。对于消费意义重大但消费频次不高的政府产品和服务,可以采取整数定价,一方面提升用户的心理价值感,一方面便于简化收费手续避免找零。比如,驾驶能力考核与发证等,可以进行整数定价收费,交通违章罚款也可以进行整数定价。这些定价和收费,凑整数用户是能够接受并欢迎的,精确到圆角分反而不方便。

### 4. 尾数定价策略的运用

在价格心理认知中,尾数价格往往显得更加精确和精打细算,虽然交易结算有些麻烦,但还是经济合算划得来的。对于日常消费频次高持续时间长的公共产品和政府服务,政府有关部门则需要精确核算成本、合理控制利润水平,精确计算价格。比如水电煤气等公共产品虽然价值不高,但居民消费持续消耗量大,价格相当敏感,政府需要借鉴企业尾数定价策略,精确到小数点后的位数,当然不能机械地搬用企业的99尾数定价,政府公共产品定价要真正实实在在,而不是看起来像是便宜。所以政府尾数定价的含义是特定的,不是为形成便宜印象而故意玩弄数字的技巧。

## （二）政府价格调整

由于形势发展变化的需要，政府也面临价格调整的问题。政府价格调整，需要分析价格调整的社会经济背景，合理选择价格调整的时机，合理预计和测算价格调整对社会、经济发展带来的影响，合理确定价格调整的幅度，做好价格调整的前期工作与方案听证工作，做好价格调整执行的宣传引导工作，以促进价格调整的顺利执行。本章前述内容对于政府价格调整，均有一定的借鉴意义，为避免重复，不再赘述。

# 第七章 政府营销通路
## ——畅通公共服务供给渠道

## 一、政府营销通路的含义

在企业市场营销中,通路是企业销售产品或服务的商业途径和环节。从消费者的角度来看,通路就是选择和购买产品与服务的途径和地点。

在政府营销中,贯彻施政纲领、推行政策法令、向目标市场和服务对象传递公共产品和服务、倡导或劝导行为方式、吸引投资和旅游,也都需要通过一定的途径和方式才能实现。我们将政府产品和服务传递给目标市场与政府用户的途径和环节称作政府营销通路,从政府用户的角度来看,政府营销通路是政府用户获得政府产品和服务的途径和地点。

政府营销通路决策是政府营销的重要决策之一,其重要意义表现在:

(1) 政府营销通路影响政府营销目标是否能够达成。政府营销通路是实现政府营销目标的必要途径之一,如果通路设计错误,政府产品和服务有可能不能在规定的时间期限内到达政府用户手中,从而有可能影响政府营销目标的达成。政府营销通路设计的正确性是保证政府营销目标达成的重要基础条件。

(2) 政府营销通路影响着政府营销目标达成的效率和成本。政府营销通路设计的优劣还影响着政府营销达成的效率和成本。合适对路的营销通路设计,不仅能够有利于实现政府营销目标,还有利于实现营销目标的效率提升与成本降低,使得政府营销目标的实现又快又好。

(3) 政府营销通路影响着政府用户能否获得政府产品和服务。由于政府产品和服务的特殊性,政府用户对产品需求的满足途径往往也具有特殊性甚至是唯一性,而政府产品与服务通路离用户遥不可及,就会使得政府用户难以享受政府产品和政府服务。过去,老百姓反映部分政府机构路太远、门难进、人难找、脸难看、话难说、事难办,就是政府用户难以享受政府产品和服务的现象和表现。

（4）政府营销通路影响着政府用户获得政府产品和服务的及时性、便利性和经济性,进而影响着政府用户对政府行为的满意度和政府形象的好感度。政府营销通路设计越方便政府用户,政府产品和服务越接近政府用户,政府获得的满意度评价和形象好感度评价就可能越高。

在方便民众方面,各地各级地方政府和具体办事机构,有很多很好的做法与实践,但也存在官本位意识、民求官现象。发生在重庆市的"领79元补贴,花80元路费"便是政府营销渠道不便利于民众的体现,也很能说明政府产品与服务通路的重要性。

## 花80元路费　领79元补贴

据《重庆晚报》2009年9月21日报道,重庆市万盛区文广新局退休职工、现寄居在市区的王新声大爷遇到这样一件怪事——他每月要到万盛区领一次钱,车费至少要花80元,而他领的钱却只有79.52元。换句话说,王大爷每领一回补贴,自己还要倒贴钱。

王大爷说,万盛区公房经营管理所(以下简称房管所)每月补贴他79.52元用于租房,但这点钱在万盛区根本租不到房子,于是他便寄居到市区的一个亲戚家。2009年3月,房管所打电话来说,王大爷必须每月亲自到万盛区领取租房补贴。王大爷说:"这不是在故意刁难吗?我住在市区,到万盛区一个来回得花80多元车费,却只能领到79元补贴。如果途中稍有不顺,一天不能走一个来回,还得住宾馆和吃饭。"

房管所所长说,让王新声每月亲自来领取租房补贴,是"集体研究决定的"。当记者问"可不可以人性化一点,让他办张银行卡,每月定期转账"时,所长再次说:"不行,这是我们集体研究决定的。"

这一事件经中央和地方众多媒体报道后,引起了社会强烈关注,民众认为这是政府机构官僚主义的表现,拿"集体研究"为幌子不采取真正为民服务的实际行动。万盛区委、区政府正式启动行政问责程序,责令区房管局写出深刻检查,并在全区通报批评;免去房管所所长职务。区房管所在媒体压力和领导批示下迅速决定,将他的租房补贴由原来的"亲自上门"领取改为打到老人的银行卡上,免除了老人的来回奔波。

## 二、政府营销通路的基本类型

在企业的市场营销中,通路又称销售通路和分销渠道,按照渠道环节的多少等依据,分销渠道一般分为以下几种类型:

(1) 直接渠道与间接渠道。直接渠道指生产企业不通过中间商环节直接将产品销售给消费者。间接渠道是指生产企业通过中间商环节把产品传送到消费者手中。

(2) 长渠道和短渠道。分销渠道的长短一般按照产品流转环节的多少划分,一般来说,企业产品分销渠道存在 4 个层级:① 零级渠道:生产者—消费者;② 一级渠道:生产者—零售商—消费者;③ 二级渠道:生产者—批发商—零售商—消费者,生产者—代理商—零售商—消费者;④ 三级渠道:生产者—代理商—批发商—零售商—消费者。长渠道是指中间流转环节较多的渠道,如二级渠道和三级渠道,短渠道是指中间流转环节很少或者没有的渠道,如零级渠道和一级渠道。

(3) 宽渠道与窄渠道。渠道宽窄取决于渠道的每个环节中使用同类型中间商数目的多少。采用的同类中间商多,产品在市场上的分销面广,称为宽渠道。采用的同类中间商少,产品分销面窄,称为窄渠道。

(4) 单渠道和多渠道。全部产品都通过一种渠道分销称之为单渠道。反之则为多渠道。在本地区采用直接渠道,在外地则采用间接渠道,在有些地区独家经销,在另一些地区多家分销,对消费品市场采用长渠道,对工业品市场则采用短渠道,这些也都是多渠道。

(5) 密集性分销渠道、选择性分销渠道与独家性分销渠道。密集性分销渠道指生产企业同时选择较多的经销商销售产品。选择性分销渠道指在同一市场层面选择两个以上的中间商,但不是选择所有愿意经销本企业产品的中间商。独家性分销渠道,指企业在某一市场层面只选择一个中间商销售。

政府职能的多样性、政府组织的唯一性,决定了政府产品和服务范围及其传递通路的广泛性、政府用户对于政府产品与服务通路的被动接受性和一定程度上的非选择性。政府营销的产品和服务内容多、差别大,这是任何一个规模再大的产业再多的企业都不能比拟的。因此政府营销通路也就比较复杂,使得政府产品与服务通路具有广泛性和差异性。可以说,各种政府产品与服务通路之间的差异超过了企业产品与服务通路之间的差异。政府营销通路按照政府产品和服务的主要内容类别,主要可以按照以下 4 种基本类型进行设计和建设:

## (一) 政令贯彻执行通路

政府施政纲领、方针政策和公共政策的贯彻执行必须以体系严密的组织体制作为保障。因此,政府管理体制与层级就是政府政令贯彻执行的营销通路。经过历次中国政府管理体制改革的,政府政令贯彻执行通路实际上呈现出以下 3 个明显特征:

### 1. 管理层级扁平化

建国初期中央政府撤销地方局,20 世纪 80 年代到 90 年代大规模撤销省级政府和县级政府之间的地区级行政公署,与当地城市政府合并设置市级政府,实行市管县体制;撤销县级政府下属的区级派出机构,合并乡镇政府,简称撤区并乡,乡镇机构数量也实现较大规模压缩。到 2000 年左右,这两个级别的政府派出机构基本撤除完毕。政府层级最多为中央、省(自治区和直辖市)、市、县和乡镇五级,最少为中央、直辖市和城区三级。此外,还在开展省管县试点。政府营销通路层级得到精简,扁平化特征越来越明显。

### 2. 管理机构城镇化

随着我国工业化和城镇化进程的加快和我国地方经济的发展,撤县建市和撤乡建镇步伐加快,我国政府机构建制和设置的城镇化趋势明显,这对于提高政府效率具有一定的好处,但是对于少数偏远地区的基层民众到乡镇政府办事也带来了一些不便。

### 3. 管理手段信息化

21 世纪以来,随着政府公务人员文化程度的提高,互联网技术及其应用的发展和普及,随着我国政府电子政务建设的持续推进,政府公办设施实现了电脑化、智能化和网络化,政府管理工具与手段得到改善,管理信息化水平有所提升。

## （二）公共产品与服务通路

为国民提供数量充足、质量可靠的公共产品和公共服务是政府应尽的职责和义务。为了使国民享受到优质的公共产品与便捷的公共服务，必须构建通畅的公共产品流通和公共服务供给通路。但是，由于必须借助大量的公共产品提供者和公共服务基础设施才能完成产品流通和服务交付工作，所以公共产品和服务的供给渠道就必须采用政府主导商业运营的模式。比如公共教育产品与服务，需要由政府教育主管机构牵头，组织各级各类学校向社会公众提供；公共医疗产品和服务，需要政府卫生主管机构牵头，组织各级各类医院等医疗机构向患者提供；自来水需要由市政部门牵头，通过自来水厂、水管所和自来水管道向企业和居民家庭提供；电力需要在政府部门监管下，通过电厂、变电所、输电线路向用电单位和居民提供；电信产品和互联网信息服务需要政府的电信管理部门组织电话通讯、移动电话运营商和网络运营商等向用户公众提供。

公共产品和服务涉及广大人民群众的切身利益，深度影响民生福祉和社会和谐稳定，公共产品和公共服务种类繁多，通路涉及面非常广泛，涉及的机构和相关人员非常多，因此需要加强监管，防止通路运行的脱节与不畅，防止通路服务质量下降，侵害人民群众公共利益。

## （三）招商引资与吸引旅游通路

招商引资和吸引旅游是任务最为艰巨、时间最为持续的政府营销项目，而且是需要影响政府权力以外的企业和公民，需要比政府内部营销更广泛的营销渠道，更有艺术性的营销措施与手段。打造良好的投资营商环境，有利于吸引国外、境外资金和技术，打造优质的旅游观光环境与优质服务形象，有利于吸引外地游客，有利于持续稳定发展旅游经济，因此是政府营销的重要项目，必须建立多层次多渠道营销通路。从整体上来说，必须建立能够高效传递投资营商与旅游观光环境价值的政商通路体系，包括线下实体通路体系和线上虚拟通路体系。从招商引资通路来看，需要建立以招商局等政府机构为龙头，以招商专职机构和人员、各招商任务承担机构和人员以及招商中介代理机构和人员相结合的多种渠道途径。从吸引旅游通路来看，则需要建立以政府旅游管理机构牵头,形成联系政府机构、旅游宣传媒体机构、旅游交通运输机构、旅游票务预订机构、旅游服务接待机构、旅游景点、旅游投资开发经营企业等商业机构为一体的政商营销通路。

## (四) 行为倡导与劝阻通路

行为规范需要政府倡导、社会监督和公众遵守。为弘扬社会主义核心价值观,为倡导社会文明,增进社会友好,增进身心健康,节约社会资源与能源,在法律约束之外,政府还应该对国民(居民)虽然不违法但不够健康或不文明的行为进行合理劝阻与引导,使其朝着更加文明健康的方向发展。

在政府营销中,行为倡导与劝阻的通路建设,从根本上来说需要打造一条宽阔的创造社会福祉的行为营销通道。因此,需要借助各种社会团体、教育机构、新闻媒体、互联网络、家庭以及志愿者的力量,发挥新闻宣传的引导与监督、社会舆论与伦理道德的引导与谴责、社区与单位的动员引导和劝阻、志愿者行为服务引导与校正的作用。

比如诚信守法是每一个公民的职责和义务。但是由于对市场经济不正确的理解,社会上存在着不讲诚信的投机取巧行为,存在着不讲诚信的人不当受益、讲诚信的人反而吃亏的不正常现象,影响了社会风气,影响了社会经济的正常健康运行。政府必须采取措施维护和褒奖诚信行为,惩戒失信行为。

2014年1月,中央文明办、最高人民法院、公安部等八部门和相关企业宣布会签了《"构建诚信、惩戒失信"合作备忘录》,将"信用惩戒"内容、实施方式具体化,拉开了联合惩戒失信被执行人的序幕。据最高法统计,截至2015年底,纳入失信被执行人"黑名单"的共计308.02万人,自动限制其购买飞机票375.71万人次,限制购买列车软卧、高铁和动车一等座以上车票59.88万人次,有约20%的被执行人慑于信用惩戒的威力而自动履行了义务。

2016年6月,中共中央办公厅、国务院办公厅印发了《关于加快推进失信被执行人信用监督、警示和惩戒机制建设的意见》。《意见》指出,要进一步加快推进社会信用体系建设,加强信用信息公开和共享,依法依规运用信用激励和约束手段,构建政府、社会共同参与的跨地区、跨部门、跨领域的守信联合激励和失信联合惩戒机制,促进市场主体依法诚信经营,维护市场正常秩序,营造诚信社会环境。对诚实守信的市场主体,探索建立行政审批"绿色通道",优先提供公共服务便利,优化行政监管安排,降低市场交易成本,并积极向市场和社会推介,引导各方面提供优惠和便利,使守信者获得更多机会和实惠,进一步提高守信收益。对严重危害人民群众身体健康和生命安全、严重破坏市场公平竞争秩序和社会正常秩序、拒不履行法定义务、严重影响司法和行政机关公信力、拒不履行国防义务、危害国防利益等严重失信行为,要依法依规实施行政性、市场性、行业性、社会性约束和惩戒措施,大幅提高失信成本。完善个人信用记录,推动联合惩戒措施落实到人。加强联合惩戒是《意见》的核心内容,共规定了11类37项惩戒措施,包括对失信被执行人入党及担任公职方面的限制;对特定行业准入资格限制;对荣誉和授信限制;对特殊市场交易限制,如发行公司债券限制,从事不动产、国有资产交易限制,使用国有林地限制,利用草原和其他国有自然资源限制;对政府支持或补贴方面限制;对从事特定行业或项目的限制;高消费限制,如乘坐火车、飞机限制,住宿星级酒店限制,高消费旅游限制,子女就读高收费学校限制,新建、扩建、高档装修房屋等限制;以及对出境限制等。

## 三、政府营销通路的外在形式

政府产品和服务的提供和交付,需要通过一定的程序和环节,并伴随一定的产品和服务的实体流通形式。政府营销产品实物交付与服务取得的流程与环节、形式与方法,均表现为一定的外在形式,能够被政府用户感知、接触和利用,这也是政府营销通路的重要方面。从外在形式上来设计政府营销通路,基本上有以下4种思路:

### (一) 固定实体通路

固定实体通路是由政府机关层级设置、办公地点设置和办公设施配置所形成的实体通路。在大多数情况下,政府公共产品和服务需要在固定地点提供,政府用户需要到固定的政府机关办公地点才能获得政府公共产品和政府服务。这是由于政府的性质、政府机构的费用预算和效益综合决定的。但在某些方面,这也给政府用户带来了一定的不便,为政府营销目标的高效达成形成了一定的局限,为此,需要采取其他通路形式作为补充。

## (二)流动政务通路

一些特定的公共部门和人员必须采取流动方式执行政务和公务,因而必须采取流动性政务通路。比如海军对领海的安全防卫必须采取巡航方式;公安110、高铁乘警、高速公路交警必须在街道、高铁和高速公路上执行警务;消防官兵接到火警必须快速出警,医院救护车必须快速上路抢救病人,城市交通必须优先保障消防车和救护车的通行;官方媒体的新闻记者必须深入新闻现场采访、采写和拍摄新闻。

即使是固定地点办公的政府人员,也可以走出固定办公地点,创立流动政务服务模式,创建流动政务执行通路,上门为政府用户和服务对象、为政府营销的目标顾客提供宣传与沟通,交付产品和服务,以克服固定实体通路的不足与局限。在企业营销实践中,原来多是等客上门的坐商,后来很多坐商变行商,上门为客户提供服务,从而更好地服务了客户,也发展了企业自身。这也是值得政府改进和优化公共服务借鉴的。据《中国人事报》2006年4月25日报道,1998年6月石家庄市纪委成立了全国第一支下访工作队,深入到农村了解民情民意,到2006年3月累计走访群众130万人次,查处各类损害群众利益的典型案例3 719起,为群众解决实际问题9 800余件。政府便民服务项目和招商引资项目,更需要采用这种通路形式。

## (三)电子政务通路

有些政府产品与服务的提供并不伴随繁重的物流运输环节和复杂的实物交易手续,因而不需要采取上述固定实体和流动服务等耗时耗力的通路方式,通过QQ、微信、电话、传真和邮件等电子传递方式,通过网络申报和审批等网上办公形式也可以办理。

电子政务对于政府产品和服务的供需双方均能带来便利和效率,是公共政策和公共服务等非物质产品传递的高效便捷通路。电子政务通路既可以作为一种完整的通路形式独立存在,也可以作为其他通路形式的构成部分,并非独立存在,它为其他通路的正常运行提供电子信息沟通支持。

电子政务是政府部门和机构利用现代信息科技和网络技术,实现高效、透明、规范的电子化内部办公、协同办公和对外服务。与传统政府的公共服务相比，电子政务具有广泛性、公开性、直接性、便捷性、低成本性、平等性等特征，能够实现政务处理流程的无纸化、信息传递的网络化。电子政务使政府工作更公开、更透明、更有效、更精简。加强电子政务建设，提高政府办事效率是中国政府建设的一项重要工作，党中央和国务院高度重视，并采取了系统措施大力推动。已经形成的电子政务模式包括：G2G，政府间电子政务；G2B，政府-商业机构间电子政务；G2C，政府-公民间电子政务；G2E：政府-公务员间电子政务等。

电子政务和互联网技术及智能设备、智能终端产品的结合，能够打造智慧城市、智慧交通、智慧医疗，为政府高效管理社会，为公民快速获得政府公共服务，创建了便捷的渠道。

## （四）管线传递通路

自来水、电力、煤气等公共产品是通过管道和线路传递到用户家中或其他消费地点的。用户使用量的计算是由设置在用户终端的计量仪表，以及运营商仪器设备中的数据计量检测设备来承担的。使用费用则是由运营商的自营网点和其委托的代理网点来收取的。这样便形成了这些公共产品的以管线传递为主要特征的通路形式。这种通路形式类似于企业产品分销的物流，但是由于公共产品物流的特殊性，不能像企业物流一样采取公开充分竞争的方式来自由选择，而必须由政府进行一定的垄断，这种垄断不同于政府的政策性垄断，而是一种依据自然规律需要的自然性垄断。因此，公共产品的管线传递通路是一种特殊的政府营销通路形式。这种通路形式的上游是公共产品的政府监管部门和制造商与运营商，下游终端是公共产品用户，管线传递通路则是产品从上游供应到下游消费之间的实体流动物理通道。

有线电视和网络宽带等公共产品也是通过管线和光纤传递到用户家中和企事业单位的，虽然这些不是天然垄断性的，可以由多家运营商以竞争的方式共同提供，但是由于广播电视传输管理和网络空间治理的需要，必须采取一定的政策管制，限制运营商数量和资质，否则可能会出现谣言四起、舆论混乱、公民也会遭遇个人信息泄露和骚扰信息的轰炸。而对于隐蔽作案和流动作案的黑广播、黑电视台、伪基站，政府有关部门也要加大侦破和打击力度。

# 四、政府营销通路设计的基本原则

政府营销通路设计需要综合考虑政府目标实现、便利用户和经济成本等三大方面的问题,遵循以下 3 大基本原则:

## (一) 目标导向原则

目标导向原则是指政府营销通路的设计必须符合政府营销目标要求,以有利于实现政府营销目标。在中国,要实现经济发展,达到国富民强的目标,就必须努力维护国际和平与国内稳定。根据中国的历史和国情,中国政府体制就必须实行人民代表大会制度,实行中国共产党领导下的多党合作和政治协商制度,不能完全照搬西方的多党制和三权分立制。这是中国政府管理体制、管理层级设计和政令通路建设最根本的要求和原则。其他政府营销项目的通路设计,也需要遵循营销目标的要求,以有利于营销目标的顺利达成。

## (二) 便利用户原则

中国政府是人民的政府,是为人民服务的政府。人民是中国政府最大、最重要的用户。在面向人民提供公共产品和公共服务时,在通路设计中必须坚持便利用户、为人民服务的原则。便利用户的原则主体表现在以下 4 个方面:

### 1. 空间地点便利

政府公共服务机构的数量规模在总体上要适应人民群众的需要,在地点分布上要缩短与人民群众的距离。城市街道的设置、社区服务中心的设置、幼儿园和中小学设置布局、医院和商场的设置、公园和健身设施的设置、公共停车场的设置,都需要贴近居民,方便居民,具体可以量化到人口数量、交通距离、交通时间等标准上,比如多少万人口的城区需要设置一个街道、多少社区、多少个幼儿园,步行多少时间多少距离应该设置一个休闲健身场所、一个公园,等等。

## 2. 工作时间便利

政府公共服务机构的工作日和作息时间可以按照服务对象的需要和便利,进行灵活安排和适当调整。比如很多新婚家庭选择在五一和十一进行登记注册,民政部门的婚姻登记机构就需要在这样的节假日提供服务;图书馆、博物馆等公共场所也需要在节假日开放;医院必须在节假日提供正常服务、在夜间提供急诊服务;针对大多数市民朝九晚五的作息时间,政府提供窗口服务的机构可以实行朝九晚六的作息时间,等等。

## 3. 办事手续便利

简化审批程序、简化办事手续,是便利民众提高政府工作效率的重要方面。在理论上这是已经解决了的问题,但是在实践中这还有很大改进空间。比如很多政府机构为公民办理事务、审批事项,都要当事人提供单位、街道、乡村和公安派出所出具各种各样的证明,甚至要证明"你妈是你妈",很多惠民的公共政策,本来很受老百姓欢迎,但是办理手续及其繁琐,以至于这些事情都惊动了国务院。

### 李克强:证明"你妈是你妈"是天大笑话

2015年5月6日的国务院常务会议,讨论确定进一步简政放权、取消非行政许可审批类别时,李克强总理一连讲了三个故事,痛斥某些政府办事机构。他费解地发问:老百姓办个事儿咋就这么难?政府给老百姓办事为啥要设这么多道"障碍"?

"我看到有家媒体报道,一个公民要出国旅游,需要填写'紧急联系人',他写了他母亲的名字,结果有关部门要求他提供材料,证明'你妈是你妈'!"

"这怎么证明呢?简直是天大的笑话!"李克强说,"这些办事机构到底是出于对老百姓负责的态度,还是在故意给老百姓设置障碍?"

李克强讲述的第二个故事,发生在海南:一位基层优秀工作者参与评选全国劳模时,仅报送材料就需要盖8个章,结果他跑了几天也没盖全,最后还是省领导特批才得到解决。"盖完章他当场就哭了。"

总理因此总结道,近两年来,简政放权、放管结合、转变政府职能的改革虽然取得了明显成效,但必须看到,现有成果与人民群众的期盼还有不小距离,需要进一步深化改革。

总理讲的第三个故事,发生在两星期前的福建考察期间。当时,一位台商代表告诉总理,他在大陆经商最大的困难,不是优惠政策不够,而是知识产权得不到足够保护。

"研究出来一个东西,马上就有人模仿,打官司、找政府,没人给解决!"李克强说,"我们现在的确存在这样的问题:政府一些'该管的事'没有管到位,但对一些'不该管的事',手却'伸得特别长'!"

当天的会议,确定进一步简政放权、取消非行政许可审批类别,把改革推向纵深。李克强要求,各部门不能"放空炮",更不能"糊弄了事",要坚决打破部门利益,保质保量完成会议确定的各项任务。

这次国务院常务会议之后,各地方各行业在简政放权简化手续方面已经取得一些进展,公安派出所不再也不必为公民开具种类繁多的证明,结算住院医疗费用不需要等到患者出院后再到医保管理机构去报销,很多地方都可以在出院结算扣减医保报销部分,有的地方甚至做到了先治疗后付费结算。2016年中国实现大病保险全覆盖,符合规定的省内异地就医住院费用可直接结算。2017年将推动医保跨省结算报销。有的地方医疗保险理赔也不需要投保人患病出院后再去保险公司来回奔波,可以在医院治疗出院结账之时,由保险公司驻医院的工作人员依据病历和治疗发票等材料,现场及时办理保险理赔。

### 4. 关联事务便利

政府部门要在服务用户的过程中,给用户提供相关政府事务、政府事务与其他消费事务的连带便利。建立政府综合服务中心能够便利用户办理相关政府审批手续,而整合线上线下的政府和社会商业渠道网点提供便民服务,比如在线上平台、商场超市、银行邮局的门店网点提供一些政府服务,能够实现政府事务与消费事务的关联便利。

**国地税联合办税便利服务企业**

企业在国税、地税都有需要申报的税种,如在国税要申报增值税、企业所得税,在地税申报城市建设维护税、印花税等。在过去,办理这些税必须国地税两边跑,再加上路上耽搁、取号排队的时间,办税成本太高了。现在都在一个办税厅里,进一家门办两家事,极大地方便了企业。

北京市国税局、地税局统一思想,凝聚共识,推进全方位战略协作,携手打造便民办税"综合体"。大力推行"进一家门,找一个人,办两家事"的工作模式,联合通办设立登记等7类事项。完善信息共享平台,逐步实现"超市化"自助式的全部涉税信息共享互通。

针对办税服务厅这一直接面对纳税人的前台和窗口,河南省国税局、地税局把工作的重点聚焦到办税服务厅合作上,联合制定加强办税服务厅合作的指导意见,在省级层面上统一要求。场地共建方面,条件成熟的,通过新、改、扩建方式共建,或共同进驻政府行政服务中心同一区域。窗口合作方面,分三种模式同时推进:第一是"一窗全能",国地税窗口完全融合,"一人受理,业务通办";第二是"双人对桌","一个窗口、一次办结";第三是在对方办税服务厅设办税窗口。

厦门市国税局、地税局不断创新合作模式,拓展合作范围,相继推出了国地税24小时联合办税区、联合开展纳税信用评价,并联合向社会公布评定结果,为纳税人查询及税务机关内部分级分类管理提供方便,合作开展"银税互动"守信激励措施,为银行贷款审核提供企业征信。

## (三) 成本经济原则

政府在提供服务的同时会产生政府开支,而政府开支的资金来源于民众赋税。因此在政府营销渠道设计和建设中还需要考虑成本和经济负担。要在政府营销通路的便利性与为此付出的成本之间作出合理选择。在政府营销通路建设的起点环节,要坚决反对不顾民众负担建造奢华政府办公大楼和自我服务的豪华楼堂馆所。

**安徽乡镇机构改革调查:群众动嘴干部跑腿**

安徽亳州市谯城区魏岗镇前芮村村民孟召杰的儿子在苏州打工,按照当地劳动部门的要求,急需办理一张"劳动就业服务卡",儿子打来电话,让父亲帮他办好寄过去。孟召杰把身份证、婚育证明等相关证件送到村委会。仅过了两天,他就从村支书手中领到了办好的就业服务卡。

以解决群众办事难为突破口,近年来,谯城区推出了政府"为民服务全程代理"工作模式,将农民生产和生活中遇到的难题列成211项,分门别类之后,由基层政府及村级组织为群众无偿代理、全程服务。过去"干部动嘴、群众跑腿",如今变成了"群众动嘴、干部跑腿"。

推行"为民服务全程代理制",打造公共服务平台,是安徽省开展农村综合改革和乡镇机构改革的重要举措之一。近年来,安徽省进一步推进乡镇机构改革,把服务"三农"确定为乡镇政府的核心职能,着力解决乡镇政府职能的缺位、错位、越位和不到位问题,重塑乡镇功能,努力推进从"管理型政府"向"服务型政府"转变。

**"为民服务全程代理"理顺干群关系**

农村税费改革以来,农村社会发生的一个最显著的变化是,农民主体意识增强和参政议政意识提高。"这种历史性的变化决定了乡镇政府职能转变,必须把维护和确保农民主体地位放在首要位置,突出服务主题。"安徽省编办市县机构编制处处长张强说。

在乡镇机构改革中,安徽省全面推行"为民服务全程代理制"。在乡镇设立为民服务全程代理中心,抽调机关、事业单位人员坐班办公;村一级设立为民服务全程服务代办点,村干部轮流值班。对农民需要办理、咨询和服务的事项采取统一受理、分类承办、上下联动、限时办结。为民服务项目包括:基层行政管理和党务工作中群众需要办理的事项,如户籍登记、证件办理、组织关系转接、农村土地承包管理等;政府履行公共服务职能,应该向群众提供的基本服务,如新型农村合作医疗补助、五保户供养、社会救助、涉农补贴发放、提供劳务输出服务等。

目前,安徽省各地均已建立起以乡镇政务服务大厅为龙头,县、乡、村三级联动的为民服务全程代理网络。

以谯城区为例,自2007年6月推行为民服务全程代理制度以来,全区共为农民代理事项12万多件、办结率达98%,据问卷调查群众满意率为100%。

安徽省政府副秘书长刘奇说,为民服务全程代理的意义在于:一是进一步理顺了干部与农民之间服务与被服务的关系;二是建立了县乡村三级工作的新机制;三是堵住了农村基层政府"权力寻租"的空间。

**"以钱养事"破解"以钱养人"服务低效**

安徽南陵县在乡镇机构改革中,改变公益性事业单位按人员工资和工作运行经费的预算投入方式,把农村公益性服务事业设置为项目,进行招投标和合同管理,变"以钱养人"为"以钱养事"。这种花钱"买服务"的举措让农民群众得到了更多优质、高效的服务。

过去,南陵县环卫部门供养了50多名环卫工人,加上事业编制的人员,有六七十人。但是,由于环卫管理体制不顺、机制不活,环卫工作人员积极性不高、责任不明,虽经多年来的文明创建,"垃圾在城中、城在垃圾中"的现象并没有得到彻底改变。

2004年,南陵县对环卫工作运行机制进行变革,解聘了原有的环卫工人,把全县城区划分为116个环卫作业小区,把作业小区上门收集、清扫、保洁、转运和管理"五权"面向社会进行公开招标承包。县市容局负责环卫工作人员全天候督查,环卫保洁人员根据工作效果、合同约定兑现工作报酬。

通过招标,县里的一家保洁公司中了标。改革后,南陵城区卫生保洁面积扩大了,经费反而减少了,卫生环境得到了极大改善,群众十分满意。

2005年,南陵县将这种"以钱养事"的投入新机制延伸到了农村公益性服务事业的各个领域,将乡镇"七站八所"进行了重新整合,组建了镇农业综合服务中心和镇计划生育服务中心,人数由520人减少到340人,创新了管理方式。根据区域经济特点和农民实际需求,将农业、水利等涉及为农服务的公益性服务任务,整合打捆成若干个项目。通过公开招标进行合同承包,农业综合服务中心和计划生育服务中心与农民专业经济组织等进行公开竞标。在考核中,把群众满意度作为衡量工作人员服务质量的重要标准,真正落实群众在考核中的参与权、知情权、选择权、监督权。

南陵县三里镇粮食种植大户李坤华告诉记者:"过去,一年到头几乎没人来提供技术服务。实行项目招标后,技术人员上门的多了,跑田埂搞服务的多了。"

张强告诉记者:"长期以来,乡镇事业单位一直是官办官管、机制僵化、人员过多。2000年,安徽在农村税费改革试点时,精简乡镇事业单位机构12000个、精简财政供给事业编制43400名,但事业单位运转乏力、服务不足的问题并没有根本改观。因此,在这一轮乡镇机构改革中,我们着力改革事业单位运行机制,建立以钱养事、绩效优先的公益服务供给新机制。"

2007年,安徽省全面推行"以钱养事"新机制,按照公益性事业"政府责任不减、财政投入保障"的原则,乡镇政府和县直有关部门按年度、项目核定公益性事业和公共服务经费,实行"政府购买、合同管理、农民认可、考核兑现"的运作机制。

金寨县委书记说:"'以钱养事'新机制建立后,提升了农村公益性服务质量,从根本上促进了服务主体服务观念的转变,提高了财政资金使用效率,有效降低了政府公益性服务成本,同时也促进了'三农'服务中介组织的建立和发育,加快了服务主体多元化。"

**"农民合作经济组织"放活农村经济**

"'多予、少取、放活'是中央提出的农村工作必须长期坚持的指导方针。在'多予'方面,近年来国家出台了一系列惠农政策;'少取'在取消农业税后已变成'不取';如何进一步做好'放活'这篇大文章,提高农民的组织化程度和农业的集约化程度,促进新农村建设,是当前农村工作的突破口,也是乡镇政府职能转变的重点。"张强说。

安徽省大力培育发展农民合作经济组织,创新乡镇政府经济管理方式。如以龙头企业为依托,推行"企业＋协会＋农户"的农业产业化经营模式;鼓励、引导、支持农民同科研机构、大专院校广泛接触与合作,加快农业科技的推广应用与成果转化,引导农民走科技产业化发展的道路;把懂经营、善管理的致富能人组织起来,建立产品运销、信息中介、交易联谊、销售代理等专业组织等。据不完全统计,目前安徽省已建立多种农民合作经济组织5000个、覆盖农户220万户。

岳西县政府部门将农产品行业管理、农产品政策性收购、农民培训等大量的涉农业务委托给农村合作经济组织经办,这样既贴近实际、发挥了行业协会作用,也减少了政府行政成本。目前,全县245家农村经济合作组织引领5万多农户,打造出年产值近5亿元的"茶、桑、菜"三大产业。

安徽省编办主任说:"安徽的乡镇机构改革已经走过了9年的历程。2000年的第一轮改革是配合农村税费改革进行的,目标是消除增加农民负担的体制性因素,任务是'精简冗员'、措施是'规范管理';2005年的第二轮改革是为了适应取消农业税后农村经济社会新变化进行的,目标是打造服务型政府,任务是'落实服务'、措施是'创新机制'。安徽省乡镇机构改革的最大成效是,农民的主体地位得到了确认,农民真正享受到了政府实实在在的服务。"

# 五、我国政府营销通路改革与创新

近年来,我国中央政府和地方政府在保障公共产品与服务供应、便利政府用户方面做出了很多改革与创新,主要做法有以下5个方面:

## (一)政务中心联合服务

为贯彻落实《行政许可法》,深化行政审批制度改革,转变政府职能,改善政务服务,提高办事效率,加强对行政权力的监督和制约,从源头上预防和治理腐败,建立廉洁、规范、高效的服务型政府,确保经济社会事业持续、健康发展,构建和谐的群众关系,各地方政府设立政府服务中心进行联合办公。

政府政务服务中心,简称政务中心或政府服务中心,有些地方又称政府行政审批服务中心,是由地方政府举办,集中办理本级政府权限范围内的行政许可事项和服务项目、集信息与咨询、管理与协调、投诉与监督于一体的综合性行政服务机构。随着政府职能的不断转变,服务型政府建设的推进,其服务内容也有所扩展,比如,将政府采购、投资服务、信访接待、政务公开等职能纳入。

政务中心由管理机构和服务窗口构成。管理机构的主要职责是对进入政务中心的窗口单位工作人员进行培训、管理、考核,对审批或服务项目进行协调、督查,监督窗口工作人员的服务行为并受理投诉;组织开展机关效能建设、对本级政府的行政事务进行公开、政务投诉和查处等工作。服务窗口由进驻政务中心的单位抽派工作人员组成,窗口层负责办理纳入政务中心的行政许可事项和服务项目。

我国各地大多数政务中心都实行一门受理、统一收费、限时办结的运作方式。"一门受理"指凡是政务中心职能服务范围内事项,统一由政务中心内设办事窗口一门受理,政府其他部门不再受理群众递交的许可事务;"统一收费"是指凡在政务中心办事的一切收费,均必须依据规定的收费项目、收费标准,由设在政务中心的收费处代理收取后,再分解给有关部门,纳入财政"收支两条线"管理;"限时办结"是指凡在政务中心审批或服务的事项,明确限定办结时间,力求在最短时间内办结。

## (二) 政府人员上门服务与巡回服务

针对大量集中或有迫切要求的服务对象,政府人员提供的上门服务方便了社会公众,减轻了公众赶往审批部门的路途奔波和排队等待之苦。如海南省政务中心开通重大项目绿色通道,八厅局审批人员上门为昌江核电项目服务,这一通道开通后进一步减少了审批环节,缩短了审批时限、提高了审批效率,从而为海南重点项目建设创造更加优良的投资发展和服务环境。

针对零星分散的服务对象,政府人员提供的巡回流动服务满足了其对方便快捷公共服务的需求。为了使流动服务工作达到最佳效果,必须做到计划安排,合理分工,统筹兼顾。流动服务站组成人员既不能耽误本单位、本岗位其它行政工作任务,又实现了流动服务工作的正常化。如2008年以来,贵州省水城县工商局开展的流动工商巡回服务,就非常适应农村市场监管特点。为了保证流动巡回服务的实效性,水城县工商局抓好流动服务事前、事中、事后三个环节的工作。首先,做好事前的准备工作,根据流动服务日程安排表,服务的前一周通知相关单位和人员做好准备,使流动服务更具有针对性、实效性。其次,做好事中服务工作,要求服务队认真做好现场受理、宣传、检查工作,认真填写工作记录和工作台账,受理的各项业务能现场办结或限时办理。第三,做好事后回访工作,不能现场办结的,跟踪办理直到完成。

## (三) 整合线上线下网点资源便民服务

利用互联网技术和电子政务系统,可以将分散在各地方、各政府部门的信息资源整合起来,实现社会信息和大数据的互联互通,为企业和公民提供便捷的服务。比如,以前续办和补办身份证,需要当事人本人到户籍所在地的公安派出所,这对外出务工的农民工、户籍地和工作地不一致的人员来说,非常不方便。机动车辆也必须回原登记发证地年审,这对本来就具有行使移动性的车辆来说,也是不方便的。既然同是中华人民共和国的统一身份证和行驶证,为什么不能方便公民就近办理呢? 在突破地区和部门体制障碍之后、在突破技术障碍之后,现在这些事都可以就近方便办理了,身份证可以就近办理,不需要回户籍原地。部分省市机动车辆也可以在本省本市内就近年审,方便了车主。

通过在公民生活购物消费经常出入的规范经营的百货店、便利超市、大型超市等社会渠道网点设置政府便民服务窗口,会极大地便利公众,提高便民服务效率,降低服务成本。如2008年3月福建省开始分批有序实施邮政便民服务站项目。该项目不断整合邮政业务和社会资源,成功地推出了邮政便民服务站这一新的服务模式。截至2008年11月30日,福建邮政累计拓展加盟网点6410个,主要分布在社区、写字楼、食杂店、便利超市、学校以及工业园区、乡镇农村等人群密集区域。该模式不仅大大方便了社区居民,而且也给今后邮政服务的发展提供了新的思路和方向。

## (四)创新政府工作机制

群众有些问题难以得到解决,不是没有解决问题的渠道和途径,而是原有渠道和途径缺乏有效解决问题的权限、能力和机制。比如信访部门是群众反映问题、解决问题的一条渠道,当群众无法直接通过当地政府和上级机构解决问题时,信访部门和信访制度帮助群众向更高层级的政府领导和部门反映问题并尽可能地解决问题。然而,实际情况是我国的信访机构有效解决问题的效果并不尽如人意。其根本原因是机制问题,信访部门只能了解问题,转交问题但却无法直接解决问题。因此,为解决这一问题,不在机制创新上做文章是无法实现突破的。而北京崇文区推行的信访代理制则是一项卓有成效的机制创新。

2007年以来,崇文区大力推行"以区领导代理为龙头,解决疑难矛盾纠纷;以委办局代理为主线,解决专事突出事;以社区代理为基础,解决小事身边事"的信访代理制后,一件件一桩桩群众的烦心事得到了及时有效解决。全区建立健全了两项工作机制。一是"一把手信访工作责任制",区长直接负责信访工作,区政府、各委办局、各街道全部实行行政一把手主管信访,对信访工作负总责,必须亲自管,亲自抓。二是"监督考核和责任追究机制",即区委、区政府将对信访代理采取的态度、工作的结果作为检验领导干部官德人品的首要标准,作为是否落实以人为本执政理念主要标准之一。区委组织部与信访办为此共同修订完善了《崇文区信访排查调处工作考核办法》,提出把妥善处理信访突出问题和群体性事件、实行信访代理、解决民生问题作为衡量评价领导干部政绩的重要依据。在近年来大规模推进旧城改造、累计搬迁3万户近10万人的大背景下,崇文区连续3年保持越级群体访、非正常群体访双零指标,全区信访总量连续3年明显下降,在2008年来访人次同比下降22%的基础上,2009年来访人次同比又下降32%,其中,集体访连续两年下降50%,并连续两年被评为"首都社会治安综合治理先进区"。

崇文区信访代理制取得了显著成效。首先是促进了党政领导干部作风转变。"信访代理"就是要代表人民利益,解决问题。崇文区实现了信访工作由被动接访向主动出击、由群众跑腿向部门跑腿、由相互推诿扯皮向密切配合联动化解的"三个转变"。其次是推动了矛盾纠纷从源头得以化解。最后是畅通了信访渠道,降低了行政成本。崇文区将信访工作的"窗口"设在群众身边,群众不出社区、街道就能够在第一时间、地点把诉求反映上来并得到答复,大大提高了工作效率。为此2010年北京市全面推广信访代理制度。

腐败问题不仅是影响到政党和政府形象的大问题,也是影响到政府向社会公平公正地提供公共服务的问题。为加强党内监督,尤其是加强对党政一把手的监督,中央建立和强化了巡视制度,深入地方、深入单位、深入基层、深入群众,开展纪律监督工作,对于强化党内监督、保持党的先进性和纯洁性,发挥了不可替代的作用。

1990年,党的十三届六中全会提出,中央和省区市党委可以根据需要派出巡视工作小组。为落实这一部署,经党中央批准,1996年中央纪委第一次派出巡视组。2001年,中央纪委、中央组织部联合派出巡视组开展巡视。党的十六大报告提出建立和完善巡视制度。党的十七大把巡视制度写入了党章。2009年,党中央颁布《中国共产党巡视工作条例(试行)》,成立中央巡视工作领导小组,将中央纪委、中央组织部巡视组提升更名为中央巡视组,表明巡视组的派出主体不是纪委和组织部,而是党中央,后来地方巡视的主体也改为各省区市党委,体现了派出巡视组的责任担当和组织权威。

十八大后,党中央从依然严峻复杂的反腐败斗争形势出发,把巡视工作摆在更加突出的位置。中央政治局常委会议审议通过了《中央巡视工作规划(2013～2017年)》,并听取每一轮巡视情况汇报。习近平总书记鲜明提出中央巡视工作方针,要求聚焦党风廉政建设和反腐败斗争这个中心,发现问题、形成震慑。他以身作则、率先垂范,每次听取汇报都详细审阅巡视报告,对巡视中发现的问题有针对性地评判,对重要的整改和处置作出指示,对巡视的目标任务、方式方法、成果运用、队伍建设和制度建设提出明确要求,为做好巡视工作指明了方向。

中央巡视工作领导小组先后多次召开会议,认真学习领会习近平总书记重要指示,自觉把党中央的要求贯彻到实际工作中去。落实党的十八届二中全会部署,率先转职能、转方式、转作风,解决巡视工作任务宽泛、职能发散问题。党的十八大后的首轮巡视就紧紧围绕作风、纪律、腐败和选人用人等方面发现问题;实行了巡视组组长、巡视对象、巡视组与巡视对象关系三个不固定,不搞铁帽子,一次一授权;不打无准备、无把握之仗,带着问题去巡视,下沉一级到干部担任过"一把手"的地方了解情况,对领导干部报告个人有关事项进行抽查,将掌握的问题线索和巡视中发现的问题进行对照,巡视的针对性和有效性大大提高。

党的十八届三中全会提出,落实党风廉政建设责任制,党委负主体责任,纪委负监督责任;要改进中央和省区市巡视制度,做到对地方、部门、企事业单位全覆盖,对已经巡视的单位开展巡视回头看,在开展常规巡视的同时,探索机动灵活的专项巡视。并加强巡视成果运用,对问题线索分类处置,做到件件有着落,利用媒体公开发布巡视组反馈意见和巡视整改情况,督促被巡视党组织认真整改、接受监督。

## (五)创新公共服务流程与方式

我国公共权力部门和垄断行业的有些社会服务流程与方式,在相当大的程度上存在以自我为中心的意识,比较多地考虑部门利益和自己的方便,较少考虑社会公众和消费者的利益和方便。因此,要提高和改善这些部门的社会服务质量,更加方便社会公众和公共产品的消费者,就必须打破旧的社会服务流程与方式,建立新的服务流程与方式。

**国家发改委:投资项目网络审批制**

2015年12月10日,国家发展改革委召开新闻发布会,介绍投资项目在线审批监管平台建设运行有关情况。

党中央、国务院对行政审批制度改革高度重视。国务院把简政放权、优化服务、转变职能作为政府工作开门的第一件大事。2014年,国务院办公厅专门印发了一个有关简政放权审批事项改革以及投资项目在线平台建设的文件,即国办[2014]59号文。2015年又发了一个12号文,对在线监管平台的建设又进一步作出了部署安排。

2015年以来,围绕推进简政放权、放管结合、优化服务,国家发改委加快了在线平台建设,建设的过程可以简单概括为"三步走":

第一步,2015年1月1日,发改委正式启用了政务服务大厅,这个大厅的启用使所有的行政审批事项进入了大厅,实现了一口受理、统一答复、过程督办、进展告知,应该说取得了很好的效果。现在发改委按照"30+20",就是30个工作日由评估单位进行技术把关、20个工作日在发改委内部运行,完成审批事项。

第二步,2015年6月份,发改委实现了中央国家机关相关部门一共16个单位的在线平台的横向联通。横向联通就是进一步把服务大厅功能搬到了网上,使这个服务更加便捷,使效率能够有效提高。6月份实现的横向16个部门联通后,在线平台具备了这四个功能:一是平台上受理;二是在线办理;三是限时办结;四是全程监察。

第三步,实行纵向贯通,使简政放权、放管结合、优化服务能够体现在各个层级、各个方面。因此,发改委加大了推进纵向贯通的工作力度,到2015年11月底,发改委与37个地方,包括31个省市自治区、5个计划单列市,加上新疆生产建设兵团,实现了中央、省、市、县纵向四级贯通。将全国的投资项目审批核准备案实现了全覆盖,各个环节流程能够实现全透明,对涉及不同层级的审批事项实现协同办理,为各部门的纵向监管、优化服务提供了有力支撑。通过这个平台,放下去的权力底下用的怎么样、用得好不好,过去只能派工作组、调查组,现在通过网上办理的情况就可以及时了解。

2017年1月25日,国家发展改革委发出了关于全国投资项目在线审批监管平台正式运行的通知,全国投资项目在线审批监管平台(简称在线平台)于2017年2月1日起正式运行,除涉及国家秘密的项目外,项目审批、核准、备案以及所涉及的各类审批事项都必须通过在线平台办理,各级政府有关部门统一使用在线平台生成的项目代码办理相关手续。各地区、各有关部门要持续完善在线平台功能、优化流程,推进"互联网+政务服务"。要加大宣传和服务力度,引导企业(项目单位)使用在线平台,及时公开并动态调整办事指南、业务规则、办理情况等相关信息,方便公众查询和监督。

# 第八章 政府营销沟通
## ——传播政府公共服务价值

## 一、认识政府营销沟通的必要

营销沟通是指以营销者为主体的、以目标市场为主要对象的信息沟通活动。营销沟通是双向的,但一般来说,营销者一方是沟通的主体和发起者,应该更加主动。营销沟通是持续的,因为沟通对象受众数量众多,认同营销沟通达成沟通目的与效果需要一定的时间。营销沟通是整合的,单一的沟通方式效果有限,需要采取多种沟通形式通过多种沟通渠道并按照一致的沟通信息进行沟通,才能达到良好的沟通效果。

如同企业营销沟通一样,政府营销同样也需要沟通,而且由于政府营销的受众数量更庞大,成分更多元,差异更明显。因此,政府营销沟通的任务也更艰巨。与企业性质不同的是:政府是公共部门,政府是服务于全体社会的机构,政府是为社会公共利益而工作的非营利组织。因此,政府营销沟通又具备更加神圣的使命,主动与社会公众达成有效沟通是政府不可推卸的职责。

1. 是传播政府产品与服务价值的需要

政府的治国理政纲领和公共政策能否得到国民的拥护、政府为社会提供的公共产品和公共服务能否得到公民的认可与接受,一方面取决于这些政府产品是否具备为人民谋福利的真正价值,这需要在施政纲领和公共政策制定之前、公共产品与服务提供之前做好与人民群众沟通的工作,了解人民群众的真实内心,掌握人民群众的真切需要。在此之后,还必须将根据人民群众愿望制定的施政纲领与公共政策、将根据人民群众需要提供的公共产品和公共服务,向人民群众再次进行价值沟通,让人民群众较为充分地了解政府施政纲领和公共政策的价值,了解政府公共产品和公共服务的价值。

## 2. 是取得政府客户与公众认同的需要

政府的工作必须得到公民的认同和支持才能得到实际效果,政府的很多工作需要改变公民的态度,改变公民的行为,而这些改变往往是比较困难的,虽然可以通过法律强制和行政命令来实现,但这并不是全部通行适用的,即便通行适用,但强制的效果往往并不是发自内心的,并不是自觉自愿的,因而效果也是差强人意的,难以持续和巩固。因此,就需要采取政府营销方式,以更加平等、更加友好的营销沟通方式触及公民的内心,取得公民认可,影响和改变公民的态度,进而转变公民的行为,使之朝着有利于社会公共利益的方向发展。在营销界有这样一句话生动地说明了营销沟通的作用:"做营销而不做广告,等于在伸手不见五指的黑夜里向你的情人暗送秋波。"在政府营销工作中,不做营销沟通同样劳而无功,不会得到公众的认知和认可。

## 3. 是政务公开与透明政府建设的需要

实行政务公开、建设透明政府是政府得到公民信任和支持的需要,是政府得到人民拥护取得合法执政地位的需要,是贯彻执政为民的需要。为了保障公民、法人和其他组织依法获取政府信息,提高政府工作的透明度,促进依法行政,充分发挥政府信息对人民群众生产、生活和经济社会活动的服务作用,国务院2007年发布了《中华人民共和国政府信息公开条例》,自2008年5月1日起施行,政务信息公开成为法定要求。

2011年8月,中共中央办公厅、国务院办公厅印发的《关于深化政务公开加强政务服务的意见》指出,深化政务公开、加强政务服务,对于推进行政体制改革、加强对行政权力监督制约、从源头上防治腐败和提供高效便民服务,都具有重要意义。要求推进行行政权力运行程序化和公开透明,按照公开为原则、不公开为例外的要求,及时、准确、全面公开群众普遍关心、涉及群众切身利益的政府信息,按照便民利民的要求,进一步改进政务服务,提高行政效能,推进政务服务体系建设,为人民群众提供优质便捷高效服务。

2016年2月中共中央办公厅、国务院办公厅印发《关于全面推进政务公开工作的意见》。《意见》指出,公开透明是法治政府的基本特征。推进行政决策公开、执行公开、管理公开、服务公开和结果公开,推动简政放权、放管结合、优化服务改革,激发市场活力和社会创造力,打造法治政府、创新政府、廉洁政府和服务型政府。到2020年,政务公开工作总体迈上新台阶,依法积极稳妥实行政务公开负面清单制度,公开内容覆盖权力运行全流程、政务服务全过程,公开制度化、标准化、信息化水平显著提升,公众参与度高,用政府更加公开透明赢得人民群众更多理解、信任和支持。

4. 是回应社会舆情与民众关切的需要

在政务执行过程中,在政府营销推进过程中,即便前期做了大量沟通宣传工作,还是有可能存在民众不理解或误解的情况,存在民众不满甚至抵触的情况,在互联网时代这些情况会迅速形成舆情,使得问题和事态进一步扩大化,从而妨碍政务活动的顺利实施与政府营销目标的成功实现,为此,必须通过沟通快速准确回应社会舆情。

中央国办公厅和国务院办公厅印发的《关于全面推进政务公开工作的意见》就社会舆情回应提出了明确要求,强调建立健全政务舆情收集、研判、处置和回应机制,加强重大政务舆情回应督办工作。注重发挥媒体作用,运用主要新闻媒体及时发布信息、解读政策,引领社会舆论。

2016年7月,国务院办公厅发出《关于在政务公开工作中进一步做好政务舆情回应的通知》,指出随着互联网的迅猛发展,新型传播方式不断涌现,政府的施政环境发生深刻变化,舆情事件频发多发,加强政务公开、做好政务舆情回应日益成为政府提升治理能力的内在要求。要求各级政府及其部门要高度重视政务舆情回应工作,切实增强舆情意识,建立健全政务舆情的监测、研判、回应机制,落实回应责任,避免反应迟缓、被动应对现象。要求重点回应对政府及其部门重大政策措施存在误解误读的、涉及公众切身利益且产生较大影响的、涉及民生领域严重冲击社会道德底线的、涉及突发事件处置和自然灾害应对的等政务舆情。

# 二、确定政府营销的沟通对象

总体来说,政府营销的沟通对象包括外部用户和内部用户。政府营销的外部用户包括境外机构和公众、上级政府、同级政府、社会团体、投资者、旅游者、外来务工者等,政府营销的内部用户是政府机构及其工作人员、下级政府、政府辖区内的社会团体、定居者等。具体来说,每次营销沟通的对象都是独特的,并不需要针对上述所有的沟通对象进行传播。具体营销沟通对象是由每个政府营销项目的特性决定的。每个营销项目针对的营销对象不同,营销沟通的对象就不同。营销沟通对象的确定需要联系政府营销的目标市场选择与市场定位进行考虑,一般来说,营销沟通的对象总是政府营销目标市场选择和定位确定的目标人群和目标机构。营销沟通对象的选择错误,不仅浪费政府营销的传播资源,而且无法完成营销传播的任务,无法达到营销沟通的目的,还对非目标受众造成不必要的信息传播侵扰。因此,营销沟通对象的确定是有效实现政府营销沟通的基础。

2011年,中国国家形象广告随时任国家主席胡锦涛访问美国时在纽约时代广场巨幅电子显示屏播出,对于宣传中国形象展示中国实力具有较好的作用。在此之后,上海等国际化城市、成都等打造国际化的城市也在纽约时代广场这个世界繁华地带投放广告,虽然这里的广告投放费用昂贵,但对于上海和成都这样的城市来说,还是有价值的。但是,有些内地城市在国内的知名度都不高,在中国国内的影响力问题都没有解决,却也耗费高额媒介费用到纽约时代广场投放一段时间的广告,应该说价值意义不大,这种营销传播的目标设置和对象设定存在较大的问题,对于缺乏国内知名度和影响力的城市,希望通过在境外投放广告、宣传打造国际知名度和影响力的做法,是不太现实的。虽然国内有海南省琼海市博鳌镇、国外有瑞士小镇达沃斯成功打造国际影响力的先例,但那不是简单的广告投放形成的,而是国际名人精心运作和众多国家元首共同支持的结果。

## 三、确定政府营销的沟通目标

政府营销的总体目标或者说最终目标,是引导政府营销的客体按照政府营销的意愿,采取配合支持政府营销的行动。但是这一最终目标并不是一次营销传播就可以达成的,因此,每一次的政府营销传播需要依据传播诉求对象的认知和行为阶段设定更加具体的传播目标。而根据认知和行为的规律,必须经历认知、兴趣、信赖的阶段才能最终达到行为阶段,因此,政府营销的具体沟通目标应该按照建立认知、产生兴趣、产生信赖、采取行动等阶段依次设定,循序渐进地展开。

1. 建立认知

建立传播诉求对象对于政府营销项目的了解和认知是政府营销沟通最基本的沟通目标,这一目标是下一阶段政府营销沟通目标达成的基础。

诉求对象对于政府营销项目的认知程度,一般可以分成从未听说过、仅仅听说过、知道一点点、知道得比较多和熟知等五个层级。如果诉求对象对于政府营销项目的认知属于前三个层级,政府营销项目沟通的主要目标就是增加诉求对象的认知,使之达到知道得比较多或熟知等认知层次。而政府营销的诉求对象认知达到熟悉这一层级时,认知已经不是主要问题。营销沟通的任务应该转而解决更深层次的兴趣问题。

2. 产生兴趣

兴趣是引导人们进一步认识某种事物的心理倾向,并带有一定的情绪色彩和向往心情。兴趣也是引导人的行动的主要动力。营销沟通要最终实现引导行为的目的,还有必要使诉求对象对营销项目产生兴趣。

诉求对象对于政府营销项目的兴趣程度,一般可以分成不感兴趣、不怎么感兴趣、有点感兴趣、比较感兴趣和非常感兴趣五个层级。如果诉求对象对于政府营销项目的认知属于前三个层级,政府营销项目沟通的主要目标就是要增加诉求对象的兴趣程度,使之达到比较感兴趣或非常感兴趣等高级层次。当政府营销的诉求对象达到后两种兴趣层级时,使诉求对象对政府营销项目产生兴趣已经不是问题,因此已经不是政府营销沟通的主要目标。营销沟通的任务应该转而解决更深层次的信任问题。

3. 产生信任或转变态度

兴趣是引导行为的主要因素,但是对于政府营销项目这样外在的事物而言,在解决了诉求对象的兴趣问题之后,还需要解决诉求对象的信任问题。因为对于外在的事物,公众采取合作的态度与一致性的行动,还需要一个前提,那就是对事物的信任。只有当诉求对象对外在的事物信任无疑时,才会持合作的态度,而不是冷漠的态度或敌视的态度,才会配合行动。

一般而言,人们在对某事物产生兴趣后,会对其进行持续关注,随着对事物属性认识的加深,逐步对事物产生信任。但是政府营销沟通传播过程中,不能坐等诉求对象自然产生信任,而是应该进一步推进传播,加快诉求对象信任的建立。从另外一个方面来说，随着兴趣和认识的加深，人们对事物也有可能产生负面认知，产生负面态度和不信任感觉。为防止对政府营销项目出现这种负面态度，更应该积极采取进一步的沟通行动促进信任建立。

诉求对象对于政府营销项目的信任程度，一般可以分成不信任、不怎么信任、有点相信、比较信任和非常信任五个层级。如果诉求对象对于政府营销项目的信任程度属于前三个层级，政府营销项目沟通的主要目标就是要增加诉求对象的信任程度，使之达到比较信任或非常信任等高级层次。而政府营销项目在诉求对象达到后两种信任层级时，诉求对象对政府营销项目的信任和态度已经不是问题，因此已经不是政府营销沟通的主要目标。营销沟通的任务应该转而解决引导诉求对象行为这一最后的问题。

4. 采取行动

诉求对象对政府营销项目的行动反应主要包括采取支持行动、观望行动和反对行动三种类型。如果对政府营销项目不理解、不认同、不信任，则会采取反对行动，如发表批评意见、劝阻他人参与等，矛盾激化时还会演化为群体事件。如果对政府营销项目不够了解，不够认同，不够信任，则会采取观望行动。如果对政府营销沟通活动表示理解、产生兴趣和信任，则会采取支持行为，如积极参与、联名支持、主动宣传等，协助政府开展营销传播。反对行动是政府营销项目组织者最不希望看到的，观望行动虽然没有对立，没有反对，但是对于政府营销项目的推动也是不利的，因此也是需要避免出现的。政府营销项目最后阶段的沟通目标，就是要引导诉求对象的支持行动，使得尽可能多的目标诉求对象参与到政府营销项目中来。

# 四、确定政府营销的沟通内容

政府营销的沟通必须明确沟通的信息内容。政府营销项目的信息内容很多，需要通过多种传播方式进行传播。多种传播方式在整体传播过程中可以根据各自的优势尽可能清晰地传播营销项目的信息内容，但是也存在信息传播内容的整合问题，否则很容易出现信息内容不一致、相互脱节或相互矛盾的问题，等等。付费广告、人员传播、政府网站等传播手段在政府营销沟通中都是主要采用的传播形式,但是由于传播的费用、传播的时间、传播的场合以及受众的注意度与接受度不同,在传播信息内容方面存在着信息量大小的差异、信息内容形式的差异,人员传播和政府网站传播可以传播更多的内容,但是在主要信息内容上同样也要精炼和提炼,并与付费广告的沟通内容保持核心和主旨上的一致。

现以付费广告为例来分析政府营销的沟通内容。可以传播更大信息量的人员传播和政府网站等传播形式可以在这些内容的基础上增加一些必要的内容信息。

付费广告的信息内容由于费用和公众接受心理的原因,必须简洁明了、单纯明确,广告信息内容越多,受众接受越难,传播效果越差。因此,需要在众多的营销项目信息中,提炼出最有价值的信息。提炼广告传播信息内容的基本依据是希望传达什么样的定位和建立什么样的形象、需要目标受众了解什么、相信什么以及采取什么样的行动。因此,在政府营销项目的沟通内容决策中,需要表达以下4个方面的基本内容。在具体广告宣传中,则需要根据营销传播的阶段性和具体阶段的传播目标对这4个方面的信息内容有所侧重。

### 1. 传达定位传播形象

所有的政府营销传播均应该围绕政府的定位、政府的形象而展开,每一次政府营销的沟通传播都是对政府定位的强化和对政府形象建设的投资。因此,所有的政府营销项目传播都需要持续表现政府定位与政府形象的信息,这是政府营销沟通信息传达的一个基本通行原则。而政府定位与政府形象不是政府营销的沟通传播才涉及的,是在政府营销战略分析阶段就确定了的,营销传播阶段则是要延续和执行战略分析阶段制定的政府定位和政府形象,通过营销传播将政府定位和政府形象更清晰、更广泛、更迅速地传播给社会尤其是和政府营销的目标受众。

在政府营销沟通实践中,往往缺乏对政府定位和政府形象传播的整体把握。例如,2006~2008年天津滨海新区在形象宣传中整体定位和形象传播就比较模糊,见诸报端的多是零星的热点报道,如空客A320落户、中新生态城开工、夏季达沃斯召开等。这些报道只能突显某一"点"的人心振奋,无法形成滨海新区整体特色。因此,政府营销传播要有总体构想与规划,使每一个报道都成为形象构建"面"上的一个"点",要不断强化营销产品的功能定位和形象构建目标。

2. 传播营销项目的价值利益

传达政府定位传播政府形象是政府营销传播的重要内容,但不是全部内容,更多数量、更大规模的政府营销传播是具体政府营销项目。

在具体政府营销项目的传播信息内容策划与设计中,一定要将营销项目的价值利益以醒目的方式呈现出来。政府营销项目的价值利益主要有以下 3 个方面:① 对于政府自身的价值和利益;② 对于社会公众的价值和利益;③ 对于特定目标受众(营销客体)的价值和利益。在陈述顺序上,为吸引特定目标受众注意、兴趣和参与,应该将该项目对于特定目标受众的价值和利益放在首位。对营销项目价值利益的提炼和陈述要真实、准确、精炼,避免牵强附会,以增强说服力和信任感。

3. 传达营销项目的行动参与方式

政府营销项目传播与沟通的最终目的是引导目标受众的行动参与,因此,在营销项目传播的信息内容中,必须包括营销项目的行动参与方式。与一般企业的商业广告不同,企业的产品基本上都有消费者比较熟悉的了解途径和购买地点,因此,行动参与方式不是沟通的重点和必要信息。政府营销项目的参与方式和行动方式则一般不被公众广泛了解,这也是政府营销项目必须清晰准确地进行行动参与方式传播的主要原因之一。

4. 传达营销项目的深入了解途径

在沟通时间和空间有限的情况下,需要传达政府营销项目深入了解的途径。而在需要支付费用的广告传播中,在广告传播效果主要通过受众的无意注意达成的规律下,在受众一般对广告都没有特别的好感,反而存在较为广泛的反感的情况下,广告这种传播方式难以也不必对政府营销项目的所有信息进行详尽的介绍,但为了方便有兴趣的公众和受众进一步了解营销项目,也为了增加营销项目的支持率与参与度,则需要在广告中标注深入了解营销项目的途径和方式。

# 五、整合政府营销的沟通方式

政府营销的沟通方式因沟通对象与政府的关系不同而存在明显的差异。当需要向体制内的上级领导部门和机构开展营销时,由于对象明确数量较少,因此,常规方式是请示和汇报等人际沟通方式,通常并不需要采取大众传媒等沟通方式,当然媒体传播及其形成的公众认知对于体制内的营销沟通是有帮助的。当沟通对象在政府的管理空间和管理权限范围之内时,需要采取对内传播的沟通方式;当沟通对象在政府的管理空间和管理权限范围之外时,需要采取对外传播的沟通方式。

在需要通过多种方式进行的营销沟通中,需要统一沟通内容、统一沟通主题,实现不同沟通方式的效果互补,达到沟通效果最大化,而不是各自为政,自说自话,这样往往会出现不同的沟通声音,导致信息杂乱,主题冲突,效果互相抵触的局面。下面就对外和对内两大政府营销沟通类型,分别展开具体的沟通方式介绍。

## (一) 政府对外营销沟通方式

### 1. 付费广告

广告本来就是付费的沟通方式,在广告前面加上付费,是想强调政府的营销沟通要打破政府部门等非营利组织一贯的不付费沟通的观念,认为付费打广告是企业的做法,政府不需要这样做,而且并不是所有的政府部门都有广告宣传经费预算。其实付费广告是政府营销对外沟通传播最主动、最广泛、最快速的形式。在政府营销的对外沟通中,由于需要吸引的受众对象在政府管辖的地理空间与权力范围之外,政府内部宣传媒体和宣传方式都难以接触到外部的受众对象,因此必须借助外部的媒体采用付费广告的方式。

城市形象广告是最早最多的中国政府广告。1999年,威海市在中央电视台投放了中国第一支城市形象广告。2006~2007年,城市形象广告数量明显增加,2008年北京奥运会和2010年上海世博会之后,在北京和上海城市形象广告的带动下,中国城市广告主体数量开始迅速增加,投放时长和经费也大幅增加。2014年,江西师范大学匡小娟在硕士学位论文中,选择直辖市、省会城市和副省级城市等36个样本、对1999~2013年15年间的201支城市形象广告做了分析,其中城市旅游形象广告108支、占54%,综合形象广告32支、占16%,公共事节广告30支、占15%,人文形象广告20支、占10%,招商广告5支、占2%。

2003年,广西旅游局投资800万元拍摄制作了广告片《美在广西》,这被称为中国第一部旅游形象片。文春英等对2007~2010年在央视各频道投放的省、城市和旅游风景区广告进行了监测,共收集广告样本320 653条。①

现在,地方政府在中央媒体或外地媒体投放广告、宣传地方形象的做法已经较为普遍,其中以旅游为主要产业的地方政府投放电视形象广告的占多数,还有一些地方政府投放的广告旨在吸引投资。投放量比较大,记忆比较清晰的省级区域形象广告有"多彩贵州""好客山东""清新福建""晋善晋美"等。

虽然地方和城市形象广告在创意、在制作、在媒介投放策略上,还有很多需要改进的问题,但是毕竟付费广告意识已经开始建立。

2008年北京奥运会前中国政府曾经在海外投放过一次国家形象广告。2009年11月23日起,一则主题为"中国制造,世界合作"的广告通过美国有线新闻网CNN在亚洲市场播出,2010年6月28日~8月8日,在英国广播公司(BBC)世界新闻频道欧洲地区和亚洲地区、欧洲体育台、欧洲体育2台共四个频道播放,覆盖了欧洲、亚洲和大洋洲的大部分国家和地区,累计播放次数将达到约400次。广告的制作和投放方是中国广告协会、中国机电产品进出口商会、中国轻工工艺品进出口商会和中国纺织品进出口商会,商务部起了积极的推动作用。投放中国制造广告的原因,一是中国制造大规模走向海外以后,出现了所谓的"中国商品威胁论"或"中国商品质量问题论"。二是2008年国际金融危机爆发以来,中国产品遭遇海外贸易壁垒。在此情况下,对中国产品需要一个广泛的国际性的正确认知。

2011年,中国政府在美国纽约时代广场投放的国家形象广告,以50位具有国际知名度的中国名人面孔来传达"智慧、美丽、勇敢、才能、财富"的中国人形象。这是一次有价值的创意尝试,尽管有质疑说一次广告中出现这么多面孔,受众认知还是存在困难的。该广告是由国务院新闻办公室发起并委托

---

① 文春英,等.中国城市形象广告投放分析[J].现代传播,2012(6).

专业公司制作的国家形象宣传片中的一支30秒的广告片《人物篇》，国家形象宣传片的另一部分是15分钟的宣传片《角度篇》，供我国驻外使领馆及重要外宣活动使用，不在大众媒体投放。中国国家形象广告《人物篇》从2011年1月17日开始在纽约时代广场首播，每小时播放15次，从每天上午6时至次日凌晨2时播放，共20小时300次，截至2011年2月14日，共计播放8400次。同时美国有线电视新闻网也从2月17日起分时段陆续播放该片。此后，国家形象片陆续在欧洲、拉美、中东等地区进行播放，向世界宣传中国的国家形象，向世界推介中国。代表中国人形象出演广告的所有中国名人，无论是科学家、宇航员、运动员、艺术家，还是演艺明星，都是无偿的，都以能代表中国人的形象而感到光荣。广告创意、拍摄和制作费用政府只是给予了一些补贴，投放费用则是按照商业规则付费的。15分钟的《角度篇》制作规模大，多个拍摄小组走遍了全国各地，通过800多个画面，以不同的角度阐述了我国快速发展而能持续、价值多元而能共荣的和谐景象。

2. 公共宣传

在企业的市场营销中，公共宣传（Publicity）原是指不支付广告费的新闻宣传方式，而新闻媒体的主动宣传，则是看中了企业公共宣传的社会新闻价值，是媒体的受众喜闻乐见的。而由于这种宣传不是广告性质，受众接受性好，排斥性和抵制性小，因此对于企业来说宣传效果更好。于是在企业的市场营销中流行开来。其实这种免费宣传，在美国指的是不用支付报纸杂志媒体的版面费和电视广播媒体的时段费，对于编辑和记者的劳动还是要支付报酬的，但是这与广告的费用相比已经是相当低的了。在中国，由于政策和新闻舆论导向的需要，新闻机构也对原来的国有企业、后来的外资企业和民营企业提供过免费的新闻宣传报道，未能享受到这种政治性政策性新闻报道宣传的企业则试图通过支付编辑记者劳务费的形式进行新闻宣传，但被新闻宣传管理机构以禁止"有偿新闻"的规定加以限制。

在政府营销的对外传播沟通中也可以采用通过新闻媒体的公共宣传方式。当代中国已经成为世界主要的经济体，悠久的历史，灿烂的文明，加上改革开放以来的经济稳定增长，使得中国成为了世界关注的热点，因此具备利用境外媒体进行公共宣传的有利条件。中国境内的地方政府和部门政府也需要利用外地的新闻媒体开展公共宣传，以传播自身的形象，吸引外部公众的注意与兴趣、信赖与好感，增进与外部公众的情感交流与经济交往。

## 3. 外交访问

外交访问是具有双向沟通效果的人际沟通方式,也是具有情感价值和持久深刻印象的沟通方式。在国家层面的政府对外营销传播中,具有特别重要的价值。

在国家营销中,国家元首、政府领导人的出访是规格最高的人际沟通方式,也是沟通成效最高的方式之一。国家和政府的重大政治事务、重大外交事务和重大经济事务,往往都在国家元首、政府领导人的出访或者外国元首政府首脑的来访中,通过面对面的沟通交流会晤取得决定性成效的。而在各种国际组织、国际高峰论坛、国际会议中,国家元首的出席和演讲对于政府营销的作用也非常重要。

除政府首脑和专业外交部门的外交沟通外,以政府为主导社会各方共同参加的、多种形式的公共外交,也在政府对外营销沟通中发挥着越来越重要的作用。国内的企业、民间机构和移居海外的侨民、暂居国外的公民、工作人员和留学生等,都是宣传祖国支持祖国政府的有生力量。

在地方政府营销中,政府官员的访问活动、政府驻外人员的工作活动,公务人员和居民的公务、商务或休闲活动,是政府营销沟通的机会。在外地工作的本籍名人是宣传家乡的重要力量。甚至外地务工人员,都是地方形象的代表,在地方形象传播中具有平凡而广泛的影响。

## 4. 节庆活动

节庆(Event)活动又称节事活动、事件活动,在市场营销中被企业和政府广泛采用。政府组织的节庆活动,大多以本地资源优势为依托,以吸引外地客商为目的,通过节庆方式传播地方形象,拉动地方经济建设和地方消费。

地方政府举办节庆活动有多种类型。自然景观型如哈尔滨的国际冰雪节,历史文化型如曲阜国际孔子文化节,民俗风情型如潍坊国际风筝节,产业优势型如大连服装节,地方特产型如淮南豆腐节、洛阳牡丹节,等等。

节庆活动的方式主要有以下几种:① 展示方式,如文化展览的视觉体验;② 参与体验方式,如啤酒节或风筝节里让游客亲身体验感受活动的乐趣;③ 表演方式,如大连服装节里的模特表演。

政府举办节庆活动,对于政府和公众都有重要意义。对于政府而言,节庆活动能够带动与此相关的城市基础设施建设,美化城市的生活环境,优化城市的投资环境,促进城市的发展,增加社会福利;此外,还能展现城市独特的历史人文传统、地理景观风貌,迅速提高城市知名度。对于公众而言,能提高他们的东道主意识、参政意识、道德素质,有利于培养政府和公众的和谐关系。

2000年,王友富担任江苏省盱眙县委书记,组织举办了首届龙虾节,第二年县里决定将龙虾节冠名为"中国龙虾节",并且每年办一次,成为政府主导的营销工程,并"以虾为媒"促开放、谋发展,让龙虾节成为盱眙的一张名片。2005年夏季,王友富再次将龙虾节推向长三角地区,选择在盱眙和南京、上海、宁波四地同时举办。在第五届龙虾节新闻发布会上,王友富说:"第一、二届龙虾节是为盱眙造势,第三、四届龙虾节是为盱眙造财,第五、六届龙虾节则要为盱眙造人。"王友富说,"五湖四海闯荡,红红火火终身"的"龙虾精神"正是盱眙人所缺少的。2008年,升级为中国盱眙国际龙虾节,采取四国联动、六地联办,即在国内盱眙、南京、北京、上海、浙江、深圳六地和国外澳大利亚、新西兰、瑞典开展活动,成为中国7 000多个现代节庆中唯一一个与多个外国政府联合办节的节庆。2009年,第九届中国盱眙国际龙虾节创造了八项世界之最,即在世界最著名的悉尼歌剧院举办专场演出、世界最广泛的华人媒体进行同步报道、世界最有影响力的驻华使节中国外交部品尝盱眙龙虾、在世界最负盛名的钓鱼台国宾馆推介盱眙、世界最先推出的龙虾之都体验游正式开通、龙虾节节旗插上世界最高的珠穆朗玛峰、世界最知名的节庆将聚首盱眙联合发表盱眙宣言、世界最早发行的龙虾邮票首发上市。2010年,第十届中国盱眙国际龙虾节以"精彩龙虾节、十年辉煌路、魅力山水城"为主题,着重突出"十大亮点":世界名城市长会、全球节庆进三强、上海世博龙虾潮、央视高端说龙虾、龙虾影视添精品、百星雅集忆十年、毛利歌舞乐虾都、健美竞技第一山、龙虾军团进百城、龙虾上市定乾坤。

5. 公共事件营销

举办会展活动和体育赛事被称归入公共事件营销,是对外传播政府和地区形象、拉动本地消费促进经济发展的重要形式之一。有资料表明举办会展活动,会展收入与参与会展的外来人口带动的消费之间的基本比例是1∶10左右,而吸引外地客商参与本地举办的会展活动本身就是一种非常重要的对外宣传,外地客商的实地探访,在通过住宿、餐饮、购物和旅游消费为当地留下经济财富的同时,也对当地的历史文化和风土人情留下了深刻的体验,对于传播会展地的城市形象具有重要的价值。

2010年，上海成功举办了第41届世界博览会，这是中国第一次举办世界博览会。190个国家、56个国际组织以及中外企业踊跃参展，瑞士、法国、德国、西班牙、日本、意大利、英国、韩国、美国等世界发达国家建有国家馆，成为上海世博会的热门场馆，上海世博会参观者达到了7 308万人次。世博会的举办为上海的城市建设、经济和社会发展、城市品位提升带来了机遇，推动了上海产业结构的调整、带动基础设施建设的升级，拉近了中国和世界的距离，提高了上海在国际上的知名度和区域辐射效应，推动了中国在国际经济活动中的参与度。

2016年9月，中国政府在杭州成功主办了G20峰会。世界20个有影响力的国家首脑和重要国际组织领导参加了杭州峰会。中国是最大的发展中国家，是新兴市场国家的代表，举办G20峰会中国可以代表发展中国家发声，借助"一带一路"战略和亚洲基础设施投资银行等与更多国家良性互动，实现与其他国家的共赢。国际峰会落户杭州也拉动了当地的基础设施建设，也有利于当地外向型经济和国际化水平提升。

体育赛事是最吸引人的对外传播形式之一。2008年北京奥运会被称为中国政府最重要的营销行为。当全世界共同关注第29届奥运会的时候，中国北京成为了全世界关注的焦点。借助奥运会，中国政府、中国人民展现了良好的形象，消除了很多海外人士长期以来对中国的误解和不解。而地方政府举办的全国综合性体育赛事和单项体育赛事，对于传播地方形象同样具有积极意义，因而值得争取这样的机会。

## 6. 文化活动

文化活动是更具有形象意义的政府对外营销沟通方式。不同的国家、不同的民族、不同的地区，具有不同的文化特征。传播自身独特的文化本身就是宣传自己国家、自己民族、自己地区的需要。中国电影等文化作品的出口，中国武术、杂技等具有民族特色和民族优势的项目在海外演出，文艺团体和声乐艺术家的海外演出，对于传播中国文化和中国形象都具有很好的价值。

中国政府通常在已经建交的友好国家举办中国文化年活动，以庆祝建交和传播中华文化，对于让外国友人进一步了解中国具有积极意义。

中国在海外设立的孔子学院，是中国国家汉语国际推广领导小组办公室在世界各地设立的推广汉语和传播中国文化与国学教育的文化交流机构，为在全球广泛传播汉语言文化和中国形象起到了重要作用。2004年，全球首家孔子学院在韩国首尔正式设立。2016年,是"十三五"实现良好开局的一年,孔子学院蓬勃发展,喜获丰收。办学规模稳步发展,全球孔子学院大家庭成员已增加到140个国家511所学院和1 073个课堂。① 办学质量不断提升、办学功能不断拓展、运行机制逐步健全,为孔子学院可持续发展注入了新的活力。"孔子学院属于中国,也属于世界",孔子学院正成为中外文明交流互鉴的"架桥人",为推动各国人文交流、夯实国家关系的民意基础注入更多"暖力量"和"正能量"。

## (二)政府对内营销沟通方式

### 1. 新闻媒体宣传沟通

我国的新闻媒体是党和政府的喉舌,在政府营销的对内传播中负有重要的职责。利用新闻媒体是政府营销对内沟通的重要方式。网络、电视、报纸和广播等大众新闻媒体都是推动政府营销的重要沟通媒介。

建立新闻发言人制度是政府新闻传播的重要形式之一。较早建立起来的外交部新闻发言人制度对于中国政府的对外新闻宣传起到了重要作用。而后来设置的内务部门政府发言人制度和地方政府发言人制度则对于政府的对内宣传起到了积极作用,2003年6月上海市率先在国内地方政府中建立新闻发言人制度以来,较好地履行了发布信息、宣传改革、解释疑惑、澄清事实的职能,实现了与新闻媒介、社会公众的良好沟通。

中国新闻发言人出现是在1982年,第一位新闻发言人是时任外交部新闻司司长的钱其琛同志。1983年2月,中共中央宣传部、中央对外宣传领导小组联合发布《关于实施<设立新闻发言人制度>和加强对外国记者工作的意见》,要求外交部和对外交往较多的国务院各部门建立制度,定期或不定期地发布新闻。1983年4月23日,中国记协首次向中外记者介绍国务院各部委和人民团体的新闻发言人,正式宣布中国建立新闻发言人制度。2003年SARS疫情爆发后,2003年4月初~6月24日,是卫生部举办新闻发布会最密集的时期,连续举办了67次新闻发布会,这是全国全面建立新闻发言人制度的标志。

---

① 孔子学院总部,国家汉办. 新春贺词[EB/OL]. [2017-01-24]. http://www.hanban.edu.cn/article/2017－01/24/content_671560.html.

我国的新闻发言人制度已经成为政府管理和服务的必要和有效方式,在政府与公众沟通中体现了它的实际价值和效能。如在面对各种突发事件、国际局势、国内外事务等方面,政府新闻发言人基本能够迅速及时地作出反应,为媒体提供权威性的信息,保持与公众的信息通畅,满足公众的知情权,引导社会舆论,促进社会稳定。

2008年8月26日,时任中共中央总书记、国家主席胡锦涛做客人民网,与网民交流,这是党和国家领导人以公开方式利用互联网络了解民情、体察民意,传达执政思想的标志性事件。

2014年8月,中央全面深化改革领导小组第四次会议审议通过了《关于推动传统媒体和新兴媒体融合发展的指导意见》。习近平总书记强调,要着力打造一批形态多样、手段先进、具有竞争力的新型主流媒体,建成几家拥有强大实力和传播力、公信力、影响力的新型媒体集团。① 此后,新华社、人民日报和中央电视台等中央媒体和各省市主流媒体在媒体融合方面取得了重大进展,中央有关机构又对非公网络媒体转载官方媒体新闻制定了制度规范,从而为政府多媒体新闻宣传和政府营销沟通创造了有利的条件。

2016年2月,中共中央办公厅、国务院办公厅印发《关于全面推进政务公开工作的意见》,要求推进政务执行公开,主动公开重点改革任务、重要政策、重大工程项目的执行情况,做好督查和审计发现问题及整改落实情况的公开。推进管理公开,全面推行权力清单、责任清单、负面清单公开工作,推行行政执法公示制度。推进服务公开,全面公开服务事项,推动政务服务向网上办理延伸,做到最大限度利企便民。推进结果公开,各级行政机关都要主动公开重大决策、重要政策落实情况,建立健全重大决策跟踪反馈和评估制度。积极推进重点领域信息公开,着力推进财政预决算、公共资源配置、重大建设项目批准和实施、社会公益事业建设等领域的政府信息公开,加强突发事件、公共安全、重大疫情等信息发布。结合促进大数据发展行动纲要的要求,稳步推进政府数据共享开放。加强政策解读,将政策解读与政策制定工作同步考虑,同步安排,充分利用新闻发布会和政策吹风会进行政策解读。建立健全政务舆情收集、研判、处置和回应机制,加强重大政务舆情回应督办工作。发挥媒体作用,运用主要新闻媒体及时发布信息、解读政策,引领社会舆论。

---

① 《关于推动传统媒体和新兴媒体融合发展的指导意见》审议通过引业界关注:媒体深度融合热潮将至[EB/OL].[2014-08-20]. http://www.gapp.gov.cn/news/1656/223719.shtml.

## 2. 政府自媒体沟通

在网络时代,政府应该利用网络方式来宣传政府形象开展政府营销沟通传播。政府网站的宣传沟通对于政府和沟通对象双方都具有成本低、24小时持续在线沟通方便的特点,因此尤其值得重视,值得精心运营。

中共中央办公厅、国务院办公厅印发的《关于全面推进政务公开工作的意见》要求强化政府门户网站信息公开第一平台作用,整合信息资源,加强协调联动,将政府网站打造成更加全面的信息公开平台、更加权威的政策发布解读和舆论引导平台、更加及时的回应关切和便民服务平台。

在移动互联网时代,微博和微信成为信息沟通的主流便捷方式,截至2015年12月,我国政务微博认证账号达到28.9万个、政务微信公众号数量也已超过3万个。其中一部分形成了一批具有稳定关注者,具有较大影响力的政务微博、微信公众号。政务APP,又称政务客户端,指各级党政机构根据自己的政务需要所开发的主要在手机、平板电脑等移动互联网终端上运行应用程序。政务APP是继政务微博、政务微信公众号之后,我国开展互联网政务工作中的又一有力工具,三者并称为"两微一端"。政府部门可以利用这"两微一端"自媒体与广大人民群众进行沟通宣传。

2016年2月26日,国务院客户端正式上线。国务院客户端是发布政务信息和提供在线服务的新媒体平台,由国务院办公厅举办,中国政府网运行中心负责运行维护,主要发布国务院重大决策部署和重要政策文件、国务院领导同志重要活动等政务信息,也是政府面向社会提供服务、与公众互动交流的新渠道。

## 3. 公益广告

公益广告不同于以营利为目的的商业广告,是为社会公共利益而创造并发布的,旨在引起公众对某些社会问题的关注、支持或倡导某种社会事业和社会行为风尚,促进社会进步的广告。

公益广告的产生和发展是经济、社会发展的必然结果。公益广告最早产生于20世纪40年代的美国,这与当时工业革命的高速发展是紧密相连的。由于工业革命的发展带来一些严重的社会问题和环境资源问题,公益广告本着一种宣传、启示和规劝的意图应运而生。美国政府的公益广告以国防部和邮电总局花费最多,主要用于鼓励公民购买公债、号召青年入伍、提醒不要酒后驾驶、防止森林火灾等。

中国中央电视台在1978年开始播出公益广告,1986年,作为地方电视台的贵阳电视台首次播出了以"节约用水"为主题的公益广告。1987年10月,中央电视首次在黄金时间开辟《广而告之》栏目专门播放公益广告,到1991年上半年已经播出公益广告近300条。中国公益广告的发展得到了中央有关部门的重视和广告公司及媒体机构的支持。1997年和1999年,中宣部、中央文明办、国家工商总局等有关部门发出了《关于做好公益广告宣传的通知》和《关于进一步做好公益广告宣传的通知》,明确要求把公益广告作为促进社会主义精神文明建设的一项重要工作。在各方重视和支持下,创作出很多优秀的公益广告作品。1996年,以"中华好风尚"为主题的公益广告发扬着中国传统美德。1998年,刘欢主唱、主演的公益广告"从头再来"对于支持下岗再就业工作取到了重要的引导作用。而2007~2008年"讲文明 树新风 迎奥运"公益广告对于引导中国人民当好东道主办好奥运会起到了良好的作用。

中国的公益广告的运作机制是媒体和企业出资创意制作,媒体出播出时间和发布版面无偿发布。从机制上来说,就具有非商业性和非营利性。公益广告的主要内容集中在倡导社会公德、文明礼貌、环境保护、慈善救助、交通安全、法制教育等。从某种意义上说,公益广告是社会文明与进步的缩影,是社会良知与责任的表现。因此,政府应该大力倡导和引导企业和媒体创作和发布公益广告,甚至出资发布符合政府公共政策和社会公共利益的公益广告。

与公益广告概念接近的一个广告概念是公共广告,但其在中国的提及率非常低,仅在少数文献中有提及,英文原文是 Public Service Advertising,但没有查到公共服务广告的译法。在中国,公共广告与公益广告之间的区别非常模糊,丁俊杰(1991)等认为公益广告是公共广告的一个组成部分。[1] 张海鹰(2004)也认为中国的公益广告不等于公共广告,只能算是公共广告的一部分,但由于中国还没有非营利性的公共广告组织,因此也就没有真正意义的公共广告。[2] 张殿元(2013)将公共广告等同于公益广告。[3] 叶溢(2016)认为中国宋代徽州牌坊多为纪念人物、表彰功德、标志成就,具有弘扬美德、昭示天下的作用,具有户外广告的形式,带有公共广告的性质。[4]

---

[1] 丁俊杰.公益广告初探[J].现代传播,1991(8).
[2] 张海鹰.公共广告再认识[J].新闻记者,2004(10).
[3] 张殿元.政府主导还是主导政府:日本公共广告对中国的启示[J].新闻大学,2013(3).
[4] 叶溢.宋代社会公共广告的代表:徽州牌坊[J].散文百家,2016(9).

公共广告起源于美国,1942年太平洋战争爆发后,美国的企业建立了战时广告理事会(War Advertising Council),它与政府紧密合作,开展战时广告宣传,内容涉及发行战时债券、征兵以及防止通货膨胀和间谍破坏等。仅仅是动员战时债券,企业捐赠的广告时间和版面相当于3.5亿美元。二战结束以后,美国 Advertising Council 成立,并把注意力转移到诸如森林防火、交通安全等社会问题。这可以说是现代公共广告的开端。美国 Advertising Council 对公共广告的基本定义是"服务于公众利益的广告",其目的是通过教育提高公众对重大社会问题的认识,改变公众的态度和行为,促进社会进步。

在美国,广播电视媒体播发公共广告曾经是法定的义务,根据联邦广播法,作为使用电磁频谱这一公共资源的回报,广播业有义务为"公众利益、便利和需要"服务。

20世纪80年代以后,美国的 Advertising Council 不再是唯一的公共广告实施者。建立于1987年的美国反毒品合作组织开始独立在电视媒体制作发布反毒品的公共广告。20世纪80年代末和20世纪90年代初,该组织的反毒品广告在美国的电视媒体大量播出,并取得相当成功的宣传效果,一度有92%的美国青少年表示看到过该组织的反毒品电视广告。20世纪90年代初,越来越多的机构参与公共广告的制作和发布,其中不乏付费广告。1998年,美国国家药品控制政策署(ONDCP)拨款10亿美元购买媒体时间进行反毒品宣传。这一高额拨款被认为是基于政府的"广告可以在帮助年轻人改变态度和行为方面发挥重要作用"的信念之上的。

在美国,政党在媒体所做的广告宣传被认为是政治广告而不是公共广告,将带有政府观念的广告归为意见广告,也排除在公共广告之外。

日本公共广告的发展借鉴了美国的模式,但与美国不尽相同。日本公共广告机构的前身是成立于1971年的"关西公共广告机构"。该机构以关西为中心,在大众媒体开展有关"公共心"的宣传活动。1974年,全国性的公共广告机构正式登记成为社团法人,日本公共广告机构宣告成立。日本公共广告机构的活动经费全部来自会员的会费和赞助。广告创意和制作费用由会员广告公司和制作公司承担,广告作品由会员媒体免费提供版面和时段刊发。

### 4. 政府广告

在政府营销项目的推广过程中,财政出资开展广告宣传也较常见,主要花费在地方及城市形象宣传、节庆活动宣传、展会和赛事等公共事件的广告宣传上,电视、报纸、户外和广播是中国政府广告的主要媒介形式。原因主要是电视、报纸和广播是传统的官方新闻媒体,政府机构比较信任,也较符合政府的身份,非公商业网络媒体是2000年以后才发展起来的,早期也比较低端,与政府的官方权威形象不够匹配。因此政府较少采用,但随着网络空间的治理和净化,政府已经增加与非公网络媒体的合作,同时政府也在发展网络自媒体并推动官方新闻媒体的融合发展。户外广告对于营造重大政府营销事件的现场氛围、引导公众的参与意识与参与行为具有重要的价值,早在红军时期,我党我军就因陋就简在农村墙体上书写"打土豪分田地"等宣传口号。而地方政府在户外广告地点设置与内容发布上的决定权,使得政府营销项目在利用户外广告方式上有独特的优势。北京奥运会的户外广告、上海世博会的户外广告,均有着强大的传播气势、强烈的视觉冲击力和情感影响力,起到了良好的宣传沟通作用。而其他地方政府的户外广告在营销项目中的传播作用也给人留下了深刻印象。比如,近期各地对社会主义核心价值观的中华民族传统文化的户外广告宣传就具有良好的认知效果。

5. 组织传达

组织传达是指政府组织将国家政策、上级指示、会议精神、内部文件等按照组织体系和层级向工作人员和公民进行传播的活动。组织传达的方式有会议传达、文件传达以及会议加文件共同传达等形式。组织传达方式是我国政府对内传播的传统方式,结合工作检查和奖励处罚等形式,还可以准确掌握组织传达的作用效果,因此也是政府推动工作的有效方式。这种方式在政府营销的项目上,可以起到重要的传播推动作用。不过这种方式对于数量众多、分布广泛的大众来说,存在一定的局限性。

6. 人员沟通

在对内的政府营销沟通传播中,还可以采用人员沟通等面对面、一对一、点对点的直接沟通方式,深入群众做细致的思想交流与沟通工作,由于人员沟通具有针对性和互动性,具有感情性和感染力,因而更加具有说服力,对于政府营销项目沟通的细化、具体化和落地化,尤其具有重要的意义。

# 六、发挥政府营销的沟通艺术

沟通既是科学也是艺术。政府营销沟通既要遵循沟通的科学规律,也要讲究沟通的艺术和方法。尤其是要改变高高在上式的发号施令,重视以平等的态度对待沟通受众,注重沟通中的互动对话,尊重受众的心理需求,找到共同语言,得到情感共鸣。

## 1. 凝练沟通主题

中国地方政府如同早期企业一样,对营销项目非常热爱,也非常熟悉,能对项目的诸多优点如数家珍,也希望将营销的诸多优点统统放到对受众的沟通信息内容里,舍不得删减任何一条,导致沟通信息内容太多,冲淡沟通主题或根本无主题。这种营销沟通主题模糊现象存在较为普遍,也较为严重。岂不知,这样的热心在营销传播中往往办不成好事。

企业营销沟通的主题提炼和创意艺术可以为政府营销沟通提供成功的借鉴。要从受众接受理解的心理出发,凝练沟通主题,保持所有沟通方式主题的简洁、鲜明与一致,是提高政府营销沟通效果的重要方法之一。否则,沟通起来很费劲,受众也很难接受和记住。沟通主题可以是一句传播口号,也可以是一句陈述或表白。理想的沟通主题,一要与政府营销的目标相一致;二要适应公众的心理需求,形象生动,贴切朴实;三要简明扼要,便于记忆,简洁的文字比层层修饰更能铭刻于心;四要新颖独特,富有鲜明的个性特点和时代特征。

## 2. 关注公共利益

政府营销沟通容易进入的另一个误区是,往往从自身出发,从项目本身出发,而没有设身处地地考虑受众的认知心理和内心关切。政府营销沟通的诉求,要换位到民众和沟通对象的身份和角度去进行思考,要找到民众共同关心的公共利益才能吸引民众的注意、引起民众的兴趣,得到公众的共鸣和回应。公共利益是一定范围内不特定多数人的利益。政府在进行营销沟通时,关注公共利益设置沟通议题与内容,就能够抓住公众的注意力,就能得到公众响应和拥护,从而起到政府营销沟通传播的作用。

### 3. 使用公众语言

语言是人们交流思想的载体,从本质来讲,应该是公众的。但在体制内舆论场里,自然有体制内的话术。而在老百姓的生活中,也有自己的话语体系。官方语言、官腔官调是老百姓较为反感的。因此,政府在营销沟通宣传时,要使用通俗易通的公众语言来增进公众理解,拉近公众距离,增加沟通的亲切感和亲和力,提升沟通的影响力。在起草2017年政府工作报告时,李克强总理就要求"要写得让老百姓在火车站看大屏幕时,也能听懂"。有地方政府部门在推行垃圾分类处理时,采用"可回收垃圾"与"不可回收垃圾"等专业概念老百姓就不容易明白,不明白就做不好,后来改为"会烂的垃圾"和"不会烂的垃圾",老百姓就懂了,也能做好了。

### 4. 使用形象代言

在政府倡导行为的传播中,政府官员的言行具有言传身教、潜移默化的作用。比如中国政府领导人在倡导节能减排工作中就以身作则。时任中共中央总书记胡锦涛和时任国务院总理温家宝在出席国内会议和活动中,就只穿衬衫甚至是短袖衬衫,不打领带,倡导将空调温度提高一度以节约用电。

政府在营销沟通宣传时,可以使用有知名度、有影响力、有亲和力的人物进行代言,如体育明星、影视明星、英雄模范、企业精英、文化名流以及政府官员本身等,以增强吸引力。2009年5月张家界市市长赵小明以卡通形象出现在电视荧屏和网络上,为"2009中国张家界国际乡村音乐节"代言,其娱乐化的卡通形象非常适合"乡村音乐节"的推介。与聘请明星当"形象大使"相比,市长是本地家喻户晓的公众人物,代言当地旅游活动更有亲切感、说服力,也更能赢得游客的好感与信任,而且能省下不少的代言费用。

习近平当选中共中央总书记以后,他的多幅漫画形象广为流传,这一方面展示了执政者的开明与开放,另一方面则体现了公众对领导人的爱戴。2013年10月14日,"复兴路上工作室"制作的《领导人是怎样炼成的》的动画视频上传到互联网上。该视频全长约5分钟,以卡通形式风趣地解读了中、美、英三国领导人的产生过程,以习近平为例讲述了中国领导人产生的机制,十八届中央政治局常委以及前国家领导人毛泽东、邓小平、江泽民、胡锦涛均以卡通造型悉数登场,这也是领导人的形象首次以卡通形式出现。该视频分为中英文解说两个版本。短短4天内,中文版点击量超200万次,评论超1 000条;英文版点击量也将近4万。

2014年2月,一组漫画版的"习主席的时间都去哪儿了"成为舆论焦点,诸如"习大大好萌""习主席辛苦了"的网民回复多次出现在相关新闻里。制作和发布该漫画的千龙网总编辑黄庭满表示,在俄罗斯接受媒体采访时,习近平引用春晚上一首歌曲的歌名给了编辑团队灵感,"习主席在接受采访中用大白话,这是很亲民的形象。"于是他们决定使用原创的卡通动漫形象,把习近平自履职以来的出访、会议和调研等情况展现出来,"比文字稿深入人心,也适应读者的新阅读需求。"

2015年春节,"朝阳工作室"发布的3个"群众路线系列动漫"短片(之一群众路线动真格了?之二老百姓的事儿好办了吗?之三当官的真怕了吗?)在网上悄然流传,不仅再现了习近平到河南兰考县与老百姓吃饭拉家常的情景,还创作了习近平挥舞"群众路线"旗帜、挥棒打掉"大老虎"、挥舞手术刀向"难产证"砍去、挥手斩断公权私权连带关系等动画,一位大力反腐反"四风"的领导人形象跃然屏幕。

# 七、选择政府营销的沟通媒体

沟通媒体选择既关系到沟通的效果好坏,又关系到沟通的投入多少。为此,需要掌握正确的媒体选择流程与方法,合理选择和组合媒体。

1. 媒体选择流程

(1)明确目标市场策略和营销沟通对象。在进行媒体的选择和组合前,应该对营销沟通的区域范围内、受众有明确的认识。

(2)进行媒体评估。对可供选择的媒体按照受众对象的类型特征、受众总量和结构、有效受众数量、媒体的到达率和影响力(如电视收视率、广播收听率、报纸阅读率、网络点击率等指标)、媒体的权威性、媒体费用等要素进行分析与评估。

(3)确定营销沟通媒体。以媒体评估为依据,选择最接近目标市场和营销沟通对象、有效受众数量最多、权威性与接受性最高而费用经济合理的媒体作为合作媒体。

（4）确定媒体组合和媒体排期。按照整合传播整体优化的原则对确定进行营销沟通的媒体进行时间和规格上的组合，确定各媒体信息发布的时间与内容。

2. 沟通媒体选择

在媒体繁多且分化现象明显的时代，必须正确掌握媒体的选择方法，才能找到能够与目标沟通对象进行有效沟通的媒体。通常媒体的有效选择方法主要包括以下3种：

（1）目标市场——媒体优选法。政府营销沟通的作用是将营销项目信息传播给目标受众。这就要求媒体的选择必须符合营销项目的目标市场，充分注意媒体与目标市场这些方面的一致性：目标市场区域范围与媒体覆盖范围的一致性、目标受众者与媒体受众的一致性、营销项目参与行为决策者与媒体受众的一致性。

（2）项目类型——媒体优选法。不同的营销项目有不同的特点以及由此带来的沟通诉求主题与创意表现的差异，不同的媒体也有不同的诉求与表现能力，具有不同的传播效果。因而，需要根据营销项目的特点来进行媒体的选择与策划。一般来说，印刷媒体适用于要向消费者作较为详细的文字说明的项目；影视媒体则适用于有形象、外观、色彩、运动和声音效果表现需要的项目。

（3）媒体特点——媒体优选法。不同的媒体具有不同的传播特点，其传播能力、传播时机、传播费用也各不相同。而媒体选择应充分注意媒体自身的特点。在媒体运用实战中，有按照媒体传播能力选择强势媒体、按照媒体传播费用选择成本媒体、按照媒体传播效果选择有效媒体、按照媒体传播效能选择新兴媒体等不同方法。

3. 沟通媒体组合

在影响面大受众广的重大政府营销项目沟通中，使用单一媒体沟通效果不够，需要同时使用多种媒体并合理进行媒体组合。媒体组合能够提高营销信息的传播面和触及率，可以克服单一传播惰性，产生"1＋1＞2"的结构功能放大作用，产生整合传播效应。比如，组合媒体的营销沟通能使目标受众"网上能搜到，电视上能看到，广播上能听到，报纸上能读到，大街上能见到"，就能够取到良好的整合传播效果。

但是,媒体组合也并不是媒体越多越好。一般来说,媒体组合应该掌握以下4种原则和方法:

(1) 符合营销项目沟通策略。不同营销项目,营销目标与沟通策略不同,媒体组合方式和权重次序也不相同。政府形象沟通的媒体组合,应以电视和网络为主,辅以杂志形象传播,使受众对政府形象产生形象记忆效果;公共政策沟通的媒体组合,应以文字传达和检索能力强的网络媒体、以具有文字传达优势的纸质媒体为主,使受众能便利地掌握具体内容信息。

(2) 扩大受众强化沟通力度。某一种媒体的受众对象,不可能与营销沟通对象完全重合,没有被主要媒体覆盖到的那部分沟通对象就需要通过其他媒体来补充接触。媒体组合应尽可能地接近和覆盖所有的沟通对象,并强化沟通力度。

(3) 信息内容支持互补。各种媒体具有不同的传播特性,媒体组合应该有助于克服单一媒体的传播局限。如电视媒体不能进行细致解释,可以通过纸质和网络媒体进行补充;报纸媒体信息不容易检索查找,可以与搜索非常便利的网络媒体进行组合。

(4) 信息展露时间长短配合。不同的媒体有不同的时间特性,如电视和广播展露时间很短,杂志和网络展露时间较长。因此,为了延续营销沟通的时间,要注重不同媒体在时间周期上的配合。

在主流新闻媒体融合发展的当下,媒体组合也不一定要组合多家媒体单位,采用一家拥有网络、电视和移动客户端的媒体有时也是可行的。

# 八、确定沟通时机与沟通触点

沟通时机是指政府营销沟通的起始时间和持续时间,沟通时机的确定主要取决于政府营销项目沟通的时间的要求与政府营销沟通传播对象的媒体接触时间规律,两者的接触点与结合点就是沟通的最佳时机。从传播学的角度讲,时机是影响传播效果的重要因素。能否及时捕捉并抓住有利时机,是形成政府营销传播效果的重要因素之一。

时机具有不可逆转性,因此,政府营销项目的沟通传播必须抓住不可复得的机会,果断地有效推进营销传播。选择沟通传播时机时,还应当注意以下两点:第一,尽可能选择那些能够引起目标群体关注的时机;第二,时机并非只是具有正面价值的所谓机遇,还需要学会利用危机或负面事件,转危机为时机,这比单纯利用机遇提出了更高要求,也更有挑战性。比如 2003 年 SARS 疫情、2008 年四川汶川大地震等,这些灾难性事件发生的时刻也是检验政府形象和政府能力的时刻,反政府组织成员以打砸抢方式挑起旨在分裂国家事端的时候,也是考验政府政治意志和平抑暴乱能力的时候,我国政府都在这些时候及时传播了事件的真相和政府的紧急处理措施,达到了很好的效果。

确定沟通时机,需要具备一定的敏锐性,要求政府营销人员必须具有敏锐的洞察力,及时发现和利用具有沟通价值的时间机会。确定沟通时机还需要具备全局意识,不应仅局限于沟通活动本身,还应综合考虑政治气候和背景、文化习俗、民族情感、经济状况、时间季节、民意状况,以及政府内部的实际情况,等等。

比如通常来说广告等营销沟通应该做在销售旺季之前,从而引导旺季市场需求。但在政府的旅游营销广告投放中,需要区分旅游景点的知名度和游客追逐的热度等不同情况分别对待。一般来说,旅游需求的不平衡性是非常明显的,淡旺季波动非常大,著名景点的旺季和黄金周旅游人满为患,超过景点承载能力和旅游服务接待能力,淡季却又门可罗雀。因此,为了平衡淡旺季需求,著名旅游景点和旅游目的地,在旺季到来之前和旺季之中,要减少广告投放和营销沟通力度,降低旺季需求,以保证游客安全舒适,获得良好的旅游体验,避免过度需求人满为患造成的安全隐患,降低旅游体验,形成负面印象。淡季到来之前和淡季之中,著名旅游景点要加大广告投放,加强营销沟通力度,吸引更多的游客淡季来旅游。很多旅游景点通过旺季门票涨价的方式来调节过旺的需求,美其名曰用经济手段和价格杠杆来调节需求,结果反而怨声载道,被人所诟病,这是需要反思的,或许涨价的内心动机不是调节需求,而是趁机牟利,不是以游客利益至上,而是以自身利益至上。当然,非著名旅游景点,需要在旺季到来之前投放广告吸引游客,淡季投放广告对于吸引力不强的旅游景点来说,效果是比较差的,因此,需要趁旺季累积游客逐渐形成影响力之后,通过优质周到的接待服务使游客获得良好的旅游体验,积累游客口碑,最终使景点影响力逐步增加,再加上增加淡季广告力度和营销沟通努力,才能逐步拉动淡季需求,步入良性循环,最终成为著名优质服务景点。

# 九、确定政府营销的沟通频率

沟通频率是指一定时期内政府营销沟通的次数。沟通频率是影响到营销沟通能否达到预计效果的重要因素之一，也是影响到沟通资源使用效果的要素之一。沟通频次过少，沟通资源费用花费不多，但是有可能沟通效果不佳，公众认知不够清晰或深刻；沟通频次过多，沟通目标应该能够达成，但是很可能会浪费沟通资源，还有可能形成一定的厌烦心理和逆反心理，形成一定的负面印象。

最佳沟通频率是沟通效果最好沟通资源使用效果最经济的营销沟通频率。因此，找到最佳沟通频率是一件非常有价值的政府营销传播策划与管理工作，也是一件具有科学性与艺术性的工作。确定最佳沟通频率必须了解影响最佳沟通频率的因素的种类及其影响方式和影响程度。

公众对于政府营销项目的认知基础和接受态度是影响最佳沟通频率的基础性因素。认知基础好、接受态度正面积极，则沟通频率不用太多就可以达成沟通效果，认知基础差，接受态度是负面的反面的，则需要增加沟通次数，使用较多的沟通频率才能达成沟通目标。

政府营销项目对于公众的价值和利益是影响最佳沟通频率的关键性因素。政府营销项目对于公众的价值和利益越大、越明显、越直接，公众接受越快，沟通频率就不需要太高。而政府营销项目对于公众的价值和利益越小、越间接、越不明显，公众接受越困难，就越需要加强沟通，增加沟通频次。

政府营销沟通的媒体与创意、时机与时间是影响最佳沟通频率的策略性因素。沟通媒体越具有权威性和公信力、沟通代言人公众形象越好、创意越有吸引力和冲击力、沟通的时机越及时、沟通的时间与公众的接触点越契合，沟通的次数就可以越精简，相反，则需要增加沟通次数。

政府营销项目的竞争信息及其传播和认知是影响最佳沟通频率的干扰性因素。干扰信息越多，干扰力度越大，政府营销项目的沟通障碍就越多越大，就需要越多的沟通频次才能达成沟通目标。在地方政府、部门政府的营销项目中，由于公众利益与地方政府、部门政府可能存在局部与整体、短期与长期等方面的认识差异，有可能存在干扰政府营销项目沟通的反面信息。在国家营销层面,由于国际上反华势力的存在,由于其他国家对于中国发展的阻止,对于中国政府的营销项目、对于中国形象也存在着各种各样的反面干扰性宣传。国内外反华势力相互勾结,在中国内部和国际上制造分裂中国的活动并大肆诋毁中国形象,一些不明真相的公众因此被蒙蔽。在这样的情况下,就需要中国政府增加宣传沟通力度和频次,以正面的声音压到负面的声音,以正义的形象压到非议的形象。

## 十、控制沟通费用与沟通效果

政府营销沟通经费的使用效果,是政府营销目标和任务能否实现的影响因素,在实际执行中,需要按照经费节约使用、有效使用的原则科学合理安排,从过程和结果两个方面进行控制和管理。

1. 控制沟通费用

费用是政府营销沟通活动的物质保证,所以要将沟通活动费用纳入政府营销的日常管理中,从财力上保证沟通活动的正常开展。同时注意节省开支,提高经费利用效益。政府营销沟通费用的控制分为日常控制和特定控制两种。

(1) 日常控制。日常控制主要针对日常政府沟通活动所需要的费用,这类费用开支相对稳定,主要包括:政府自媒体设备的采购费用、运营和维护费用;人员工资社保费用、外聘专家或顾问的报酬;营销沟通印刷物料的制作费用;日常行政办公费用,如房租水电费、电话网络通讯费、差旅费等。

(2) 特定控制。特定控制主要针对具体沟通活动和项目开支,这类费用开支金额较大且有一定的波动性,如媒体广告发布费用、节庆活动费用、文化活动费用、公共事件营销费用、新闻发布会和沟通会费用等。此外,还要为应对突发事件预留一定的经费。这些费用弹性也较大,控制时要留有余地。

在控制沟通费用时,应特别注意以下问题:① 要以计划方案为标准来确定费用预算;② 必须提出一份实施计划具体项目的清单,了解各项活动所需详细费用;③ 费用预算必须保证一定的弹性,以防意外事件的发生;④ 要遵循比较原则和政府招标制度,保证经费使用合法合规,由于营销沟通中的很多项目属于创意产品,属于非标产品,媒体投放通常最佳效果媒体也具有唯一性,因此需要打破常规招标方法,创新招标方式,实现合规合法运作,节约经费使用,减少浪费现象,杜绝贪腐行为;⑤ 要及时检查费用的执行情况,并考察政府营销沟通活动的绩效。

### 2. 控制沟通效果

控制和考核政府营销沟通效果的指标包括工作效果、认知效果、行为效果和投入效果4个方面:

(1) 工作效果。是指营销沟通活动中人员工作和媒介运用的效果。具体指标包括:① 沟通人员的工作时间、数量统计与工作质量评估,② 信息沟通数量统计,如广告投放次数和时长(或篇幅)、媒体访谈次数、新闻发布会次数、媒体发稿篇数(时长和篇幅)、宣传材料发放数量、公众与网民互动次数等。

(2) 认知效果。是指接收和理解沟通信息的公众数量和质量状况,如知晓、理解政府营销沟通信息和政府营销活动的受众数量及其与目标受众总数量的百分比。

(3) 行为效果。是指受政府营销沟通影响从而参与政府营销项目或活动的公众人数。比如,全面二孩生育政策实施以后,知晓政府计划生育政策调整而怀孕生育二孩的数量,还可以统计分析二孩生育实际数量与全部可以生育二孩家庭数量的比例,分析符合二孩生育政策但是放弃生育二孩的家庭数量及其原因。

(4) 投入效果。政府营销的目标是公共利益,不是商业利益,因此不需要进行经济效益分析,但也可以需要对政府营销沟通投入进行效果分析,探讨是否能以更低的营销沟通投入获得更大化的认知效果和行为效果,或者以现有的营销沟通投入获取更大的认知效果和行为效果。

# 第九章 政府形象传播
## ——塑造卓越政府公共形象

## 一、形象传播的理论基础

传播是伴随人类社会的一种沟通交流活动。传播行为和传播现象自古就有,到20世纪30年代开始发展成为一门社会科学——传播学——以研究人类传播行为和传播过程、传播规律以及传播效果的学问。

企业形象设计和传播20世纪50年代在美国快速兴起,20世纪80年代中后期进入中国大陆。20世纪70年代,西方发达国家借鉴企业管理实施的新公共管理运动和政府再造运动,意图和效果之一也在于重塑政府形象。中国政府和学界于20世纪90年代提出政府形象建设和政府形象研究,进入21世纪后研究成果呈现快速增长态势。

从诞生时间和学理逻辑上来说,政府形象的有效传播需要借助传播学的理论和方法。因此,本章首先介绍传播学的一些基本理论。

### 1. 传播模式理论

美国政治学家拉斯韦尔在其1948年发表的《传播在社会中的结构与功能》一文中,最早以建立模式的方法对人类社会的传播活动进行了分析,提出了"5W"模式即谁(who)、说什么(says What)、通过什么渠道(in which channel)、对谁(to whom)、取得什么效果(with what effects)。"5W"模式界定了传播学的研究范围和基本内容,影响极为深远。这五个要素又构成了后来传播学研究的五个基本内容,即控制研究、内容分析、媒介研究、受众研究和效果研究。这五个要素各有其自身的特点:

"谁",就是传播者,在传播过程中担负着信息的收集、加工和传递的任务。传播者既可以是单个的人,也可以是集体或专门的机构。

"说什么",是指传播的讯息内容,它是由一组有意义的符号组成的信息组合。符号包括语言符号和非语言符号。

"渠道",是信息传递所必须经过的中介或借助的物质载体。它可以是诸如信件、电话等人际传播媒介,也可以是报纸、广播、电视等大众传播媒介。

"对谁",就是受传者或受众。受众是所有受传者如读者、听众、观众等的总称,它是传播的最终对象和目的地。

"效果",是信息到达受众后在其认知、情感、行为各层面所引起的反应。它是检验传播活动是否成功的重要尺度。

这个模式也存在一些不足,比如单向线性思维,忽略了传播过程中外部环境的影响,忽略了反馈与互动。后来的传播学者在此基础上做了一些修正。

### 2. 拟态环境理论

拟态环境(pseudo-environment)由李普曼在1922年出版的《舆论学》中提出。拟态环境理论认为,现代社会变得越来越巨大和复杂化,对超出自己经验以外的事物,人们只能通过各种新闻供给机构去了解。现代人的行为在很大程度上已经不是对真实的客观环境反应,而成了对大众传播所描绘的"拟态环境"的反应。

"拟态环境"并不是现实环境的客观再现,或多或少与现实环境存在偏离,但又并非与现实环境完全割裂,而是以现实环境为原始蓝本的选择性加工与表现。在大众传播极为发达的现代社会,人们的行为与三种意义上的"现实"发生着密切的联系:一是实际存在着的不以人的意志为转移的"客观现实";二是传播媒介经过有选择地加工后提示的"象征性现实"(即拟态环境);三是存在于人们意识中的"关于外部世界的图像",即"主观现实"。人们的"主观现实"是在他们对客观现实的认识的基础上形成的,而这种认识在很大程度上需要经过媒体搭建的"象征性现实"的中介。经过这种中介后形成的"主观现实",已经不可能是对客观现实"镜子式"的反映,而是产生了一定的偏移,成为了一种"拟态"的现实。

### 3. 议程设置理论

议程设置理论最早见于美国传播学家 M. E. 麦库姆斯和唐纳德·肖于1972年发表的论文《大众传播的议程设置功能》。这篇论文是他们在1968年美国总统选举期间就传播媒介的选举报道对选民的影响所做的一项调查研究的总结。该理论认为大众传播往往不能决定人们对某一事件或意见的具体看法,但可以通过提供信息和安排相关的议题来有效地左右人们关注哪些事实和意见以及他们谈论的先后顺序。大众传媒对事物和意见的强调程度与受众的重视程度成正比,受众会因媒介提供议题而改变对事物重要性的认识,对媒介认为重要的事件首先采取行动。媒介议程与公众议程对问题重要性的认识不是简单的吻合,这与其接触传媒的多少有关,常接触大众传媒的人的个人议程和大众媒介的议程具有更多的一致性。大众传播可能无法影响人们怎么想,却可以影响人们去想什么。

### 4. 把关人理论

"把关人"(gatekeeper),最早是由美国著名社会心理学家、传播学四大奠基人之一库尔特·卢因1947年在《群体生活的渠道》一文中提出的。卢因认为,在研究群体传播时,信息的流动是在一些含有"门区"的渠道里进行的,在这些渠道中,存在着一些把关人,只有符合群体规范或把关人价值标准的信息才能进入传播渠道。传播者不可避免地会站在自己的立场和视角上,对信息进行筛选和过滤,这种对信息进行筛选和过滤的传播行为就叫做把关(即守门),凡有这种传播行为的人就叫做把关人(守门人)。20世纪50年代,传播学者怀特将这一概念应用于新闻研究,提出了新闻传播的"把关"过程模式。怀特认为,新闻媒介的报道活动不是"有闻必录",而是对众多的新闻素材进行取舍选择和加工的过程。在这个过程中,传播媒介形成一道关口,通过这个关口传达给受众的新闻或信息只是少数。

### 5. 刻板印象理论

刻板印象(stereotype),最初专指印刷铅板,后被社会心理学家和传播学家用来描述大众对某些人物或实物形成了不易改变的固定成见,进而影响到其态度与行为。刻板印象大多数是先入为主的负面认知,并不一定正确。刻板印象多由偏见引起并会加深偏见。比如日常舆论中形容商人的"无商不奸",而"城管"在很多人的印象中代表着野蛮执法,等等。

改变已经形成的刻板印象非常不容易,需要相关各方各身做出一些调整,而不只是某一方的调整,需要被"偏见者"自身提高自我表达的意识和艺术,需要媒体多从客观、公正和全面的角度进行报道,需要"不同意见者"提高理性素养、全面了解信息、公正看待问题。

## 6. 媒介霸权理论

媒介霸权理论是意大利政治学家葛兰西 1947 年在《狱中札记》中提出的理论,认为一个社会阶层可以通过操纵社会文化支配和统治整个多元文化社会,统治阶级的世界观会被强制作为唯一的社会规范,并被认为是有利于全社会的普世价值,但实际上只有统治阶级受益。一个政权的维护,需要政治的强制力和霸权文化的配合,而霸权文化的建立是被统治者对于统治者世界观的接受,教育和大众传播媒介对于灌输霸权文化具有重大影响。

媒介霸权基本可以分为 3 种类型:① 媒介帝国霸权,指一个或多国对其他国家的媒体系统、传播技术和传播内容的优势性输出、垄断和支配,这在西方发达国家与第三世界国家之间表现尤为明显,以媒体霸权控制世界话语体系,渗透意识形态,而小国弱国则没有话语权;② 媒介话语霸权,指权力、资本和知识缔造话语,媒介又为这些话语提供捍卫机制;③ 媒介技术霸权,指媒介通过先进技术并持技术优势灌输意识形态和霸权观念。

## 7. 意见领袖理论

意见领袖理论起源于拉扎斯菲尔德和伊莱休·卡茨的两级传播论。意见领袖是指在人际传播网络中经常为他人提供信息,同时对他人施加影响的"活跃分子",他们在大众传播效果的形成过程中起着重要的中介或过滤的作用,由他们将信息扩散给受众,形成信息传递的两级传播。意见领袖是两级传播中的重要角色,是人群中首先或较多接触大众传媒信息、并将经过自己再加工的信息传播给其他人的人。意见领袖具有影响他人态度的能力,他们介入大众传播,加快了传播速度并扩大了影响。

意见领袖一般颇具人格魅力,具有较强综合能力和较高的社会地位或被认同感。意见领袖社交范围广,在社交场合比较活跃,拥有较多的信息渠道,对大众传播的接触频度高、接触量大,常常关注那些身边的事件和新闻,并发表自己的观点。意见领袖与受其影响者同处一个社会团体并有共同爱好,或同处一个相近的社会阶层并持有相近的价值观,与被影响者一般处于水平关系而非直接的上下级关系。意见领袖未必都是大人物,相反,他们是我们生活中所熟悉的人,如亲友、邻居、同事等。正因为他们是人们所了解和信赖的人,他们的意见和观点也就更有说服力。意见领袖并不集中于特定的群体或阶层,而是均匀地分布于社会上任何群体和阶层中。

意见领袖的影响力一般分为"单一型"和"综合型"。在现代都市社会中，意见领袖以"单一型"为主，即一个人只要在某个特定领域很精通或在周围人中享有一定声望，他们在这个领域便可扮演意见领袖角色，而在其他不熟悉的领域，他们则可能是一般的被影响者。在传统社会或农村社会中，意见领袖一般以"综合型"为主，例如有声望的家族对当地社会往往有普遍的影响。

意见领袖具有多种作用和功能：① 加工与解释的功能，意见领袖对接收到的信息进行加工与解释，以便进行二次传播；② 扩散与传播的功能，意见领袖对信息的再扩散和再传播是无报酬的义务性的，有时甚至是令人厌恶的，但是他们自己十分乐意这样做。③ 引导与支配的功能，意见领袖对自己先期接收到的信息进行加工与阐释、扩散与传播，正是为了引导和支配其追随者或被影响者的态度和行为。

在互联网时代，意见领袖不仅是原来那些经常接触传统媒体的人，还包括在政治、经济、文化和社会等方面具有强大影响力的人，政治家、体育明星和娱乐明星、网络公知、网络大V都是新时代的意见领袖，意见领袖借助互联网加快了其影响速度，放大了其影响力量。

8. 沉默的螺旋理论

德国女传播学家伊丽莎白·诺埃勒-诺依曼（E·Noelle-Neumann）在对历史进行研究的基础上，又经多年的民意调查实证研究，于1974年首次提出"沉默的螺旋"概念。

"沉默的螺旋"理论描述了这样一个现象：人们在表达自己想法和观点的时候，如果看到自己赞同的观点，并且受到广泛欢迎，就会积极参与进来，这类观点就会越发大胆地发表和扩散；而发觉某一观点无人或很少有人理会，甚至遭到群起而攻之时，即使自己赞同它，也会保持沉默。意见一方的沉默造成另一方意见的强势和增势，如此循环往复，便形成一方的声音越来越强大，另一方越来越沉默下去的螺旋发展过程。

"沉默的螺旋"所描述的现象在现实生活中是比较常见的。在奉行"明哲保身"观念的中国社会中，也较有存在的市场，尽管这不是很好的现象。

9. 公共领域理论

这是德国学者哈贝马斯1964年在《公关领域的结构转型》中提出的理论。公共领域指的是一个国家和社会之间的公共空间，市民们假定可以在这个空间中自由言论,不受国家的干涉。意指的是一种介于市民社会中日常生活的私人利益与国家权利领域之间的机构空间和时间,其中个体公民聚集在一起,共同讨论他们所关注的公共事务,形成某种接近于公众舆论的一致意见,并组织对抗武断的、压迫性的国家与公共权力形式,从而维护总体利益和公共福祉。通俗地说,就是指"政治权力之外,作为民主政治基本条件的公民自由讨论公共事务、参与政治的活动空间"。公共领域最关键的含义,是独立于政治建构之外的公共交往和公众舆论,它们对于政治权力是具有批判性的,同时又是政治合法性的基础。

公共领域理论强调三个核心要素:公众,普遍利益上形成的公众舆论,讨论的理性、批判性和平等性。依据这种分析,大众媒体是典型的公共领域,固有传媒公共领域之说。互联网时代,网络也是典型的公共领域,固有网络公共领域之说。

### 10. 社会责任理论

现代资本主义世界的新闻传播理论,来源于自由主义理论,但又超出发展了自由主义理论,故有人称其为新自由主义理论。它强调自由必须以责任为前提,新闻媒介在享有自由权利时,要承担对于社会、对于公众的义务和责任。政府不仅要允许自由,而且还要促进自由。

20世纪,西方自由放任主义盛极一时。经济在自由市场主义的口号声中却走向了垄断。传媒业也垄断在少数媒体大鳄手中。美国新闻业者就认为,他们和其他的私有企业一样是在做生意,不同的是他们可以利用宪法所赋予的新闻自由,不受限制地采集信息,经过记者、编辑的加工,成为新闻而传播给大众。这些被滥用的自由主义态度与行为,导致了营利性媒体的低俗化倾向,过分强调媒体的权利而损害了社会利益,也使媒体本身面临信任危机。在此背景下,二战以后大众传播的社会责任理论被催生出来,但它并不是美国大众传播业自我完善的产物,而是来自大众传播的外部,即对新闻自由和前途满怀忧虑的思考者的研究。

社会责任理论与自由主义传播理论的区别主要在于:① 自由主义传播理论把政府看作集权统治的继续,社会责任理论则视政府为民主政治的产物;② 自由主义传播理论认为"管得最少的政府才是最好的政府",社会责任理论则希望政府应主动地去促进自由,必要时政府应与大众、媒体三者协同一致,共同发挥传播的功能;③ 自由主义传播理论所揭示的自由是消极的,通常称之为"不受外界限制的自由",社会责任理论的自由则是积极的,它要求拥有能够达到人们所希望的目标的必需条件;④ 自由主义传播理论认为新闻自由纯粹是个人的权利,强调"开明的自我利益",因此为了满足一己的理性与天赋,要除却一切加诸个人的限制,社会责任论则强调"为最大多数人谋最大之福利",权利与义务(责任)已由个人转移到社会。

## 二、形象塑造的科学流程

### (一) 形象塑造的方法路径

"形象"由"形"与"象"二字构成,而"形"与"象"的含义有相同的一面也有不同的一面。《新华大字典》(2015)对"形"的相关释义:① 是可感知的真实存在的物体,② 事物或图形的外观或呈现出来的样子;对"象"的相关释义是形状、样子、景象,与"形"的第二个释义是相同的,从这个释义上来说,"形象"是一个并列结构词语。但从"形"的第一个释义看,"形象"又不是一个并列结构词语,而是一个主谓结构词语。清华大学新闻与传播学院范红教授、国务院国资委新闻中心胡钰研究员(2016)认同后一种词语结构,认为"形"是主体的客观存在,"象"是外界对主体的主观印象。"形象"以事物的本原为基础,"形"是主体自身塑造的结果,"象"是"形"的对外传播的结果。①

对"形象"概念的理解不同,会在很大程度上导致对"形象"塑造思路与方法路径上的不同。企业的市场营销比政府营销更早关注和研究组织形象问题,这里,我们先看看企业的市场营销对企业形象概念的基本界定和企业形象塑造的基本思路。

企业的市场营销观点认为,任何企业都有自己的形象,或者说有企业就有企业形象。这种并非企业有意识塑造而自然形成的形象,是一种无意识、非自觉的企业"自在形象"。企业的"自在形象"或许是好的,是公众喜爱和尊敬的,但也有可能是公众不喜欢的,甚至是公众厌恶的,而企业自身还有可能不知道公众的厌恶印象,甚至还自以为是地认为企业是深受公众喜欢的。在企业的

---

① 范红,胡钰.论国家形象建设的概念、要素与维度[J].人民论坛,2016(4).

市场营销中,也有采用"企业自身的本来形象"直接对外进行传播而不考虑公众形象认知的,但这主要是早期的做法,过时的做法,抑或现在还存在这种做法,但数量已经较少了。

现代市场营销认为,企业形象不是企业自己对自身形象的评价和标榜,而是社会公众对企业的整体形象性感觉与认知,是企业实态的外在表现,是社会公众依据其所得到的关于企业价值观念、经营理念、品牌个性、技术水平、产品质量、市场信誉等信息,对企业总体得出的形象、概括的认识和评价。企业形象不是自封的,而是社会公众做出的评价。因此,企业形象的塑造需要坚持由外而内的思考,以公众形象认知调研和测评为基础,结合企业形象设计并塑造受社会公众欢迎的企业形象。这种经过有意识的塑造和传播从而在社会公众中树立起来的企业形象,叫做企业"自觉形象"。通过企业自觉形象的进一步塑造和传播,既能够树立起良好的企业形象,又能够促进企业发展。所以自觉形象是企业对自在形象的认识、改造和升华。企业自觉地进行形象塑造,是选择自己、设计自己、引导自己、宣传自己、发展自己的有效方式。

政府形象的理论研究和实施实践要晚于企业形象。中国对于政府形象的重视、对于政府形象建设的研究和实践,总体始于20世纪90年代,从现有资料来看,政府对外形象的国家形象研究文献比较多,政府对内形象建设的行动比较多。

在研究文献比较丰富的国家形象研究中,对于形象塑造的方法路径,虽然存在多种观点,但基本可以归结为"本质主义"和"建构主义"两大思路与观点,以及基于这二者优缺点分析的国家形象塑造的"互动对话"理论。

### 1. 国家形象塑造的"本质主义"

"本质主义"的国家形象塑造是将国家形象视为国家基于自身"本体"(也就是现实状况)而自我设定、塑造并加以传播出去的形象。这种思路和观点沿袭了国家形象构建(基于实力的定位、设计、塑造)→传播(推广)以实现形象提升(优化、改观)的路径。这种思路隐含着这样一种假定,即国家形象有着本身所固有的、决定其性质、状态和发展趋势的根本属性,这就把国家形象本质化了。也就是说,将国家形象视为一个具有客观实在性、一个自我设定的、只待向外传播的实物。[①]

---

① 李智.中国国家形象:全球传播时代建构主义的解读[M].新华出版社,2011.

## 2. 国家形象塑造的"建构主义"

"建构主义"(constructivism)原本是一种学习理论,强调学习者的主动性,认为知识的传播主要不是靠教师"教",而是靠学生"学",认为学习是学习者基于原有的知识经验生成意义、建构理解的过程。1989年,建构主义被奥纳夫引入国际关系理论领域。此后,政治学者们纷纷参与建构主义研究,形成了建构主义的多种流派。尽管他们之间的观点存在很多差异,但主流建构主义的基本观点是:国家形象不是这个国家自我设计、自我定位并努力传播所形成的结果,而是在国际社会里多方利益博弈、关系互动与交流沟通之中所建构的认知形象。

这种由国际社会建构的一个国家的形象,与一个国家原本的真实形象,有可能是一致的,这是一种理想的状态,但更有可能是存在很大误差、误解的,甚至是扭曲的、歪曲的。但在国际关系和国际事务中,一个国家的真实形象远没有国际社会建构出来的认知形象重要。比如,对于新中国的形象、对于改革开放以后快速发展的中国形象,部分外国媒体、外国政府和外国公民存在很多不清楚的认知,甚至出现了"中国威胁论"和"妖魔化中国"等敌视中国的舆论与行为,持这种观点者,根本无视事实真相,也无视中国的正面沟通解释。正如"北京共识"的提出者,美国政治学者乔舒亚·库珀·雷默在《中国形象——外国学者眼里的中国》所说的:"中国如何看待自己并不重要,真正的关键在于国际社会如何看待中国。"当然,也有很多国家的政府、媒体和公民对中国抱有友好的态度,对中国形象持有肯定认知。

在形象建构过程中,在形象建构结果里,可能存在很多形象失真现象,可能存在很多形象扭曲现象,但却指出了一个较为残酷的事实:在形象认知和形象塑造过程中,自身是什么不重要,公众说什么才重要;自以为是不重要,公众印象才重要。在企业的市场营销与形象塑造里,这种现象同样广泛存在,且被称作"认知大于事实"。

形象建构主义揭示了形象塑造本质主义的无效,给我们的启示是,在公众社会里,不关注公众社会态度与认知的"自以为是"的形象塑造与"自说自话"式的形象传播,是没有效果的。因而政府形象塑造与传播,必须考虑公众社会的态度与认知,依据公众社会的认知基础,做出具有针对性的形象设计和沟通传播,才会达到良好的目的与效果。但是,也需要指出的是,建构主义在强调社会公众认知作用及其重要性的同时,也走向了另一个极端,完全忽视了形象塑造者本身的主观能动性作用,导致形象塑造者在形象定位、形象设计与传播中的被动与消极,完全被社会公众态度和认知所左右而无能为力,只能放任自流,这是不正确的。

### 3. 国家形象塑造的"互动对话"

通过上述针对国家形象塑造"本质主义"和"建构主义"两大方法路径优缺点的分析,我们可以得到这样的判断:在政府形象塑造与传播中,我们一方面不能不顾社会公众态度与认知的作用埋头坚持形象本质主义,另一方面也不能只顾社会公众态度与认知的作用任由形象建构主义左右,而要兼顾形象本质主义和建构主义两者的优点,摈弃两者的缺点,取长补短,兴利除弊,打造形象塑造与传播的正确路径。为此,需要在形象塑造的本质主义和建构主义这两种方法路径之外,创建一种新的形象传播与塑造方法路径。借鉴公共关系的"对话"理论,我们称之为形象传播与塑造的"互动对话"路径。

马丁·布伯(Martin Buber,1878~1965)在1923年出版的《我与你》一书中指出:"存在"并非是"我"自身所具有的,而是发生于"我"与"你"之间,个体"我"不应当把他者视为客体而形成"我-它"关系,而是应当建构平等的"我-你"关系,使人与世界、与他人之间构成平等的相遇,这种"我-你"关系和敞开心怀便被称之为"对话"。① 而2008北京奥运会主题曲《我和你》,则可以看成是当代中国倡导国际和平、构建和谐国际社会关系的呼唤。

20世纪80年代,格伦宁和亨特(Grunig & Hunt)提出4种公共关系传播模式:新闻宣传模式、公共信息模式、双向非对称型模式、双向对称模式。前两个模式中,信息的发布主动权牢牢掌握在组织手中,传播是单向的,对话并不存在。双向非对称模式中,公共关系人员通过科学的研究以确定采用何种方式劝服公众朝着组织期望的方向行动。格伦宁认为这类模式中出现的组织—公众双向信息交流是不对称的,也不能称之为对话。双向对称模式是最理想的公共关系传播模式,对称意味着在处理组织—公众关系时,不仅要从组织方考虑也要从公众利益角度出发。双向对称模式实际上是一种对话模式。双向对称模式强调对话的平等性。公众和组织在对话中的地位平等,公众保持自身独特性,保证发声的权利;双方通过调整,互相适应、理解,建立并维持平等

---

① 马丁·布伯.我与你[M].陈维纲,译.北京:三联书店,1986.

互惠、对称互利的关系。①

肯特和泰勒(Kent & Taylor)认为对话中可以存在不同的意见,对话本身就是不同意见和观点的交流。他们在本世纪初对互联网与公共关系对话理论进行了深入研究,认为互联网在建立对话关系上具有优势,通过互联网技术,组织能够与分散在世界各地的公众建立直接联系,同时获得公众的直接回应。合理运用互联网,组织可以与公众建立"亲密感"。②

公共关系传播的对话理论为形象传播和塑造"互动对话"路径提供了很好的理论基础,而企业市场营销中的企业形象(CI)设计实践,则可以为政府形象塑造提供具有操作性的方法借鉴。

## (二)企业形象设计塑造的流程

企业形象设计塑造的主流方法是CI设计。CI是Corporate Identity企业形象识别的简称,20世纪50年代产生于美国,1960～1980年发展丰富于日本,随着改革开放引进中国,已经成为中国企业形象塑造和传播的重要与基础手段之一。企业形象设计与塑造的成功做法与经验,值得政府形象设计与塑造借鉴。因此,在介绍政府形象设计塑造流程之前,对企业形象设计先做个介绍。

CI设计作为塑造企业形象的系统工程,不论是对内整合认识及观念、整合资源及行为,形成营销合力和统一形象,还是对外传播企业形象,创造形象的营销价值与营销力量,都具有重要作用。由于CI设计具有战略性、长期性与系统性的特征,因此完整、规范的CI设计,过程持续时间将较长,涉及的层面、部门和人员将较多,需要按照流程逐步展开。

### 1. 进行组织准备

企业形象识别系统设计的组织准备工作的第一步,就是成立形象设计领导机构,邀请专家进行企业形象识别设计与企业形象建设培训,到已经实施CI的企业去考察学习,并选定实施CI设计的专业公司等。

---

① Grunig J E. Symmetrical presuppositions as a framework for public relations theory [M]. New Jersey: Lawrence Erlbaum Associate,1989,17-44.

② Kent M L, White W J. How activist organizations are using the Internet to build relationships [J]. Public Relations Review,2001(3):263-284.

## 2. 开展实态调查

这是企业形象设计的基础阶段，实态调查一般从以下2方面展开：

（1）企业实态调查。CI设计人员进驻企业，通过与企业最高负责人、各部门负责人、普通员工面谈等多种形式，开展经营意识、管理制度、组织行为、员工行为、产品研发、生产制造、质量管理、营销策划、品牌管理、广告宣传、产品销售、公共关系、促销活动、售后服务、工作效率和经营业绩等实态调查，了解企业实际情况。

（2）环境实态调查。对社会环境、市场环境、市场格局、竞争关系、客户关系等进行实态调查。了解企业所处的经营环境。

## 3. 进行形象设计

这是企业形象设计的主体阶段，通常按照先理念再行为最后视觉的顺序开展企业形象(CI)策划。CI系统包括3个组成部分：① 理念识别系统(MI)，包括企业精神、价值观念、经营理念、经营目标和发展战略等；② 行为识别系统(BI)，包括行为准则、制度规范、工作标准、工作环境、公共关系、文化活动等；③ 视觉识别系统(VI)，包括企业名称、品牌标识、标准字、标准色、象征图案、工装服饰、吉祥物，以及广告传播、产品包装、产品展示、事务用品、办公用具、建筑外观、交通工具等等。企业形象设计就是要把企业的理念、行为和视觉外观形象有机地联系起来，形成完整的企业形象系统。具体步骤是：

（1）企业理念识别(MI)的设计。以企业的经营理念和社会、市场背景为基础，预测未来，确定企业的事业领域、发展方向与定位，形成企业理念识别(MI)设计。

（2）企业行为识别(BI)的设计。根据企业经营理念和发展定位，设定新的组织体制以及信息传递系统，修订企业经营管理制度与组织行为规范。包括对内行为规范设计：如企业内部的组织管理、规章制度、工作标准、工作环境等行为规范与标准等内容的设计；对外行为规范设计：如市场调查、广告宣传、用户服务、公共关系、促销活动、文化活动等行为规范设计。

（3）企业视觉识别(VI)的设计。根据企业理念识别和行为识别创作设计企业视觉识别。在视觉设计过程中，需要体现企业的行业领域、品牌的产品品类、主导产品的市场定位特性，便于公众通过企业形象识别系统了解企业和品牌的行业属性与产品定位，便于消费者按照产品品类认知、接受和选择企业和品牌。视觉识别设计包括基本视觉元素设计和应用元素设计。也有企业将听觉形象识别纳入企业形象识别的范畴,比如创作企业之歌,在企业会议和庆典活动中播放和演唱;规范品牌名称和广告用语的标准读音、标准音质和音乐主旋律的配器与演奏,在影视广告、网络广告和广播广告中的规范应用。

基本视觉元素的设计包括:企业名称、品牌名称及标准字体设计;企业标识与品牌标记(LOGO)设计;标准色、辅助色设计;象征图形、吉祥物设计;基本要素组合规范,如品牌名称、品牌标记与吉祥物的组合规范,品牌标记与企业名称、企业分支机构的组合规范,等等。

应用元素的设计包括:广告应用规范设计;产品展示应用设计;产品包装应用设计;员工工装服饰设计;办公事务用品应用设计;车体外观应用设计;室内陈设应用设计;建筑应用设计;网络应用设计,等等。

(4) 企业形象设计的整合。整合企业理念识别、行为识别和视觉识别,编制 CI 手册,形成 CI 策划方案。

4. 导入企业形象

CI 策划方案经企业讨论批准后,即进入导入和实施阶段,它需要在企业内部进行形象导入动员,按实施推进进度贯彻企业理念、行为规范和 VI 标识,并向企业内部和外部传播企业新形象,传播载体包括企业内部的快讯、动态、刊物和网络自媒体,各种类型的活动、会议等,以及企业外部的新闻媒体和广告媒体。传播对象主要有股东、员工、消费者、分销商、供应商、广告代理商、政府、社区、银行等。

## (三) 政府形象设计塑造的流程

依据形象传播与塑造的"互动对话"方法路径,借鉴企业形象(CI)设计的成功做法,我们认为政府形象设计塑造的流程可以按照以下 5 个步骤展开:

1. 政府形象调研分析

《现代汉语词典》(2016 年第 7 版)对作为名词的"形象"的释义是:① 能引起人的思想或感情活动的具体形状和姿态;② 文艺作品中创造出来的生动具体的、激发人们的生活图景,通常指文学作品中人物的精神面貌和性格特征。可见"形象"一词本身就是一种外部认知,欲知自身在他人心目中的形象如何,当然需要进行客观的调研分析。政府形象设计塑造当然也要从政府形象调研分析开始做起。况且,由于各种各样原因的存在,社会各方认知的政府形象,可能与政府形象的真实面貌存在各种各样的误差、误解或误会,政府形象设计塑造首先就需要将这些误差所在调查出来,并深入分析形象误差形成的原因,才能有针对性地设计沟通对话内容与方式,有目标地消除形象误差,使得政府真实本原形象与公众认知形象尽可能接近一致。

政府形象调研的对象范围和内容范围,既要具有一定的全面性,又要具有一定的重点性。中央政府以国家形象为核心的形象调研,调研对象对外要覆盖主要国家和主要国际组织的官员、媒体、舆论领袖和普通公民,对内要覆盖下级政府机构、企事业单位、群众团体、媒体、公众人物和普通公民等,对外调研内容主要包括国土自然形象、政治制度形象、经济发展形象、科技教育形象、国际事务形象、社会人文形象等,对内调研内容则主要包括政府官员工作作风与工作绩效等。地方政府形象调研,一般要对外调研上级政府、外地政府及社会机构与公众对本地政府形象的认知,对内调研本地社会机构和居民对政府形象的评价。

政府形象调研的方法,既可以借鉴企业形象调研的方法,也可以采用本书第四章所介绍的政府营销调查研究系统里的调研机构和调研方法,即政府首脑和首长的视察与调研、政府决策咨询机构的调研、新闻媒体机构的调研、学术研究机构的调研、民间研究机构的调研,还可以设置专门的政府形象与政府效能考核机构进行检查调查,以及委托第三方调查机构进行调研。调研要结合定时定点的专项调研与日常工作中的信息反应积累。调研要进行科学的信息分析,去伪存真,去除评价语言表面的意义浮现,发掘评价语言内在的真实意义。如此,方能为政府形象设计提供真正有价值的信息。

## 2. 政府形象定位设计

在政府形象调研分析获得政府形象的外部评价认知的基础上,结合政府的执政使命、执政理念、目标愿景,设计政府形象的初始定位,以便在执政过程中、在形象塑造过程中进行传播。在政府形象的初始定位设计之后,还需要结合政府形象传播与塑造效果、结合国际社会或公民社会对政府形象的认知,进行政府形象的再定位再设计,消除政府意愿形象与社会认知形象的差距,尽可能实现政府自身定位设计形象与社会认知形象的接近与一致。

在政府形象定位设计过程中,政府首脑或首长的作用无疑是非常重要的,政府首脑或首长既是政府形象定位设计的主要思想来源,也是政府形象定位设计的主要决策力量。但是,也需要注意发挥专业人员的专业作用,政府首脑或首长不应对政府形象定位设计中的具体专业创意与创作,进行非专业的干涉。

政府形象的标识设计应该说起步其实比企业还要早,比如国旗、国徽、国歌的设计,后来很多城市政府选定市树、市花,设计城市标识(LOGO)和形象口号等。

### 3. 政府形象塑造实施

在政府形象的初始定位之后,接下来就需要在政府执行过程之中,通过政府对外政策的推行和内部公共政策的贯彻执行,通过政府官员的工作作风与工作绩效,来塑造政府形象。这是政府形象塑造的根本性工作,也是政府形象塑造的长期性工作与持续性工作。政府行为本身既是政府形象的塑造过程,也是政府形象的传播过程。政府行为过程本身就是一个影响力巨大的自传播过程,对政府形象塑造的作用,在某些方面甚至要超过大众媒体的传播。

经过一定时间阶段的政府形象塑造实施工作之后,政府形象塑造的阶段性成效如何,需要通过调研检查进行验证,并依据调研资讯,进行政府形象定位设计的修正,也就是政府形象的再定位再设计,在此之后,要依据政府形象的重新定位设计开展新一轮的政府形象塑造行动,通过不断实施不断纠正,持续完善政府形象。

### 4. 政府形象传播执行

政府形象的塑造还需要借助媒体的力量进行大范围的、快速度的、不失真的传播。在当代社会,政府对外形象塑造,不仅要做得好,还要说得好;政府对内形象塑造,不仅要行得正,还要说得清。政府形象的对外传播与对内传播,可以参照本书第八章政府营销沟通的方法与途径开展,这里不再重复介绍。也可以参照本章后半部分关于形象塑造传达机理、政府形象传播类型、政府形象传播任务的介绍。

### 5. 形象塑造效果评估

效果评估既是总结前期工作的需要,也是开展未来工作的需要。政府形象塑造工作也需要进行效果评估。政府形象塑造效果评估,需要有制度性、阶段性的年度形象评估,也需要有重大项目的专项评估,比如2008北京奥运、2010上海世博会以及十八大以来反腐败斗争对于打造中国形象的评估等。

十八大以来,中共中央为塑造清正廉洁服务人民的政党形象和政府形象,把反腐败斗争作为全面从严治党的重要内容,着力解决管党治党失之于宽、失之于松、失之于软的问题,反腐惩恶,正风肃纪,着力构建不敢腐、不能腐、不想腐的体制机制。反腐败斗争的效果持续显现,从初期的"不敢腐"的震慑作用发挥、"不能腐"和"不想腐"的效应初步显现,到2016年的反腐败斗争压倒性态势正在形成,成效越来越大。但在盘点成绩的同时,以习近平总书记为核心的党中央领导集体对于反腐败斗争的重要性仍然保持着清醒的认识,认为我国反腐败斗争形势依然严峻复杂。党员和官员腐败活动减少了,但还没有绝迹;反腐败体制机制建立了,但还不够完善;思想教育加强了,但思想防线还没有筑牢。如果不除恶务尽,一有风吹草动就会死灰复燃、卷土重来,这不仅会恶化政治生态,更会严重损害党心民心。因此,习近平总书记在2016年1月份召开的中央纪委六次全会和12月份召开的中央政治局民主生活会上,一直不断告诫全党"全面从严治党永远在路上"。

政府形象塑造效果评估的内容和方法,读者可以参见本书第八章关于沟通效果的介绍、第十章关于政府营销绩效评估的介绍。

## 三、形象塑造的传达机理

政府形象的塑造和形象认知的形成是一个多因素错综复杂交互影响的过程。尤其是在中国,政府形象与国家形象、与地方形象,从词语概念到印象认知都较为含混,缺乏清晰而准确的概念与认知区分。比如,国人讲到"国家",其真实的含义可能是指地理概念上的国家——"国土疆域",英文对应的准确词语是"country";有可能是指社会组织概念上的国家——"民族",英文对应的准确词语是"nation";有可能是指政治组织意义上的国家——"政府",英文对应的准确词语是"state"和"government"。因此,"国家形象"就有可能包含"国土疆域形象""民族形象""政府形象"等多重意义的国家形象。相关地,政府形象也与国家形象、地方形象、民族形象等紧密交织在一起。

政府形象的特征是多元复合的,既具有具象性又具有抽象性,既具有主观性又具有客观性,既具有多维性又具有整体性,既具有稳定又具有变化性。因此,要准确描述政府形象的形成机制十分不易。但为了有效塑造政府形象,我们又需要尽可能描述清楚并有效掌握和运用形象塑造的传达机制。为此,我们抽茧剥丝,分丝析缕,将政府形象塑造的传达机理分析出以下10条线索。

1. 自然展现形象

一个国家的地理位置、国土面积、地形地貌,一个地方的地理区位、地貌资源与自然景观及其保护状况,一个城市的市容市貌,都能够自然展现其地理形象,也折射出当地政府的形象。美国以国土面积广袤而形成可以纵横驰骋的形象,美国政府则因此给人一种国际舞台上纵横捭阖的印象。日本是一个国土面积狭小资源贫瘠的国家,也因此给日本民族和日本政府带来心胸狭隘、侵略他国以掠夺资源的印象。这是形象塑造与认知建立从具体到抽象的典型演绎。

2. 历史积淀形象

形象的建立是不容易的,形象塑造和印象建立的过程是缓慢的、长期的,但是形象一旦建立起来又是不容易改变的,因而具有形象的稳定性。从这个角度来看,历史的积淀对于形象的建立具有滴水穿石和潜移默化的作用。中华民族历史悠久,历朝历代虽有政权更替,但中国封建政治制度对中国人民和中国政府的影响是根深蒂固的,对世界人民的印象也是深刻的。

3. 文化演绎形象

文化是自然的对称,是人类改造自然的文明成果。一个国家的文化成就对于国家形象的演绎和塑造具有非常重要的作用。政府对待民族文化和外来文化的态度与措施,对于政府形象的形成和社会文化的发展,具有直接关系。中国政府实行改革开放以来,西方文化进入中国,中国政府和中国人民表现出了接纳西方文化的包容态度,但也有一些西方文化的糟粕随之入侵中国,如果完全不加以限制和清理,将会毒害中华民族。而国内电视媒体引进或模仿的一些选秀节目、娱乐炫富节目、拜星造星节目,却宣扬了一些不健康的文化。互联网的发展虽然便利了人们的沟通交流,但也出现了网络文化的庸俗化与低俗化现象。"屌丝""吃货""网红""香菇蓝瘦"的网络语言的流行,其实贬低了国人的形象。在这种背景下,中央电视台原创栏目《汉字听写大会》《中国成语大会》和《中国诗词大会》,对于弘扬中华传统文化起到了非常好的作用。尤其是 2017 年春节期间播出的《中国诗词大会》第二季,受到了海内外华人的共同称赞,不仅成为电视收视冠军,也成为人民群众线上线下分享交流和再次传播的热点话题。

文化是民族的血脉,是人民的精神家园。文化自信是更基本、更深层、更持久的力量。中华文化独一无二的理念、智慧、气度、神韵,增添了中国人民和中华民族内心深处的自信和自豪。为建设社会主义文化强国,增强国家文化软实力,实现中华民族伟大复兴的中国梦,2017 年 1 月,中共中央办公厅、国务院办公厅印发了《关于实施中华优秀传统文化传承发展工程的意见》,要求各地区各部门结合实际认真贯彻落实。相信这对于中华民族的文化传承和形象建设将产生积极作用与重大影响。

### 4. 教育传承形象

教育是一代一代传承知识和文化的重要方式,对于传承中华民族形象也具有重要作用。因此,家庭教育、学校教育和机关单位教育,都具有传承优秀形象的职能和作用。家庭教育使得子女传承良好的家风,学校教育使得学生传承优秀的学风,机关单位教育使得职员传承尽职的作风,社会教育使得公众传承诚信的民风,综合形成中华民族代代传承生生不息的优秀精神风貌。在教育传承形象的过程中,政府领导人要高度重视教育工作,主管教育工作的政府部门要积极作为、主动作为,为发展教育事业,传承民族形象创造有利条件。

### 5. 政治捍卫形象

在国际社会中,常有外国敌对势力诋毁国家形象、民族形象和政府形象的现象出现。对于中国,就有境外机构和媒体唱衰中国、妖魔化中国,诋毁开国领袖毛泽东和民族英雄邱少云、黄继光等光辉形象的事件。在中国国内,也有反政府势力诋毁民族形象,宣扬国家分裂的舆论,还有少数网络名人跟随境外势力诋毁国家领导人和民族英雄形象的行为、攻击中国政治制度的行为。对此,中国政府和中国人民不能充耳不闻,不能听之任之,必须采取必要的措施,表明政府和人民的立场和态度,捍卫国家形象、民族形象和政府形象。这并不是中国政府的独特做法,而是国际社会通常做法,标榜言论自由的西方民主国家其实对于攻击政府领导人的行为、攻击民族形象和声誉的行为,都会采取政治措施加以处置。

6. 社会固化形象

社会具有分层的功能,社会大众会依据经济收入的多少、社会地位的高低、行业职业的不同,将社会民众划分为不同的社会阶层,贴上不同的社会标签,刻画不同的社会形象。权贵阶层、官员阶层、富豪阶层、普通工薪阶层、草根民众阶层,皆有不同的社会形象。在阶层社会中,社会资源和社会权力主要集中在权贵阶层、富豪阶层和官员阶层,他们自然会利用手中的资源和权力维护自身的利益,阻止普通工薪阶层和草根阶层进来分享其财富和利益,而普通工薪阶层和草根阶层由于资源和权力的缺失,更难进入上层社会,从而出现社会阶层的固化现象,让人感叹寒门再难出贵子。这种马太效应式的社会阶层固化,是不利于社会发展进步和社会安定和谐的,需要政府通过出台分配政策进行调节,以打破社会阶层的固化。但是,也需要看到,社会也具有强大的力量,旧的社会阶层秩序被打破,新建立的社会阶层又会自动自发地维护其社会地位,固化其社会形象。

7. 科技发展形象

科学技术是最重要最先进的生产力,科学技术的发展会带来形象的更新。第一次工业革命为英国带来了强大的国家形象和民族形象,第二次工业革命给欧洲各主要工业国家带来了形象提升。但是,随着世界科学技术中心的转移,欧洲国家形象逐渐衰落,原本历史不长科技并不发达的美国,通过第三次工业革命,一跃成为世界高科技国家,至今仍然引领世界科技创新潮流。改革开放以后,中国科学技术发展拾级而上,尤其是高铁、核电和航天等世界领先技术的发展,有力提升了中国国家、民族和政府形象。在中国国内,上海、深圳等地方的形象优于内地城市形象,科技实力和科技创新的贡献是一支重要的推动力量。

8. 经济强化形象

经济基础决定上层建筑,经济实力定格社会形象。一个国家、一个地区、一个政府的经济实力对其形象塑造的影响作用是举足轻重的,影响表现是显而易见的。美国是世界第一大经济体,因而是世界第一强国,美国政府在国际社会上也以强权政府著称。日本曾经是世界第二大经济体,曾经的大国强国形象仅次于美国,但随着经济发展的衰退,国家硬实力和软实力形象大大下降。中国自2010年以来成为世界第二大经济体以来,国际地位和国际形象也明显提升。

在国内,经济发达地区的形象明显优于经济欠发达地区的形象,经济落后的地方亦强化了其地方形象的落后。这对于国家统一形象建设和共同富裕政策实施都是不利的。为此,中央连续出台了改变经济欠发达地区的战略决策,如振兴东北老工业基地战略、中部崛起战略、西部大开发战略等,对于农村贫困地区开展精准扶贫工作等。

### 9. 行为决定形象

决定人的形象的最关键的因素是人的行为,决定政府形象最关键的因素是政府组织和政府官员的行为。路遥知马力,日久见人心。行为是最有影响力的语言,行为是最有冲击力的形象。政府组织缺乏活力,会形成懒散的政府机关形象。政府官员清正廉洁,会形成廉洁政府形象;政府官员深入群众为民排忧解难,会形成亲民政府形象;政府官员懒政惰政,会形成不作为政府形象;政府官员贪污腐败,会形成腐败政府形象。正面积极行为塑造政府正面形象,负面消极行为刻画政府负面形象。政府管理者必须不断改进政府工作作风,严厉打击贪腐行为,才能维护和塑造受民众拥护的政府形象。

### 10. 沟通传播形象

媒体传播是形象塑造的加速器和放大器。大众媒体的广泛传播和网络社交媒体的快速传播,使得形象传播距离更远、速度更快。一般来说,正常的媒体传播不改变形象本身的性质状态,但会扩大形象的传播范围、提升形象的传播速度。也就是说,通常境况下,正面传播扩展正面形象,负面传播扩展负面形象。但也会存在通过媒体蓄意传播不真实形象的可能,比如通过制造谣言传播扭曲正面形象,通过粉饰包装传播掩盖负面形象等。政府形象的媒体沟通传播,必须正确使用媒体正面传播,校正敌意媒体的负面传播,防止出现通过媒体或操纵媒体的粉饰形象传播。这个问题与政府形象传播管理有关,本章将在下面的政府营销传播的任务中展开具体的介绍。

## 四、政府形象传播的类型

政府形象的构成是多元的,因此政府形象传播也就是多维的。依据政府层级和类别的主体要素,这里将政府形象传播分为以下 6 个重点类型进行介绍:

### 1. 国家形象传播

国家形象是政府形象的最高层面与整体综合层面。国家形象传播是一个国家政府形象传播的制高点与核心极。国家形象传播的要素和维度也最为广泛,领土疆域、资源禀赋、风景名胜、人物风情、历史文化、科学技术、经济发展都能传播国家形象。中国幅员辽阔的领土、美不胜收的景色、赞不绝口的美食、悠久的历史、灿烂的文明、多民族人民的和谐共处、长期中高速增长的经济发展,已经被证明都是中国国家形象传播的优秀素材,需要长期持续向国际社会传播。

### 2. 元首形象传播

国家元首形象传播是一国政府形象传播的生动化与具象化。国家元首的个人领袖魅力使得国家形象和政府形象具有人格魅力和鲜活特征,但也由于国家元首的更替带来国家形象和政府形象的变化。毛泽东以中华人民共和国建国元首的形象,在国内和国际都具有崇高的威望,人们对他充满敬畏。邓小平作为中国改革开放的总设计师,在国际社会和中国政商两界具有极大影响。铁娘子撒切尔夫人提升了英国政府和国家形象,硬汉普京重振了俄罗斯的大国形象。根据哈佛大学肯尼迪政府管理学院艾什中心官方网站 2014 年 12 月份公布的对世界主要国家领导人形象的全球公众调查结果,在受访者对本国领导人认可度、30 国受访者对十国领导人认可度以及受访者对本国领导人正确处理国内及国际事务信心度方面,中国国家主席习近平都排名第一。① 2017 年 1 月 17 日习近平主席在达沃斯出席世界经济论坛并发表主旨演讲,引

---

① 调查:习近平国内国际认可度和本国人民信心度均排名第一[EB/OL].[2014-12-17]. http://news.xinhuanet.com/politics/2014-12/17/c_1113682307.html.

发世界各大媒体关注,外媒纷纷热议和高度赞扬习主席是一位具有领导地位的国际政治家。

传播国家元首形象是塑造国家形象的需要,塑造政府国际形象的需要,也是国家元首自身的重要职责。国家元首、政府有关部门、相关媒体和社会公众都需要支持国家元首形象的传播。

相应地,地方政府首长形象传播对于塑造地方形象也具有标志性的意义,在新闻政策范围内,在不作秀的原则范围内,地方政府首长应以自身具有魅力的形象带动地方政府形象和地方区域形象的建设与传播。

### 3. 地方形象传播

地方形象是地方区域形象、地方政府形象和地方民众形象的集合。与国家形象类似,地方形象的传播也是多元素的、多维度的。依据地方行政区划,地方形象传播可以区分为省区形象传播、城市形象传播、县域形象传播、特色小镇形象传播和乡村田园形象传播。大都市既是政治、经济、文化和科技的中心,又具备区位和交通优势,形象传播自然有亮点。特色小镇也因为其独具特色而具备形象传播价值,国际特色小镇如达沃斯,国内特色小镇海南博鳌等都世界闻名。乡村也因为淳朴自然、田园诗意而具备形象传播价值。

地方形象的传播对于吸引旅游、招商引资、创业就业具有重要意义,应该重点传播地方旅游目的地、地方投资和创业环境、就业生活宜居环境。

### 4. 部门形象传播

政府部门和行业形象也是政府形象塑造的一个方面。在当今中国,很多政府部门和行业形象不够好,需要重新审视并定位其形象,传播其受公众欢迎的形象。比如,中小学义务教育存在乱收费问题、医疗机构的高收费与看病难问题、城管部门的野蛮执法问题、房地产行业的高房价与低质量问题、互联网金融行业的欺诈问题、电商行业的售假问题及颠覆实体经济的不当言论等,不仅影响了其部门和行业的形象,也影响了政府的正面形象,暴露出政府治理缺位、监管不力等方面的问题,需要进行全方位整顿与治理,才能纠正已经形成的负面形象,创新塑造全新的正面形象。在这方面,中国红军、中国人民解放军和志愿军则以顽强的意志、严明的纪律,在弱势与不利条件下夺取一个又一个胜利的战绩,获得了全国人民的爱戴,成为部门与行业形象塑造的典范,值得现代政府部门和行业深入学习。

### 5. 党派形象传播

在多党执政的国家，塑造和传播党派形象，是取得选民支持获得执政地位的需要。在一党执政的国家，执政党的形象与政府的形象高度重合，执政党的形象传播与政府形象传播高度相关。在中国大陆，各民主党派并没有党派私产，由政府财政供给，具有公共部门的某些特性，因此，各民主党派的形象也事关政府形象，在执政党的统一领导下，保持与执政党的忠诚合作，保持与政府的紧密联系，积极为社会经济发展和民生福祉建言献策，是塑造和传播民主党派形象的重要方面。

2013年底由复兴路上工作室拍摄制作的、配有中英文字幕和英文语音解说的党的形象宣传片《中国共产党与你一起在路上》开始在党的对外交往场合播出。2015年2月6日，经微信公众号发布以后，得到国内媒体和广大网民的广泛传播和称赞。该宣传片时长3分钟，没有过多讲述新中国的辉煌成就，没有回避存在的问题和挑战，通过普通百姓生活的镜头描述与梦想的语言表达，推出了党的执政理念"人民对美好生活的向往，就是我们的奋斗目标"。

2016年6月底，在中国共产党建党95周年华诞之际，中央电视台创意制作的《我是谁》与《心跳篇》两支中国共产党形象公益广告在央视播出。《我是谁》立意普通平凡的身边人物故事，刻画了当代大学生、清洁工、医生、交警、村干部等在各自不同岗位上兢兢业业、尽职尽责、默默奉献的平凡的基层党员形象。《心跳篇》从老军人布满鱼尾纹的眼角和挂满勋章的胸前拉开中国共产党领导中国革命、建立新中国、建设新国家、发展经济和科学技术并取得辉煌成绩的历史画卷，展现了中国共产党拯救中华民族于危难之际、引领中国经济发展于世界潮流的厚重历史形象。

### 6. 公民形象传播

人是传播主体，也是传播媒体。一个人的素质和行为，不仅表现其个人修养和形象，而且也表现出一个国家的国民形象。

在世界舞台和国际社会，中华民族的勤劳、犹太民族的精明，都是国民形象传播的经典。在当代社会，富裕起来的中国人，越来越多地出境旅游，并在海外市场买买买，这一方面塑造了中国富裕起来的形象，但也表现出一部分国人崇洋媚外及不热爱本国品牌和产品的形象特征，甚至一小部分国人在海外公众场合大声喧哗、在购物消费时颐指气使，不仅显得个人文明修养不够，更是给国家形象带来了负面影响。因此,不仅在国外,而且在国内,处处时时,以文明修养规范行为,以文明礼貌塑造形象,是每一个公民为国家形象建设、民族形象建设应尽的义务,应担的责任。

地方居民的行为也是形象塑造的自传播媒体,对于地方形象塑造和传播具有广泛和直接的意义。地方公共交通、商业接待、旅游服务等窗口服务行业人员,对于外地客商的服务态度、服务质量和服务收费,是影响地方形象的重要因素,规范服务、热情服务,则有利于提升地方形象,高价宰客、欺骗顾客,则只会损害地方形象。而地方执法监管机构和人员,在发生宰客欺客事件时,不是从客观公正的立场出发,不从维护当地形象出发,不去公正维护外地游客或消费者的正当利益,而是采取地方保护主义,袒护和庇护当地不法商贩,其实反而对当地政府的形象造成了严重损害。这样的事件和教训在旅游城市和景区时常发生,应该努力整改。

地方居民的商务出行、旅游消费和异地打工,也向外传播着地方形象,需要规范自身的行为,代表和维护家乡良好的形象。

## 五、政府形象传播的任务

### 1. 依据真实形象 传播客观形象

这是政府形象传播的首要任务和长期任务。在存在竞争的国际社会,国家与国家之间,政府与政府之间,同样存在竞争,形象竞争是国家和政府竞争的重要维度之一。而在一国之内,不同地区之间,不同地方政府之间,也存在形象竞争。在信息内容爆炸而公众关注力稀缺的时代,真实形象虽然不能被长期掩盖和扭曲,真实形象虽然也具有自传播的能量,但是如果不有意识地开展形象传播,促进真实形象以更快速度、向更广范围传播,则有可能在形象竞争中落后于竞争对手,被竞争对手的形象遮住了本国形象的光芒或本地政府的光彩。因此,政府形象传播需要将国家、民族和政府的真实形象,持之以恒地进行客观的实事求是的传播,不断积累国家、民族和政府形象软实力,坚持塑造国家品牌和政府品牌,提升国家、民族和政府在国际社会的形象力与话语权,为国家、为民族争取更大的利益。

或由于中华民族对外宽容和内秀的历史传承,或由于封建统治对内压迫的历史遗留,对外和对内的真实形象传播,一直重视不够,做的不多。因此,在当代国家形象竞争的时代,尤其需要加强中国形象的传播意识和传播力度,在国内外多种信息传播和影响国民思想的境况下,各级政府也需要加强对内形象传播。主动设置议程,强调国内官方新闻媒体和非公网络媒体的社会责任,善于利用意见领袖和舆论领袖的传播力量,破除西方境外媒体的媒体霸权,增强中国的国际社会话语权,消除外部公众的刻板印象,积极构建中国政府和中华民族的真实形象。

## 2. 消除负面形象 建立正面形象

由于历史遗留的原因,或某个时期政府治理的原因,或某种社会原因,或外部竞争对手的原因,等等,可能会使得某些国家、某些地区、某些城市存在一个较为严重的问题,加上媒体报道的传播,给外地民众造成了一定负面形象认知。比如,菲利普·科特勒在《地方营销》中就曾描述了部分城市的负面形象:底特律是美国的谋杀之都,迈阿密是美国的罪恶之都,哥伦比亚则是南美洲的毒品之都。在中国,由于晚清政府和民国政府的无能,中华民族的国际地位和国际形象持续恶化,加上外国媒体对中国的报道很多停留在东亚病夫的负面刻板印象,导致新中国的崭新形象迟迟不能在国际社会上清晰而牢固地树立起来。中国改革开放以来,外国某些不良观念、不良作风也夹杂在先进的管理、技术以及强大的资本之中浸入中国,使得中国部分地区和城市出现了一些负面形象,比如少数东南沿海城市被称为假货之都、个别南方城市被称为性都、少数中西部城市被称为传销之都。这些负面形象未必是当地形象的全部,但无疑成了当地形象的突出特点甚至是形象标签,使得当地政府和民众觉得非常不光彩,也影响了当地社会经济的健康发展。因此,消除负面形象就成为政府形象传播一定时期里紧急而重要的攻坚任务,负面形象不消除,正面形象不建立,政府和民众的形象认知就不会好转,就会仍然被人瞧不起,就会继续得不到应用的支持和发展。

消除负面形象建立正面形象的任务,有时可以通过一定时期的、集中性的沟通,在传播层面得以实现,这是较为理想的情况。但是,往往事情远比这种理想情况复杂,需要花更长的时间,从更深层次的问题解决起,再辅以形象传播才能完成。比如,被称为假货之都的城市、被称为传销之都的城市,不从根本上解决假货制造与销售的问题,不从根本上解决传销猖獗问题,其正面形象的建立就基本无望,因此,即使当地政府也花了很大气力打击制假售假,但是假货之都形象还是没有改变;即使当地政府也提出铲除传销口号,采取了较为严厉的打传措施,且本地居民仍然认为效果有限,但仍然存在传销扰民现象。

### 3. 改变弱势形象 建立优势形象

在时代变化和潮流转化的背景下,一些地方的形象会变得落后而羸弱,出现形象的弱化现象。弱势形象当然不利于地方经济和社会的发展,不利于当地民众的尊严和自信,影响了当地民众的幸福指数。因此,改变弱势形象、建立优势形象,就成为当地政府、企业、媒体和民众的共同任务。

其实,弱势形象不同于负面形象,负面作用不明显,但毕竟形象的正面意义缺乏,需要正视并积极解决,忽视的态度和任其自然的不作为是要不得的。而且也好在弱势形象不同于负面形象,传播层面的解决难度也小一些。虽然从根本层面上来说难度也不小,但毕竟可以通过传播层面的工作改善,解决一些问题。具体来说是,可以通过优质形象资源的整合提炼,传播和打造具有地方优势的特色形象,校正公众的弱势形象认知,甚至改变社会形象认知潮流,建立新的社会形象认知风尚,从而建立更受尊重的优势形象。比如,西安、咸阳等历史古城在改革开放经济发展时代显得落伍了,经济实力和经济形象弱化了。但是,黄河是中华民族的母亲河,黄河流域是中华民族的发祥地,利用历史文化名城资源,传播优势历史文化名城形象,是非常有价值的,实际上也取得了良好的效果。相对应地,杭州是一个现代化的宜居城市,在历史文化名城的形象认知上原本不够明显,但杭州通过挖掘历史资源,打造宋城形象,较好地提升了杭州的历史厚重感。有些边远地区,由于交通不便,现代化和工业化发展相对落后,因此经济实力形象不佳,但是正是由于没有工业化过程带来的污染,当地的生态环境得到了很好的保护,在现代中国环境污染较为严重的景象当中,其清新宜人的生态形象反而成为一种十分珍贵的优势形象,成为令人向往的生态旅游和休闲旅游的理想目的地。

### 4. 消除矛盾形象 建立整合形象

某些地方在一定的时期内还存在着十分尖锐对立的形象,一方面其正面形象被人们所熟知,另一方面其负面形象为被人们所诟病。比如,东北曾经是中国的重工业基地,但东北人也曾经是彪悍野蛮的典型;东北一度是丰富多彩的群众文化胜地,也是低俗文化与媚俗文化的重灾区。东莞是中国制造的缩影,也是打黄扫非的重点。一个政府,既有克己奉公的人民公仆,也有贪赃枉法的腐败分子。这种矛盾的形象,在美国也同样存在。有人认为煤炭和钢铁重镇匹斯堡是污染严重的城市,也有人知道匹斯堡是一个空气清洁赢得过嘉奖的城市。

面对这样尖锐对立的矛盾形象,政府形象传播的任务,就是要通过解决一些负面问题形成的负面认知,通过强化正面优良形象,消除矛盾形象,建立全面的统一的整合优良形象。20世纪80年代的洛杉矶深受雾霾笼罩、交通堵塞和犯罪侵袭,通过产业结构调整和交通建设治理,已经恢复了城市活力,改变了城市形象。

北京是中国的政治中心和文化中心,大量的优质资源和机会吸引着大量的人才,但是北京春季的沙尘和冬季的雾霾,再加上交通堵塞和高昂的房价,导致生活环境恶化和生活成本上升。中国政府为此开始实施京津冀一体化发展,调整北京产业结构,疏解非首都功能,已经取得了较为明显的阶段性成果。2017年4月初中央决定设立雄安新区,将会产生更加重要的作用。

### 5. 消除杂乱形象 建立清晰形象

如果说一个国家、一个地方、一个城市冲突对立的矛盾形象并不普遍,但杂乱形象却是较为普遍的现象。杂乱形象的成因,一方面有其客观原因,毕竟一个国家、一个地方、一个城市,不比一个家庭、一个企业,其构成要复杂得多,其利益分歧和利益主张也复杂得多,因而存在复杂形象的客观基础;另一方面也有其主观原因,形象传播的主体多而分散,形象传播的内容信息多而纷繁。

虽然说杂乱形象的负面危害没有冲突对立的矛盾形象大,但政府不能对其负面作用坐视不管应该积极行动起来,通过形象精准提炼和整合传播,塑造清晰明确的统一形象。因此,消除杂乱形象的负面危害的重要性和紧迫性不容忽视。

在消除杂乱形象、塑造清晰形象的过程中,政府有关部门常常会限于难以取舍的困惑,形象要素太多,各个部门又都坚持和主张部门形象,因此形成统一的便于外界清晰认知的形象非常困难。在这方面,确实需要有统领全局、把握主流、预判趋势等高屋建瓴的战略眼光,同时又需要善于整合各方观点、沟通各方思想、说服各方认同的协调艺术。在确定清晰整合的形象之后,还需要整合传播机构和媒体,实现整合传播。在这方面,整合传播理论和多元化大企业的整合传播实践已经取得了很好的经验,政府形象传播可以参考借鉴。

## 6. 改变虚假形象 建立真实形象

或由于外部机构或媒体故意,或由于自身传播观念和传播力量的过度,或由于第三方传播影响,从而产生虚假形象并造成一些问题,如果不加以解决,会导致问题的扩大化和严重化,对真实形象的建立不利。比如,国民党曾经宣传共产党是共产共妻的乱伦之党,导致不明事理的老百姓对共产党产生恶意和敌意,因此共产党必须破除国民党的诬陷宣传,匡正共产党的真实形象。

电影《少林寺》的热播和歌曲《太阳岛上》的传唱,塑造了超越其当时真实形象的虚幻形象,导致到少林寺和太阳岛旅游的游客大量增加,而游客的真实感官真实体验又远不是文艺作品中所塑造的样子,纷纷大呼上当。这是传播管理不当所致,在当时的环境和时代背景下,可能难以避免。但是在现代情况下,则应该有意识地加强管理,在实际设施和接待能力不够的情况下,旅游景点的过早和过度宣传,很容易导致不良形象认知的产生。

在一些地方的招商引资工作中,也存在对内对外的虚假形象宣传导致不良形象产生与传播的问题。有些是过度对外宣传招商引资的优惠政策力度与优质服务能力,但是当外地投资进入以后,发现情况并不是宣传的那样美好,严重的情况甚至出现了当地官员对投资者的刁难和卡要。有的是过度对内宣传招商项目的好处隐瞒了项目的问题和危害以获得当地民众的支持,但项目进入后民众发展对当地环境和人身健康都存在严重危害,严重的情况甚至出现了当地政府和群众的对立、爆发社会群体性事件。

## 7. 管理危机事件 修复受损形象

危机事件是指突然爆发的重大事件或重大事故,危机事件会造成人、财、物的重大损失。危机事件表面上看是偶然爆发的,但危机事件的根源多为组织内部问题的长期积累且未得到及时处置的结果。危机事件产生以后,会迅速爆发不利的社会舆论、公众的指责甚至敌视对抗行为,从而危害组织形象,甚至会断送组织前途。

比如2016年底特朗普当选美国总统之后,美国多个城市爆发反对特朗普的抗议活动。2017年的美国总统日(即2月20日),在华盛顿、纽约、洛杉矶、芝加哥等美国主要城市,大量民众走上街头,举行"不是我的总统日"集会,抗议特朗普政府在移民、环境等问题上的政策与举措。在英国也爆发了抗议特朗普访问的集会。

对于危机事件,已经形成了成熟的危机管理模式和流程。从根本上来说,政府应该做正确的事情,从源头上避免和防止危机事件的产生,建立危机预防机制和预警机制,尽可能将危机消除在萌芽状态。一旦危机不可避免地爆发了,必须立即实施危机管理,迅速控制危机局势,消除公众对立情绪,避免非公网络媒体和境外媒体负面报道,通过官方权威媒体进行客观公正报道,引导社会舆情,危机处理过后还需要通过主流权威媒体开展后续正面宣传报道,重塑政府形象。

### 8. 处置突发事件 维护效能形象

突发事件是指突然发生,造成或者可能造成严重社会危害,需要采取应急处置措施予以应对的自然灾害、事故灾难、公共卫生事件和社会安全事件,在政治冲突和社会冲突比较严重的国家和地区,还有可能发生恐怖袭击事件。突发事件虽然也与危机事件一样具有突发性和危害性,但与危机事件不同的是,事件产生的根源主要不在组织内部,而在组织外部,是组织自身难以控制的外部环境破坏力量造成的。因此,处置突发事件,是世界各国政府需要共同面对的问题。在处置突发事件方面,各国政府也都通过互相交流等方式,共享突发事件处置的方法甚至能力。

突发事件是政府和民众都不愿意看到的,也不是政府主观原因造成的,但是突发事件一旦爆发,政府就应该快速、主动、积极作为,履行政府的职责和担当,果断有效处置突发事件,降低突发事件对社会、对人民造成的伤害。在处置突发事件的过程中,要尽可能公开处置信息,透明处置方法、措施、过程和效果,满足社会、媒体和民众的知情需要,政府领导人和政府自媒体要主动发声,接受媒体采访,发布事件处置措施,积极主动引导舆情和民情,防止出现恐慌心理和恐慌行为,有效维护社会安定,体现负责任的政府、高效有为政府的效能形象。

2003年的非典事件和2008年的汶川地震是两场突发的灾难性事件,中国政府的处置方法、处置效果及其处置过程中的信息公开,得到了全世界政府组织和全国人民的高度称赞,提升了中国政府高度亲民爱民和高效应急处理的形象。

而2011年日本地震继发海啸导致福岛核电站泄露事件,政府在事中的应急处置上存在不当,在事后的恢复处理和信息公开上也存在诸多不当,以致核泄漏对世界人民安全的威胁和影响、对日本政府形象的负面影响一直在延续。

# 第十章　政府营销管理
## ——管控营销过程及其绩效

## 一、制订政府营销计划

### （一）从政府营销策略到政府营销计划

政府营销战略分析规划确定了政府营销的任务和目标，政府营销策略分析研究则需要对如何完成政府营销的任务和目标提出策略与方法。营销战略规划和营销策略分析，是政府营销中非常重要的内容，但还不是可以具体操作实施的政府营销行动方案。政府营销战略与策略的贯彻实施，还需要在营销战略和策略的基础上，制订出具有操作执行性的营销计划。政府营销的计划管理，就是将政府营销战略和营销策略转换成由具体执行机构和人员、具体目标和任务、具体时间和步骤、具体费用和标准组成的营销计划，并通过营销计划的执行和检查，实施营销控制和评估，以保证政府营销目标的实现和政府营销任务的完成。

政府营销战略、政府营销策略和政府营销计划是密切相关的政府营销管理概念。政府营销战略分析和决定"做什么"，政府营销策略和政府营销计划则要分析和决定"怎么做"；政府营销战略分析和决策必须确保"做正确的事"，而政府营销策略和政府营销计划分析与决策则要确保"正确地做事"。

政府营销策略与政府营销计划同是服务于政府营销战略的。二者的区别和联系在于，政府营销策略是对于如何落实政府营销战略的基本策略分析与路径设计，政府营销计划则是对于如何落实政府营销战略的具体行动步骤与执行方案。政府营销策略是制定政府营销计划的依据，政府营销计划则是政府营销策略的具体化。政府营销策略可以是原则性的，政府营销计划必须是操作性的。政府营销策略可以是定性描述的，政府营销计划则必须落实到定量描述上，必须与具体的机构和人员、时间阶段和行动步骤、费用预算和工作绩效相联系。

因此，在政府营销管理过程中，在营销战略分析和营销策略分析完成之后，政府营销的主体还必须制订可以操作执行的政府营销计划，并通过政府营销计划，掌控政府营销项目的执行过程和执行效果，以最终确保政府营销目标的达成和任务的完成。

## （二）政府营销计划的内容结构

政府营销计划的内容结构主要有两种范式。一种是全面系统的范式，一种是简明概要的范式。

全面系统范式的政府营销计划，是将政府营销的战略分析与规划、政府营销策略的分析与决策放在政府营销计划的开头部分，在此基础上再陈述政府营销的执行计划。全面系统的政府营销计划范式，内容详尽，分析系统，不仅陈述怎么做，还陈述为什么这么做。对于营销行动计划的目的性、方向性与原则性，表述清楚，便于理解，有利于激励营销计划的执行人员，有利于引导营销计划执行人员规范地执行营销计划。但是，也可能存在内容庞杂、推演繁杂、不利于营销计划执行人员迅速抓住关键执行要点的问题；此外，政府营销战略和政府营销策略应该属于政府营销管理内部掌握的营销机密，不一定需要过多披露。最后，全面系统的政府营销计划范式还有可能导致文牍主义，导致部分政府营销工作者醉心沉溺于或忙于应付文字工作或数字表格，反而降低了政府营销工作效率，偏离了政府营销工作重心和重点。

简明概要范式的政府营销计划，则是将重点放在政府营销项目的行动计划方案上，突出政府营销计划执行的机构与人员、时间与进程、区域与地点、方式和手段、资金和费用、设施和条件、考核和监控等具体内容。对于政府营销项目的战略分析和策略分析，则不进行系统全面的介绍，只是以计划概要和计划背景等形式在营销计划的文本中做一个简要介绍。简明概要范式的政府营销计划是值得推广的，在参与机构和人数众多、执行时间急迫、执行节奏需要快捷、执行过程需要快速协调的情况下，尤其需要采用这种范式。

# 二、推动政府营销计划执行

为了推动政府营销计划的执行,必须做好费用保证、组织保障和宣传发动等方面的工作。

## (一)推动政府营销计划执行的费用保证

"兵马未动,粮草先行。"政府营销项目的推动需要做好费用保证和必要的物资保障。在地方政府的政绩工程中,费用保证一般不是问题,但是民生工程的费用保障则需要进一步提高重视程度。不少地方政府在推动有利于老百姓的民生工程时,只是停留在口头上、停留在文件上,并没有真正落实在财政预算分配和保障上。民生工程是为民众谋福祉的工程,是政府营销最重要的项目之一。保障和改善民生是发展经济的最终目的,因此,中央经济工作会议决定2010年将改善民生、发展社会事业作为扩大内需、调整经济结构的重点,坚定不移地加以推进,财政政策要加大对教育、卫生、社会保障等民生领域和社会事业保障力度。因此,在推动政府营销计划执行过程中,地方政府尤其需要重视对民生营销工程的财政预算和费用保证,这既是政府营销计划推动的需要,也是执行中央政策的需要。对于其他非政绩性政府营销项目,也需要落实费用保证。

## (二)推动政府营销计划执行的组织保障

正确的路线和策略决定之后,干部就是工作的生命线。政府营销计划的推动必须建立强有力的组织保障。在基层政府行为实际中,职责不清、行为不力现象还比较普遍,也比较严重。相互推诿、互相踢皮球现象,在现实生活中还比较严重,使得找政府办事的老百姓疲于奔波还难以解决问题。虽然这种现象也在整顿改善,但离完善还有距离。鉴于现实情况,在推动政府营销计划执行的过程中,必须明确参与营销计划项目执行的组织机构和相关人员,防止政府营销计划执行组织机构与人员的缺位,明确各自的职责范围和协作关系,防止政府营销计划执行组织与人员的错位,从而强化政府营销的组织建设和制度建设,保证营销计划的组织执行力和推动力。

## (三) 推动政府营销计划执行的宣传发动

宣传发动是推动政府营销计划执行的序曲和前奏,是吹响政府营销计划执行的号角。在启动政府营销计划的时候,有必要开展一定声势的宣传发动工作,营造政府营销项目执行的氛围,调动政府营销执行主体的工作激情、参与主体的参与热情,从而顺利启动政府营销计划的执行。

政府营销计划的宣传发动工作,主要针对以下 3 种对象展开:

### 1. 政府营销计划执行的主体机构和人员

通过宣传发动,使得政府营销计划执行的主体机构和人员了解营销计划项目的意义,激发他们的工作热情和工作积极性;使得他们了解营销计划执行的具体方式和时间进程,增强营销计划执行的理解力和执行度。宣传发动的方式主要可以采用内部营销、内部公关的形式,通过发布红头文件,召开现场动员大会或视频会议、电话会议等具体方式实施。

### 2. 政府营销项目的目标对象和服务对象

通过宣传发动,使得他们知晓政府营销项目对于他们的价值和意义,调动他们参与和配合政府营销计划的兴趣,使得政府营销计划能够得以实施起来并形成实际效益和价值。这种宣传发动则需要借助大众媒体的力量,营造具有影响力的舆论氛围。

### 3. 广泛的社会公众

他们未必是营销计划的执行主体、参与对象,也未必是政府营销计划的受益对象,但是他们对于政府营销计划的执行也存在一定的影响,他们在态度、语言与行动上的表现,也是民意的一种反应,也是政府需要认真分析和考虑的。他们在态度和观念上的支持,在行动上的支持,都是有利于政府营销计划的顺利执行的。他们的反对,则不利于营销计划的执行。因此,一项正确的政府营销计划在推动执行之际,也需要取得社会公众的理解和支持,避免社会公众的不解、曲解和误解。这种宣传发动,也需要采用新闻媒体宣传的方式,同时还需要借用公众之间的相互传播和相互影响。

推动政府营销计划执行的宣传发动工作,还需要采用一定的形式和仪式,但也需要防止走形式走过场。推动政府营销计划执行的宣传发动工作,需要营造一定的声势,但也要扎扎实实地进行系统推进,防止出现"雷声大雨点小"的现象、出现浪费资源进行媒体炒作不求实效的现象。

在有些政府营销项目的宣传发动过程中,还需要开展必要的项目培训,以帮助参与营销项目工作的机构和人员了解和掌握本营销项目的具体方法和步骤,便于工作协调和配合,从而顺利启动营销项目计划。

# 三、监控政府营销过程

政府营销计划启动以后,还需要控制营销计划的执行过程。监控政府营销过程就是根据政府营销计划的要求,制定衡量营销绩效的标准,对照和检验营销工作进程与结果,判断营销偏差及其严重程度,并采取针对性的措施进行纠正,以确保营销资源的有效利用和营销目标的圆满实现。

## (一)政府营销控制的流程

### 1. 确定控制对象

确定控制对象即确定对哪些营销活动进行控制。政府营销项目可以根据实际情况对控制对象加以选择。在确定控制对象的同时还应确定控制频率。因为不同的控制对象对政府营销项目成功的重要性和作用度不同,应该有不同的控制频率。

### 2. 制定衡量标准

一般情况下,政府营销的总体目标就是政府营销控制的最终衡量标准。但在营销过程控制中,还需要将这些结果性控制目标转换成过程性目标与阶段性目标,以便在营销过程中进行控制,及时发现问题及时采取处理措施,防止单纯结果控制的被动性。

### 3. 选择控制重点

政府营销没有能力、也没有必要对营销组织的所有成员、所有活动和所有环节都进行控制,而必须在影响政府营销成果的众多因素中选择若干关键环节或关键活动作为重点控制对象,实行有选择的有成效的重点控制。

### 4. 制定控制标准

控制标准是衡量标准的定量化,即以某种衡量尺度表示控制对象的预期活动范围或可接受的活动范围。例如,规定每个级别的招商引资人员必须完成的招商任务,资金到位的时间和进度等。营销控制标准应允许有一定的浮动范围,同时注意因地制宜、因时制宜。

### 5. 衡量营销状态

在政府营销控制过程中,需要及时掌握营销执行的实际状态。衡量营销工作状态以预先制订的计划和标准为依据,符合原定计划和标准则状态正常,不符合者则状态不正常,需要在营销控制的过程中进一步分析和解决。

### 6. 找出偏差及其程度

预先制定的衡量标准和控制标准与实际状态比较衡量的结果有差异时,要检查偏差所在和偏差程度。检查的方法有很多种,如直接观察法、统计法、访问法、问卷调查法,等等,政府营销信息系统提供的各种信息也可以用来作为检查对照的依据。

### 7. 分析偏差原因

营销执行结果与营销计划发生偏差的情况是经常出现的。原因不外乎两种:一种是实施过程中的问题,这种偏差较容易分析;另一种是营销计划本身的问题。而这两种原因通常是交织在一起的,加大了问题的复杂性,致使分析偏差原因成为营销控制的一个难点。要想确定产生偏差的原因,就必须深入了解情况,占有尽可能多的相关资料,从中找出问题的症结。

### 8. 采取改正措施

针对存在的问题,应提出相应的改进措施。采取改正措施、纠正偏差和问题是营销控制的最后一个步骤。采取改正措施宜抓紧时间。一般来说，其做法有二：一是政府营销机构在制订营销计划的同时提出了应急措施，在实施过程中，一旦发生偏差可以及时补救；二是政府营销机构事先没有预定措施，而是在发生偏差后，根据实际情况，迅速制定补救措施加以改进。

## （二）政府营销控制的原则

营销控制的目的是保证政府营销活动按照营销计划和要求展开，有效保证营销目标的实现。有效的营销控制应遵循以下原则。

### 1. 适时控制原则

政府营销计划执行中产生的偏差只有及时采取措施加以纠正，才能避免偏差的扩大，或防止偏差不利影响的扩散。如果等到偏差已经扩大化并造成了严重影响才加以控制就迟了。

纠正偏差最理想的方法是在偏差未产生以前就注意到偏差产生的可能性，从而预先采取必要的防范措施防止偏差的产生。为此需要建立政府营销预警系统，为需要控制的对象建立一条警报线，反映营销状况的数据一旦超过这个警戒线，预警系统就会提醒营销管理者采取必要的措施防止偏差的产生和扩大。

### 2. 适度控制原则

适度控制是指控制的范围、程度和频度要恰到好处。适度的含义包括：

（1）防止控制过多或控制不足。过多控制常给正常工作带来干扰，控制缺乏则可能导致营销活动的混乱。有效的控制应该既能满足对政府营销活动监督和检查的需要，又要防止与营销组织成员发生强烈的冲突。

（2）处理好全面控制与重点控制的关系。任何营销组织都不可能对每一个部门、每一个环节的每一个人在每一个时刻的工作情况进行全面的控制。由于存在对控制者的再控制的问题，这种全面控制甚至会造成组织中控制人员远远多于现场营销人员的现象。适度控制就是要求企业在建立控制系统时，利用ABC分析法和例外原则等工具，找出影响政府营销成果的关键环节和关键因素，并据此在相关环节上设立预警系统或控制点，进行重点控制。

（3）控制成本费用投入能够产生足够的控制收益。任何控制都会发生成本和费用。只有当控制带来的收益超出其所需成本时，才是值得的。一般来说，控制成本费用通常随着控制程度的提高而增加，控制收益的变化则比较复杂。在初始阶段，较小范围和较低程度的控制不足以使营销管理者及时发现和纠正偏差，因此所需要的控制费用可能会高于可能产生的收益。随着控制范围的扩大和控制程度的提高，控制的效率会有所改善，能指导营销管理者采取措施纠正一些重要的偏差，从而使控制收益能逐渐补偿并超过控制费用。自此点开始，控制所需的费用又将重新超过其收益，同时，由于过度的控制会抑制营销组织成员的工作积极性，从而影响劳动生产率和经济效益的提高，这时的控制就是没有价值和收益的，应该进行调整。

3. 客观控制原则

控制工作应该针对政府与社会状态以及政府营销的实际状况。有效的控制必须是客观的，符合实际的。客观的控制源于对政府营销活动状况及其变化的客观了解和评价。为此，控制过程中采用的检查、测量的技术与手段必须能正确地反映政府营销在时空上的变化程度与分布状况，准确地判断和评价政府营销及其他各部门、各环节的工作与计划要求的吻合或背离程度。

4. 弹性控制原则

政府在营销过程中经常可能遇到一些突发的不可抗力，使得政府营销实际状态与营销计划产生偏差。有效的控制系统在这样的情况下应仍能发挥作用，维持营销活动的开展，也就是说，营销控制应该具有灵活性或弹性。弹性控制通常与控制的标准有关。一般来说，弹性控制要求政府制订的营销计划和衡量标准具备一定的弹性。

## （三）政府营销控制的重点

1. 政府营销执行主体的行为监控

作为政府营销执行主体的政府机构和政府官员，其行为的合理性、合法性和有效性，对于政府形象建设和政府营销计划的执行效率与效果，具有直接的影响，因此需要进行有效监控。而流行于20世纪90年代初的民间俗语则反映了当时政府行政管理方面的敷衍问题几乎到了不整治无法容忍的程度："村糊乡乡糊县,层层糊到国务院,国务院下文件,一级一级往下念,念完文件原套原"。这样的行政效率与效果,不整治将误国误民。

政府公务人员本来应该提高工作效率,为打造效能政府尽到自己的责任,但是总有一些公务人员上班不认真工作,对于老百姓的办事要求则拖延搪塞。行政执法人员的执行手段是影响到政府形象和政府营销项目价值利益的直接因素。但是,有些行政执法人员的执法手段却在损害政府形象,也无益于表达和实现政府营销项目的价值利益。

比如创造卫生清洁、形象整洁和秩序井然的城市形象,本来是城管人员应该创造的价值,但是屡见不鲜的城管人员粗暴执法造成的冲突事件,形成了对立的形象、对立的关系。

再比如,禁止非营运车辆私自载客行为,本来是保障公民合法权益、维护交通运输秩序的好事情,但是"钓鱼执法"行为却让这种有价值的政府营销行为变了味。

2009年10月14日,孙中界被上海市浦东新区城市管理行政执法局确定为涉嫌黑车营运。为证明自己的清白,孙中界挥刀自残,剁掉了自己的手指。随着越来越多相似的案例浮出水面,"钓鱼执法"迅速演变成为公共话题,在上海一个区就发现有千余名疑似执法部门雇佣的职业"钓饵",两年来仅闵行区交通行政执法大队查处的非法营运车辆就多达5 000多辆,罚款高达5 000多万元。"钓鱼执法"的严重后果,不仅麻痹和摧毁着公众对法律的信任,更可能摧毁人们向好行善的价值追求,让人产生"好人做不得"和"雷锋学不得"的感慨。而这些质疑与感慨已经触及到政府形象,威胁到社会道德的建设,长此以往,政府的公信力、法治的尊严、社会的公德意识都将大受损失。而上海有关方面在10月20日公布的"证据确凿,不存在钓鱼执法"的调查结论,进一步引起了公众的质疑。10月26日,上海市浦东新区人民政府举行新闻通气会,通报有关部门在执法过程中使用了不正当取证手段,10月20日公布的结论与事实不符,为此向社会公众作出公开道歉。12月8日,上海浦东"钓鱼执法"案领导问责的处理决定公布:给予浦东新区副区长陆月星,浦东新区环境保护和市容卫生管理局局长、党组书记,兼浦东新区城市管理行政执法局局长吴福康行政警告处分。但是,网友直言如此处罚受太轻,受害者为"钓鱼执法"丢了手指,而官员只被警告。如此官员应该撤职,首先他们主管的部门采取"钓鱼执法"是犯法的,执法犯法应该重处。其次才是他们调查不认真,或者说想隐瞒真相,凭这两点中的任意一点都应该撤职。

2016年12月24日,湖北电视台《新闻360》栏目播出了这样一条调查新闻:在黄冈市黄州区,一位食品药品监督执法人员在执法过程中,以"样品调查"为由,从一家小商店一次性拿走了36瓶食用油。由于这位执法人员没有提供产品质量存在问题的确实依据,面对如此执法,商店老板情急之下说:"你这是抢劫!"面对商户的质疑,这位执法人员语出惊人:"我就是抢劫,我是依法抢劫!"并告诫商家"人在屋檐下,不得不低头"。12月26日记者从湖北黄冈市相关部门获悉,当地纪委已对执法过程中自称"依法抢劫"的张某停职并作立案调查。

对政府营销主体行为的监控方式包括行政监督、法律监督和舆论监督等。行政监督是上级机关对下级机关进行的全面监督;法律监督旨在通过法律手段约束政府行为,维护公民合法权益,我国已经实施执行的这方面的法律法规包括行政复议法、行政诉讼法、国家赔偿法等;舆论监督是通过新闻媒体和网络媒体来对政府营销行为进行监督。

### 2. 政府营销参与者的行为监控

政府营销项目与活动的参与者,成分十分复杂,人数众多,不同的利益主体,不同的利益交错在一起,使得政府营销管理十分必要。如果监管不力,则很有可能损害政府营销项目的形象,导致政府营销计划的损失甚至是失败。

据中新网朔州2012年8月18日消息,为进一步扩大山阴在全国乃至世界的知名度和影响力,山西省山阴县委、县政府举办的首届山阴"奶牛选美大赛"于当日正式启动。

据山阴县县长南志中介绍,近年来山阴白色乳品、绿色生态和黑色煤炭"三色经济"同步推进,特别是奶牛乳品业已成为山阴县的支柱产业。为此,力争把大赛办成富有时代气息,具备地域特色文化的盛事,进一步打造山阴"奶牛"文化品牌。

在活动现场,山阴县县长南志中向美籍华人高娓娓女士赠送一头奶牛参与角逐,并向其颁发荣誉村民证书,二人携手齐倒牛奶塔,成为活动亮点。且据高娓娓介绍,大赛的冠军奶牛将与美国华尔街公牛"结为夫妻",把山阴的奶牛文化宣传到全世界。

活动接近尾声时,8位身着比基尼的女郎一登场亮相便引来阵阵欢呼,她们首次作为"牛模"的感觉非常奇妙。"以前经常参加的是车模或者是礼仪之类的。第一次做牛模比较紧张,而且很害怕。"一位模特如是说。

该活动图片新闻在互联网上一度很是吸引眼球,但也遭到很多批评,影响到了当地政府的形象。有微博评论:恭贺山西朔州山阴县!你们为中华民族增添了第五项伟大发明:在美女身上发现了奶牛的基因。//离奇!奶牛和比基尼小姐有什么关系?难道奶牛见到比基尼小姐产奶数量和质量会提高?不会掺加类似三聚氰胺之类的蛋白质?

跟踪事件的后续发展与效果,发现根本没有做大做强山阴乳品行业,不仅没能将山阴的奶牛文化宣传到全世界,甚至连传到全中国都没有做到。县政府主办奶牛大赛并没有错,但活动之中插入比基尼模特表演、冠军奶牛与华尔街公牛"结为夫妻"等设计,显得十分恶俗。应该说,作为县政府的主办方没有尽到规范活动参与方的责任,没有审查活动参与方的方案。

### 3. 政府公共产品提供者的行为监控

处于效率和公正方面的原因,公共产品一般采取政府管制下的垄断性经营。公共产品的经营者应该按照服务公众的原则,努力降低成本,为社会公众提供质优价廉的产品和服务。但是在实际经营活动过程中,政策性垄断行业的经营者和自然垄断性产品的提供者,经常处于自身利益的需要,置公共利益于不顾,不是将精力放在努力降低成本上,而是有意隐瞒成本甚至是抬高成本实现产品涨价的目的,西方经济学家描绘的"政府管制俘虏"现象在中国也反复出现,与政府监管人员合谋,谋取少数团体和个人的私利,损害公众利益和政府形象。

价格听证会被演绎成涨价听证会就是这一普遍现象的典型反应。2009年12月份,在哈尔滨水价听证会上,消费者代表怒扔矿泉水瓶才获得反对水价上涨的发言机会,引起了社会公众的强烈关注。有消费者评论说,消费者扔掉的其实不是矿泉水瓶而是政府形象。虽然国家发改委在《政府制定价格听证办法》中规定,听证会参加人中消费者人数不得少于听证会参加人总数的五分之二。但许多听证会上消费者代表的人数却始终停留在五分之二的门槛上。听证会本来应该让各方代表充分发表意见。但听证会上常见的景象是,经营方和支持涨价的代表通常会被安排在前面发言,发言时间也没有限制。而反对涨价的代表则很少有发言机会,发言时间也经常被主持人严格限定在几分钟之内,超时即被叫停。

在郑州街头,有不少地方都建有环卫工休息室。看样子,是让环卫工在劳累时临时休息,或者是刮风下雨时躲避一下。很多人觉得这样的休息室关爱环卫工,很人性化,很温暖。然而,映象网记者调查发现,在郑州市中原区和二七区,多个路段的环卫工休息室从来没有开过,也不允许环卫工进入。

2016年12月25日一大早,天空中便下起了淅淅沥沥的雨夹雪,郑州街头的室外气温降到2摄氏度。然而,在街头专门为环卫工修建的环卫工休息室一个个是铁将军把门。环卫工们一个个缩着脖子,要么打着雨伞,要么披着雨披,一律站在寒风中的街头。有的实在扛不住严寒,只好躲进公交车候车亭或沿街商铺门口房檐下躲雨避寒。

经过询问,多数环卫工表示,修建的环卫工休息室,就是一个摆设,起初就没打算让环卫工进去休息,"只是在上面领导进行检查时,才会找几位环卫工坐进去应付检查,等领导一走,马上把人撵出来"。一位环卫工偷偷地说:"环卫工休息室,只有在每月的发工资的那一天才开一次门。领导坐在里边,门口用一张桌子堵着,俺站在外面领工资!其他时间就别想!"

# 四、评估政府营销绩效

## (一)政府绩效评估的提出与发展

### 1. 西方政府绩效评估的起源与发展

绩效评估最早起源于企业管理中泰勒以提高生产效率为目标的管理实践与理论总结。1881年,泰勒开始在米德维尔钢铁厂进行劳动时间和工作方法的研究,为以后创建科学管理奠定了基础。1898年泰勒以顾问身份在伯利恒钢铁公司开展著名的"搬运生铁块试验"和"铁锹试验"。1901年,泰勒转型从事义务管理咨询、写作和演讲工作,推广科学管理。1903年,泰勒出版《工厂管理》,1911年,他发表了《效率的福音》,并出版了《科学管理原理》。

政府绩效评估最早可以追溯到1906年布鲁尔(Bruere)等人发起成立的美国纽约市政研究院及其开展的绩效评价实践。赫伯特·A·西蒙和他的导师克拉伦斯·E·里德利进行了市政效率的研究,于1938年出版了《市政活动的测量》。美国政府在20世纪四五十年代开展绩效预算、成本和财政管理改革,以控制政府支出,提高行政效率。这些都属于政府绩效管理的早期探索。

20世纪70年代以来,西方国家兴起的"新公共管理"运动有力地推动了政府绩效评估的全面开展,评估导向从简单追求效率转向全面追求经济、效率和效益3E(Economy, Efficiency, Effectiveness)。1979年,撒切尔夫人执政后推出了"雷纳评审""部长管理信息系统"和"财务管理新方案"。1973年,美国尼克松政府颁布了"联邦政府生产力测定方案"。澳大利亚、加拿大、新西兰等国家也开始实施政府绩效评估。这一时期的西方政府绩效评估借鉴了企业管理中的360°绩效考核,突破以政府自身为评估主体的传统做法,引进公民、直接受益群体及外部评价主体,关注政府外部市场和公民的满意程度。

20世纪90年代以来,西方国家的政府绩效评估进入依法规范阶段,1993年,美国成立了国家绩效评估委员会,通过了《政府绩效与成果法》,这是世界范围内的第一部政府绩效评估法律。美国绩效研究机构Compel研究所建立了包括财政管理、人事管理、信息管理、领导目标管理和基础设施管理等五个方面内容的评估体系,并运用于50个州的政府绩效评估。英国颁布了《绩效审计指南》,英国地方自治绩效委员会构建了包括居民应对、住宅供给、环境等17个领域280多个指标的地方自治绩效评估体系。由欧盟一些成员国的专家组成的公共服务创新小组推出了适用不同部门及环境的通用评估框架(Common Assessment Framework,简称CAF),内容包括领导力、战略与规划、人力资源、伙伴关系与资源、流程与变革等五项促进要素,以及员工、顾客(公民)、社会、关键绩效等四项结果要素。该评估框架得到了欧盟成员国的普遍认可,取得了广泛的国际影响。评估导向在以前3E的基础上,加入公平性(Equity),成为注重经济、效率、效益和公平的4E。

### 2. 中国政府绩效评估的探索与发展

中国政府绩效评估最早源于建国初期的"干部鉴定"和"干部考察",以保证选拔的干部身份和立场的政治纯洁性。1949年11月,中央组织部制定了《关于干部鉴定工作的规定》,1953年11月,中共中央做出《关于审查干部的决定》,1953年,毛泽东提出干部"又红又专"标准。但"文革"期间干部考核鉴定工作中断。

十一届三中全会以后,干部考核工作得到重视,1979年11月,中央组织部制定了《关于实行干部考核制度的意见》。1993年,国务院颁布了《国家公务员暂行条例》,标志着公务员制度正式建立,2006年1月1日,《中华人民共和国公务员法》正式实施,对履行公职、纳入国家行政编制、由国家财政负担工资福利的工作人员,归入规范的公务员的管理,以加强对公务员的监督,建设高素质的公务员队伍,促进勤政廉政,提高工作效能。

1991年,我国学界开始使用"绩效评估"概念,但评估对象是图书馆专业人员和科研所,并不是政府机关和人员。2004年3月,国务院颁布了《全面推进依法行政纲要》,首次采用了"绩效评估概念",但范围限于行政执法领域。9月份,十六届四中全会通过了《中共中央关于加强党的执政能力建设的决定》,提出了和谐社会的概念和建设任务,这被看成是广泛意义上的政府绩效。10月26日,国务院全体会议将"建立健全公共产品和服务的监管和绩效评估制度,简化程序,降低成本,讲求质量,提高效益"写进了新修订的《国务院工作规则》,这标志着政府绩效概念得到中央政府认可并付诸实施。12月份,高校首家政府绩效评价机构——兰州大学中国地方政府绩效评价中心成立。2005年3月30日,国务院常务会议讨论并通过《国务院2005年工作要点》,明确指出要"建立科学的政府绩效评估体系和经济社会发展综合评价体系。"2006年9月全国政府绩效管理研究会暨政府绩效评估与行政体制改革理论研讨会在兰州大学召开,政府绩效的实践探索和理论研究进入实质性探索。

自20世纪90年代以来,中国政府绩效评的理论与实践探索,呈现出以下阶段主题和发展脉络。

(1) 领导干部经济责任审计。经济责任审计工作是伴随着我国经济、政治体制改革的不断深入和民主法治建设的大力推进,借鉴国有企业厂长经理离任审计经验逐步建立和发展起来的。1997年山东省菏泽市对领导干部尝试离任审计,拉开了领导干部经济责任审计序幕。1999年5月中共中央办公厅、国务院办公厅关于印发《县级以下党政领导干部任期经济责任审计暂行规定》的通知。到2014年全国各级审计机关对各层次、各类别领导干部的经济责任审计已经全面展开,包括省部级领导干部经济责任审计也已常态化、制度化,形成了以任中审计为主,任中审计与离任审计相结合的审计模式,逐步建立起了重要领导干部任期内的轮审制度。2014年7月,中央纪委机关、中央组织部、中央编办、监察部、人力资源和社会保障部、审计署、国务院国资委联合印发了《党政主要领导干部和国有企业领导人员经济责任审计规定实施细则》,全面持续深入推进领导干部经济责任审计。

(2) 效能建设与效能督查。1994年,按照中纪委监察部的部署,福建省在福安市开展行政效能监察试点,1995年推广到福建全省。为了加强监察工作,保证政令畅通,维护行政纪律,促进廉政建设,改善行政管理,提高行政效能,1997年5月,全国人大通过《中华人民共和国行政监察法》。1999年,福建省率先将效能督查拓展为效能建设,通过对政府机关履行职责和管理活动的效率、效益、效果进行全面考评。

2000年2月江泽民提出中国共产党始终代表中国先进生产力的发展要求、中国先进文化的前进方向、中国最广大人民的根本利益的"三个代表"重要思想。为贯彻"三个代表"重要思想,全国各地开展了全面持续的机关效能建设,并与效能督查紧密结合,采取明察暗访等多种形式,形成了机关作风效能督查机制。

在此期间,各地开展了多种形式的政府效能建设与评议探索。1994年,烟台市针对城市社会服务质量差的问题,在市建委系统试行"社会服务承诺制"。1998年,厦门市颁布实施《厦门市民主评议行业作风暂行办法》,沈阳市开展"市民评议政府"活动。1999年起南京市开展"万人评议政府"活动。2000年,邯郸市开展"市民评议政府及部门问卷调查活动",广州市开展"市民评政府形象"活动。2001年辽源市开展"万名市民评议政府活动"。2002年,温州开展市民对"48个市级机关部门满意度测评调查",邵阳市开展"优化环境综合测评"。2003年,北京开展了"市民评议政府活动",湖南湘潭市开展社会公认评估活动,77个市直单位领导班子要通过社会公认评估过关。2004年西安市开展"网民热议西安发展十大教训"活动等。

(3) 科学发展水平考核。2009年6月底,中共中央办公厅印发了《关于建立促进科学发展的党政领导班子和领导干部考核评价机制的意见》,7月,经中央批准,中央组织部制定了《地方党政领导班子和领导干部综合考核评价办法(试行)》、《党政工作部门领导班子和领导干部综合考核评价办法(试行)》、《党政领导班子和领导干部年度考核办法(试行)》等三份文件,全国各地开展了以科学发展水平和主要内容的政府绩效考核。

(4) 政府综合绩效考核。2013年11月召开的十八届三中全会提出"完善发展成果考核评价体系""严格绩效管理,突出责任落实,确保权责一致"。为贯彻落实党的十八大和十八届三中全会关于改革和完善干部考核评价制度,完善发展成果考核评价体系的精神,促进各级领导干部树立正确的政绩观,推动经济社会科学发展,经中央同意,中央组织部12月发布了《关于改进地方党政领导班子和领导干部政绩考核的通知》,明确要求:

政绩考核要突出科学发展导向。地方党政领导班子和领导干部的年度考核、目标责任考核、绩效考核、任职考察、换届考察以及其他考核考察,要看全面工作,看经济、政治、文化、社会、生态文明建设和党的建设的实际成效,看解决自身发展中突出矛盾和问题的成效,不能仅仅把地区生产总值及增长率作为考核评价政绩的主要指标,不能搞地区生产总值及增长率排名。中央有关部门不能单纯以地区生产总值及增长率来衡量各省(自治区、直辖市)发展成效。地方各级党委政府不能简单以地区生产总值及增长率排名评定下一级领导班子和领导干部的政绩和考核等次,即破除了考核的唯"GDP"论。

完善政绩考核评价指标。根据不同地区、不同层级领导班子和领导干部的职责要求,设置各有侧重、各有特色的考核指标,把有质量、有效益、可持续的经济发展和民生改善、社会和谐进步、文化建设、生态文明建设、党的建设等作为考核评价的重要内容。强化约束性指标考核,加大资源消耗、环境保护、消化产能过剩、安全生产等指标的权重。更加重视科技创新与教育文化的考核,更加重视劳动就业、居民收入、社会保障、人民健康状况等居民福祉的考核。对限制开发区域不再考核地区生产总值。对限制开发的农产品主产区和重点生态功能区,分别实行农业优先和生态保护优先的绩效评价,不考核地区生产总值、工业等指标。对禁止开发的重点生态功能区,全面评价自然文化资源原真性和完整性保护情况。对生态脆弱的国家扶贫开发工作重点县取消地区生产总值考核,重点考核扶贫开发成效。

加强对政府债务状况的考核。把政府负债作为政绩考核的重要指标,强化任期内举债情况的考核、审计和责任追究,防止急于求成,以盲目举债搞"政绩工程"。注重考核发展思路、发展规划的连续性,考核坚持和完善前任正确发展思路、一张好蓝图抓到底的情况,考核积极化解历史遗留问题的情况,把是否存在"新官不理旧账""吃子孙饭"等问题作为考核评价领导班子和领导干部履职尽责的重要内容。

加强对政绩的综合分析。辩证地看主观努力与客观条件、前任基础与现任业绩、个人贡献与集体作用,既看发展成果,又看发展成本与代价;既注重考核显绩,更注重考核打基础、利长远的潜绩;既考核尽力而为,又考核量力而行,全面历史辩证地评价领导班子和领导干部的政绩。注意识别和制止"形象工程""政绩工程",防止和纠正以高投入、高排放、高污染换取经济增长速度,防止和纠正不作为、乱作为等问题。

选人用人不能简单以地区生产总值及增长率论英雄。要按照好干部的标准,根据干部的德才素质、工作需要、群众公认等情况综合评价干部,注重选拔自觉坚持和领导科学发展、成绩突出、群众公认的干部。不能简单地把经济增长速度与干部的德能勤绩廉画等号,将其作为干部提拔任用的依据,作为高配干部或者提高干部职级待遇的依据,作为末位淘汰的依据。

实行责任追究。制定违背科学发展行为责任追究办法,强化离任责任审计,对拍脑袋决策、拍胸脯蛮干,给国家利益造成重大损失的,损害群众利益造成恶劣影响的,造成资源严重浪费的,造成生态严重破坏的,盲目举债留下一摊子烂账的,要记录在案,视情节轻重,给予组织处理或党纪政纪处分,已经离任的也要追究责任。

规范和简化各类工作考核。加强对考核的统筹整合,切实解决多头考核、重复考核、繁琐考核等问题,简化考核程序,提高考核效率。精简各类专项业务工作考核,取消名目繁多、导向不正确的考核,防止考核过多过滥、"一票否决"泛化和基层迎考迎评负担沉重的现象。中央管理的领导班子和领导干部当年开展专项学习教育活动或换届考察、巡视的,可不再重复进行年度考核,根据年度工作情况,综合运用专项活动督导以及换届考察、巡视等成果形成年度考核意见。

各地区各部门要按照本通知精神,完善考核评价制度,抓紧清理和调整考核评价指标,废止不符合中央要求的制度规定,树立正确的考核导向,使考核由单纯比经济总量、比发展速度,转变为比发展质量、发展方式、发展后劲,引导各级领导班子和领导干部牢固树立"功成不必在我"的发展观念,做出经得起实践、人民、历史检验的政绩。

## (二)政府营销绩效评估的创建

政府绩效的评估已经进入了完善阶段,但是政府营销绩效的考核还几乎是一个空白领域。既没有政府明确规定的官方考核要求与考核指标体系,也缺乏学界的系统研究,公开文献中仅有少数关于政府旅游营销、政府网站和电子政务绩效评估的文章。

政府营销绩效理论研究和考核实践缺乏的原因,倒也非常容易理解:政府营销的实践探索时间还不长,政府营销绩效的积累尚不充分,更没有形成系统和公认的经验,理论研究还刚刚开始,政府官方认可尚有待时日。

然而,由于中央政府和很多地方政府已经在政府营销上持续投入了不少人力、物力和财力,应该对这些投入的绩效进行评估,以向纳税人和相关利益各方进行报告和交代;未来,中央政府和地方政府还需要继续开展政府营销活动,对已经实施和正在实施的政府营销活动进行绩效评估,可以为将来更好地开展政府营销活动,提供借鉴和依据。因而开展政府营销绩效评估的探索,确实具有必要性。因此,本章在此进行一些探索。

## 1. 政府营销绩效评估的内容

我们认为凡是投入资源开展的所有活动都应该进行绩效评估。原则上政府营销绩效考核的内容范围包括所有的政府营销活动领域。具体来说,政府营销绩效考核的范围,与政府营销的产品范畴具有密切的关系。我们将结合政府营销的八大产品范畴,再加上政府营销沟通与形象传播、公共事件和节事营销的绩效评估,形成政府营销绩效评估的10项内容:

(1) 竞选纲领/施政纲领的绩效评估。竞选纲领是事关政府元首竞选人能否竞选成功的重要因素,在竞选之前就需要预估选民的投票意愿,制定与之相结合的竞选纲领,并通过竞选纲领的持续营销,扩大选民的认同广度与程度,争取竞选成功。而最终是否竞选成功,也就成为检验竞选纲领的实践标准。竞选成功后的施政纲领与竞选纲领有一致的地方,也存在一些差异。比如,施政纲领比竞选纲领内容更广泛、更系统,竞选纲领是描绘性的,在竞选阶段并不能实施,因而选民只能根据其想象或预估的效果进行投票,而无法真实看到其实施效果。施政纲领是实施性的,选民和公民是能够真实感受和评价其实施效果的。在选举制国家,施政纲领的执行效果能否得到公民和选民认可,关系到执政者能否继续执政。因此,执政者自己需要对施政纲领进行实施前预估、实施中评估和实施后检讨。

(2) 公共政策的绩效评估。公共政策虽然不像竞选纲领和施政纲领一样能够直接影响到能否取得和保持执政权,但是对于政府价值和政府形象的意义仍然直接和巨大。因此,对于公共政策实施前的绩效预估、实施中的绩效检查和实施后的绩效评估是必须开展的。这样,公共政策才能更好地汇聚民意与民智,更好地发扬民主,更好地尊重民权,更好更多地惠及民生,更快更多地得到人民的理解和支持。

(3) 公共产品/公共服务的绩效评估。为公民提供优质高效的公共产品和公共服务是政府这个公共部门义不容辞的职责。公共产品和公共服务的提供,无论是政府部门自己提供、国有的公共事业部门或企业提供,还是通过政府购买的方式由私营企业市场化提供,都需要耗费财政资金,都需要耗费纳税人的赋税,因此,是否以较为经济的投入为公民提供了数量充足质量优良的公共产品和服务,需要进行绩效评估。

（4）环境资源营销的绩效评估。政府在利用公共资源打造投资营商环境、旅游观光环境、就业工作环境和人居生活环境等方面是否取得了良好的效果,是否得到了企业家、游客、从业者和居民的良好评价,都需要进行绩效评估。

（5）物产资源营销的绩效评估。工农业产品的营销虽然主要是企业的工作,但是政府也应该提供必要的支持和帮助。特别是农产品、土特产品、畜产品、林产品和矿产品等具有独特价值的国家或地方资源,需要政府进行保护、扶持和推广,以保证资源的有序开发和可持续性开发,避免资源的过度开发和破坏性开发。政府在物产资源的保护和营销推广方面的绩效评估因此具有现实和未来意义。

（6）知识产权营销的绩效评估。政府在鼓励科技成果的产生和转化、专利技术和著作版权的保护与利用、文化艺术和非物质文化遗产的保护与传承、文物宝藏的保护等方面具有重要的不可替代的责任和作用,政府有责任有义务保护好全民族的这些精神财富,通过绩效评估和绩效报告的方式向国民汇报政府在民族精神财富保护和利用方面的成绩。

（7）人力资源营销的绩效评估。"为人民服务""执政为民"是中国政府的执政理念。归根结底,政府的所有工作都是为了人民。国民义务教育、劳动能力和技能培养、医疗卫生健康保障是培养劳动力资源和人才资源的重要基础,是政府必须提供的基本公共服务。一个国家一个地区的政府在教育和医疗方面的工作绩效,事关民族发展和民生福祉,是需要持续进行评估并向人民报告的。

（8）行为规范营销的绩效评估。创建文明礼貌的行为规范、塑造和谐友善的社会风尚,既需要国民个人、家庭和社会的努力,也需要政府的努力。因此,政府需要和社会一起劝阻粗俗行为、危险行为和浪费行为,倡导文明行为、安全行为和节约行为,倡导有益社会行为,劝阻损害社会行为。在这方面需要也不难做出绩效评估。

（9）政府营销沟通与形象传播绩效评估。为推广政府营销项目,需要进行具有针对性的营销沟通,为了塑造政府形象,需要进行必要的形象传播。而这都会花费不少的广告与公关等宣传费用,这些费用一般会占到政府营销费用的较大比例。这些费用资源的使用效果如何,需要进行调研评估。

正常情况下,政府营销项目的沟通效果,需要调研评估公众的认知度、信任度和行动度,三者的效果是逐次递进的,数值越高证明效果越好。

政府形象的传播效果,通常需要调研公众的认知度、公信度、美誉度和忠诚度四项指标,四项指标也是逐次渐进的,形象认知度是基础,没有认知度就没有后面的三度。公信度是关键,没有公信度就没有政府的权威性和公信力。美誉度是认知度和公信度的提升,是具有公信度的政府形象的公民自发的口碑传颂。忠诚度是政府形象的最高境界,是公民对政府形象的广泛认知、高度信任、热情称赞和行为忠诚的集中表现。卓越的政府形象,应该达到大多数人民的忠诚境界。没有达到这种境界,就需要经常检查自己,不断努力提升政府在人民心目中的价值,不断地提高政府的形象。达到了这种最高境界,也要不断提醒自己,注意保持,毫不松懈。

(10) 公共事件和节事营销绩效评估。举办体育赛事、国际会议、文化盛会和节事营销,是快速提升国家、地方和城市形象与影响力的推进器和放大器,因而具有非常重大的价值,是需要重点把握和争取的重要机会。但是,这类政府营销事件不仅要花费大量的媒介宣传与公关传播费用,还要花费数量金额更大的基础设施和场馆建设费用,需要支出不菲的环境保护和安全保护费用。能否以最经济的费用投入获得最好的效果,实现绿色营销,需要分阶段实施绩效评估。

根据上述分析,可见政府营销绩效评估的内容是十分丰富而复杂的,因此,政府营销绩效评估的方法和指标体系就不能是笼统的,不可能有适用各种评估内容的万能方法和通用指标,需要根据评估内容的具体特征进行针对性设计,这也是政府营销绩效评估具有复杂性和挑战性的主要原因之一。

## 2. 政府营销绩效的客观特征

正确认知政府营销绩效的客观特征,对于政府营销绩效评估的思想准备、组织准备、导向确立和方法选择具有基础性意义,是正确有效地做好政府营销绩效评估的基础。在这里,我们将政府营销绩效的客观特征总结归纳为以下 3 个方面:

(1) 绩效显现时间的滞后性与延续性。政府营销实施需要一定的过程,公众对政府营销项目的接受认知、理解认可、态度支持或转变、直到行动参与,也需要一定的时间,难以呈现政府振臂一呼迅即一呼百应,达到立竿见影的效果。因此,政府营销绩效的显现就表现出时间上的滞后性。而当政府营销绩效效应出现以后,也不会马上消失,还会继续存在一段时间,表现出一定的延续性。所以,政府营销绩效的事后评估,也需要在政府营销绩效显现之后开展，不能急于实施，否则会看不到成效。

（2）绩效形成机制的交叉性与复合性。政府营销绩效的形成机制是比较复杂的，单一因素的直接作用只是一种理论上的理想化的假设，在实际形成过程中，既需要多种力量的共同推动、相继作用和交叉作用，也可能遇到其他因素的反向作用，从而呈现出绩效形成机制的交叉性和复合型。但是，要将每一个影响因素的作用方向、作用力度、作用时间和作用效果，一一精确量化分析出来，从数据收集与分析，到因素循环替代分析，都是非常困难的事，因此在精准量化分析客观上难以做到的背景下，在政府营销项目的设计和实施过程中采用模糊控制，在绩效评估过程中采用乏晰逻辑分析就是必要的了。

（3）绩效表现形式的多样性与多效性。政府营销绩效在表现形式上往往并不是单一的，而是多样的、多效的，既有这样的效果，也有那样的效果，既有多种正面积极效果，也可能存在一定的负面效果，既有可能使得大多数人受益从而表现出满意，也有可能另一部分人没有受益从而表现出不满意甚至抱怨、投诉、抗议。既有可能解决了一定的问题，但又形成了一些新的问题，有待进一步解决与完善。因此，政府营销绩效的评估，既要全面总结分析，又要抓住主流；既要依据项目设定的目标任务进行评估，也要根据项目实施后的实际结果进行实事求是的客观反映。

### 3. 政府营销绩效的评估导向

明确和坚持政府营销绩效评估的导向，对于正确开展政府营销绩效评估，正确对待和解决政府营销绩效评估中的实际问题，得出符合客观实际的绩效评估结论，具有方向性的前提意义。在这里，依据政府绩效评估专家的共同认知，结合我们自己对政府营销绩效的研究，提出以下4个评估导向：

（1）目标任务导向。目标任务特别明确的政府营销项目，需要依据目标任务导向开展进行绩效评估。这关系到该政府营销项目是否达成了预先的目的，是否完成了立项确定的任务。这类政府营销项目绩效评估不以目标任务导向进行评估，就会偏离方向，就不能得出客观的结论。

与目标任务导向评估相对应的是非目标任务导向评估，非目标任务导向评估不以项目确定的目标任务为绩效评估依据，而是以项目实施后的结果为评估依据，要求全面关注项目实施结果，尤其是一些可能被忽视的结果，或者一些不愿看到的负面结果。因此，非目标任务导向的绩效评估也是需要的。

我们这里强调坚持政府营销绩效评价的目标任务导向，不是要否定非目标任务导向，也不是说要忽略与目标任务无关的结果甚至是负面结果，而是说，任何项目方案都不是万全之策，都不可能一次满足所有任务要求，解决所有问题而不存在任何问题，因此需要坚持主流方向，关注与目标任务相关的主要成果。这才是绩效评估的正确态度，否则评估会陷于没有目标任务方向的盲人摸象，形成对绩效评估的主观好恶评判。

（2）公共利益导向。政府是公共组织的特性决定了政府所有工作包括政府营销工作，都是以公共利益为最高准则的。尽管在实际中，存在少数利益集团为维护其利益而企图左右政府政策和政府决策的情况，但是政府的职能就是维护公共利益，就是要阻止少数利益集团损害公共利益的行为发生，一个被少数利益集团控制的政府注定不会获得公民的长远支持，取得永久合法执政地位。政府营销是公开性的公益事业，其最高准则就是维护和增进国家利益和民族利益。在政府营销绩效评估中坚持公共利益导向，是毋庸置疑的。

（3）用户满意导向。用户满意是市场营销的重要价值观，也是政府营销的重要价值观。树立用户导向观念，是政府定位和执政理论的根本性转折和历史性进步，将政府与人民之间的统治与被统治、管理与被管理的关系，改变为平等的关系，是政府服务人民的关系，是人民作为顾客和用户以纳税人的身份购买政府公共服务的关系，是以国家主人身份享受政府服务的关系。在西方资本主义国家，这种转折和改变是由"新公共管理运动"和"政府再造运动"带来的。在中国，是由中国共产党执政的人民政府的性质和使命决定的。"为人民服务""执政为民""权为民所用，利为民所谋"等中国国家领导人的执政理念与市场营销中的用户至上观念是相通的，在政府营销的语境里，就是用户满意概念。在政府营销绩效的评估中，就是用户满意导向。

（4）四 E 兼顾导向。在绩效评估理念全面进步和评估技术手段提升的当代，政府营销绩效的评估，尤其是重大政府营销项目的绩效评估，需要且可以坚持兼顾经济、效率、效益和公平的 4E 导向（Economy, Efficiency, Effectiveness, Equity），实现更加全面更加系统的评估。这一点在前面的政府绩效评估里已经有较为细致的分析，这里不再复述。

**4．政府营销绩效的评估主体**

政府营销绩效评估必须有明确的评估主体，必须选择正确的评估主体，才能得出客观公正的评价。评估主体及其评估对象主要有以下 4 种类型：

（1）上对下评估。上级政府对下级政府、上级政府领导对下级政府成员进行评估。一般在政府营销目标任务需要层层分解、层层落实的政府营销项目中,下级的绩效评估需要采用这种方式。

(2)下对上评估。下级政府对上级政府、下级政府成员对上级政府领导、公民对政府部门、对政府领导和工作人员进行评估。一般在政府机关作风和政府形象评估中采用这种方式。

(3)第三方评估。评估意见是否客观公正,与评估主体和评估对象及其服务对象之间的关系存在密切的关联。与这两者均无关系的独立第三方,应该是最客观公正的。

从西方国家政府"第三方评估"的实际看,第三方是指处于第一方(被评估的对象)和第二方(被评估对象的服务对象)之外的一方。由于"第三方"与"第一方""第二方"都既不具有任何行政隶属关系,也不具有复杂的利益关系,所以一般也会被称为"独立第三方",他们通常是非政府组织,是专业的评估机构或研究机构,具备"第三方"独立性、专业性、权威性的要求。

在我国,政府绩效评估的"第三方"存在多种理解。包国宪教授认为:第一方评价是指政府部门组织的自我评价,第二方评价是指政府系统内上级对下级做出的评价,这都属于内部评价,而第三方评价是指由独立于政府及其部门之外的第三方组织实施的评价,也称外部评价,通常包括独立第三方评价和委托第三方评价。学者倪星等认为,在第三方评估中,第一方评估是指政府内部评估,第二方评估是指来自普通公众的外部评估,不同于这两方的是独立的专业性机构的评估。而程祥国、李志则认为,第三方评估是区别于由政策制定者和执行者进行的评估。

在我国政府营销绩效评估中,也越来越多地采用第三方评估。2015年7月,为全面了解党中央国务院"稳增长促改革调结构惠民生"系列重大政策措施贯彻落实情况,国务院就部分政策措施落实情况安排了第三方评估,通过竞争性遴选,确定委托中国科学院、国务院发展研究中心、国家行政学院等独立第三方开展评估。

(4)360°评估。政府营销绩效的评估,有时还需要更多的评估主体参与,实现更加全面的评估。原在企业管理中采用的360°评估方法因此被引进过来。360°绩效考核法又称全方位绩效考核法或多源绩效考核法,是指从与被考核者发生工作关系的多方主体那里获得被考核者的评价信息,以此对被考核者进行全方位、多维度的绩效评估的过程。这些信息的来源包括:来自上级监督者的自上而下的反馈(上级);来自下属的自下而上的反馈(下属);来自平级同事的反馈(同级);来自组织内部的支持部门和供应部门的反馈(支持者);来自组织内部和外部的客户的反馈(服务对象);以及来自本人的反馈。这种绩效考核过程与传统的绩效考核和评价方法最大的不同是它不仅仅把上级的评价作为员工绩效信息的唯一来源,而是将在组织内部和外部与员工有关的多方主体作为提供反馈的信息来源。

5. 政府营销绩效的评估方式

要想取得优异的绩效,仅凭事后的结果评估是不够的。正如企业管理当中,质量管理靠产品生产出来之后的检验,是远远不够的。政府营销绩效的评估也需要关口前移,在营销项目实施前的论证做起,延续到实施过程中的检查,并落实到实施后的评估。

(1) 事先论证评估。为保证取得优异的绩效,政府营销项目在正式实施之前需要进行方案的论证评估,确认方案不存在问题,具有可行性和效益型,才能付诸实施。如果项目方案在实施之前没有经过论证,项目的绩效就是胸中无数的,模糊不清的,甚至是负面的。在这个意义上来说,项目绩效是在项目设计之时就基本注定的,而不是事后评估出来的。

(2) 事中检查评估。政府营销项目在执行过程中,通常会存在很多问题,并影响到项目绩效的最终形成,因此,有必要加强项目实施过程的检查,解决影响绩效达成的问题,管控项目绩效预期,确保项目朝着最好的绩效方向与目标发展。

(3) 事后结果评估。在政府营销项目实际执行以后,对于已经形成的客观绩效结果开展公正的评估,这是绩效评估的最后环节,也是最常用的绩效评估方式。

6. 政府营销绩效的评估方法

由于政府营销绩效评估内容的复杂多样性、数据资料取得的困难性,决定了政府营销绩效评估需要根据评估内容的具体特征和具体要求,选用评估方法。总体而言,评估方法主要分为定性评估和定量评估2种。

(1) 定性评估方法。采用定性方法对政府营销绩效进行评估,既有项目自身定性评估的需要,也有数据资料难以及时准确系统收集,不能进行精准的定量分析,只能进行定性分析的原因。政府营销绩效评估常用的定性方法主要有:

① 网络民意调查法。利用互联网和电子政务的便利,通过网络民调系统或电子评估系统收集和分析公众对于政府营销项目的感受评价,既可以发布正式的网络问卷进行调查以收集信息,也可以通过收集社交媒体的言论和评论收集信息。

② 德尔菲法。德尔菲法又名专家意见法,是依据系统的程序,采用匿名发表意见的方式,即专家之间不得互相讨论,不发生横向联系,只能与调查人员发生关系,通过反复填写问卷,以集结问卷填写人的共识及搜集各方评估意见。

③ 逻辑框架法。逻辑框架法是美国国际开发署在1970年开发并使用的一种设计、计划和评价方法。已经有三分之二的国际组织把它作为援助项目的计划、管理和评价方法。这种方法从确定待解决的核心问题入手,向上逐级展开,得到其影响及后果,向下逐层推演找出其引起的原因,绘制成"问题树"。再将"问题树"描述的因果关系转换为相应的手段,得到相应的"目标树"。然后通过"规划矩阵"将"目标树"和"问题树"排列起来,通过逻辑分析和手段措施运用,实现问题的解决和目标的达成。

④ 成功度评价法。成功度评价法也叫专家打分法,是依靠评价专家的经验,对照项目立项阶段以及规划设计阶段所确定的目标和计划,综合测评项目各项指标的评价结果,对项目的成功程度做出定性的分析。

(2) 定量评估方法。政府营销绩效评估仅有定性是不够的,还需要尽可能地采用定量评估方法。而随着大数据分析技术的发展,数量评估分析将会越来越便利。常用的定量方法包括:

① 公众满意度测评法。政府营销绩效的公众满意度评价可采用计算公众满意指数来进行。公众满意度指数是各种类型和各个层次具有代表性的公众对政府营销项目满意程度的综合评价指数。通过公众满意度测试,可以获取更加完全和真实的公众评估信息,及时找出政府营销项目建设和运行中所存在的问题,总结经验教训,提升政府营销决策水平,同时提高营销服务体系的开放性和响应度。

② 平衡记分卡方法。平衡记分卡方法是一种整合的绩效评价体系。平衡计分卡方法打破了传统的只注重财务指标的绩效管理方法。平衡计分卡认为,传统的财务会计模式只能衡量过去发生的事情(落后的结果因素),但无法评估组织前瞻性的投资(领先的驱动因素)。现代组织必须通过在客户、供应商、员工、组织流程、技术和革新等方面的投资,获得持续发展的动力。因此,

平衡计分卡方法认为,组织应从顾客、财务、业务流程、创新与学习四个角度审视自身业绩。财务、客户、内部流程、创新学习这四个方面包含了领先指标和滞后指标。财务指标就是一个滞后指标,它只能反映上一财务周期发生的情况,不能告诉组织如何改善业绩和可持续发展。而对于后三项领先指标的关注,可使组织达到领先指标和滞后指标之间的平衡。平衡计分卡所指平衡包含财务指标和非财务指标的平衡、长期目标和短期目标的平衡、结果性指标与动因性指标之间的平衡、组织内部群体与外部群体的平衡、领先指标与滞后指标之间的平衡。平衡计分卡通过战略地图、平衡计分卡以及个人计分卡、指标卡、行动方案、绩效考核量表等直观的图表形式表明部门职责、工作任务与承接关系,能有效解决制定战略和实施战略脱节的问题。

③ 标杆比较评价法。标杆比较评价法(Benchmarking),又称竞标赶超、战略竞标,是将自身项目与国内外先进水平进行对照分析,找出差距,制定和实施改进措施,赶超最佳标杆的绩效管理方法。由于标杆比较注重过程的评价,因而可以应用于政府营销项目的改善中,对项目实施的各个流程进行考核,避免了传统绩效管理模型中只重视"结果考核"的不足。

④ 经济评价法。经济评价法采用包括费用效益分析法、收入成本分析法和成本效用分析法等来进行政府营销绩效的经济性评估。这是最为常见的绩效评估方法,故不必过多介绍。

⑤ 社会评价法。政府营销绩效的社会评价是指从国家和社会整体发展目标出发,全面分析项目对实现所在区域的各项社会发展目标所做的贡献,评价政府营销项目与所在区域环境的相互适应性和可接受程度等。具体有层次分析法、多目标模糊综合评价法等。

# 参考文献

[1] 习近平谈治国理政[M]. 北京:外文出版社,2014.

[2] 中共中央宣传部. 习近平总书记系列重要讲话读本(2016年版)[M]. 北京:学习出版社,2016.

[3] 中共中央文献研究室. 习近平关于全面深化改革论述摘编[M]. 北京:中央文献出版社,2014.

[4] 习近平. 摆脱贫困[M]. 福州:福建人民出版社,1992.

[5] 习近平. 干在实处 走在前列[M]. 北京:中共中央党校出版社,2006.

[6] Kotler P, Keller K. Marketing Management[M]. 13th ed. London: Pearson, 2009.

[7] Kotler P, Armstrong G. Principles of Marketing[M]. 11th ed. London: Pearson, 2006.

[8] 菲利普·科特勒,加里·阿姆斯特朗. 市场营销原理(全球版)[M]. 14版. 郭国庆,译. 北京:清华大学出版社,2013.

[9] 菲利普·科特勒,凯文·莱恩·凯勒. 营销管理[M]. 王永贵,等译. 14版. 上海:格致出版社,上海人民出版社,2012.

[10] 菲利普·科特勒,南希·李. 公共服务:提升绩效之路[M]. 王永贵,译. 北京:电子工业出版社,2015.

[11] 菲利普·科特勒,南希·李. 脱离贫困:社会营销之道[M]. 刘登屹,程勇,译. 北京:电子工业出版社,2015.

[12] 菲利普·科特勒,南希·李. 政府部门如何做营销[M]. 王永贵,译. 北京:中国人民大学出版社,2009.

[13] 菲利普·科特勒,桑基德·加图斯里皮塔克,苏维特·米幸西. 国家营销[M]. 俞利军,译. 北京:华夏出版社,2003.

[14] 菲利普·科特勒,唐纳德·H·海德,欧文·雷恩. 地方营销:城市、区域和国家如何吸引投资、产业和旅游[M]. 翁瑾,张惠俊,译. 上海:上海财经大学出版社,2008.

[15] 菲利普·科特勒,内德·罗佰托,南希·李. 社会营销:提升生活质量的方法[M]. 俞利军,译. 北京:中央编译出版社,2006.

[16] 朱华锋. 政府营销论纲[M]. 合肥:中国科学技术大学出版社,2010.

[17] 朱静.政府营销论[M].北京:社会科学文献出版社,2011.

[18] 朱华锋.中国市场营销策划[M].2版.合肥:中国科学技术大学出版社,2013.

[19] 许本松.国家营销:新加坡国家品牌营销之道[M].杭州:浙江人民出版社,2012.

[20] 韩松洋.网权论[M].北京:电子工业出版社,2015.

[21] 赵可金,孙鸿.政治营销学导论[M].上海:复旦大学出版社,2008.

[22] 姜文芹.政府公共服务营销模式研究[M].北京:中国时代经济出版社,2015.

[23] 保罗·萨缪尔森,威廉·诺德豪斯.经济学[M].14版.北京:商务印书馆,2013.

[24] 厉以宁.西方宏观经济学说史教程[M].北京:中国人民大学出版社,2015.

[25] 约瑟夫·斯蒂格利茨.公共部门经济学[M].3版.北京:中国人民大学出版社,2013.

[26] 方福前.当代西方经济学主要流派[M].2版.北京:中国人民大学出版社,2014.

[27] 俞可平.论国家治理现代化[M].北京:中国社会科学出版社,2014.

[28] 王俊豪.政府管制经济学导论[M].北京:商务印书馆,2001.

[29] 王俊豪.中国垄断产业管制机构的设立与运行机制[M].北京:商务印书馆,2008.

[30] 王俊豪.中国垄断产业结构重组分类管制与协调政策[M].北京:商务印书馆,2005.

[31] 仇保兴,王俊豪.中国市政公用事业监管体制研究[M].北京:中国社会科学出版社,2006.

[32] 戴维·奥斯本,特德·盖布勒.改革政府[M].周敦仁,等.译.上海:上海译文出版社,2006.

[33] Stephen P. Osborne.新公共管理[M].包国宪,赵晓军,等.译.北京:科学出版社,2016.

[34] 珍妮特·V·登哈特,罗佰特·B·登哈特.新公共服务[M].3版.丁煌,译.北京:中国人民大学出版社,2016.

[34] 竹立家,李军鹏.公共管理学[M].北京:经济科学出版社,2012.

[35] 王乐夫,陈干全.政府公共管理[M].北京:中国社会科学出版社,2007.

[36] 唐钧.政府公共关系[M].北京:北京大学出版社,2009.

[37] 孙荣,许洁.政府经济学[M].上海:复旦大学出版社,2007.

[38] 赵启正.公共外交战略[M].海口:学习出版社,海南出版社,2014.

[39] 韩方明.公共外交概论[M].2版.北京:北京大学出版社,2012.

[40] 张国良.传播学原理[M].2版.上海:复旦大学出版社,2009.

[41] 格雷姆·伯顿.媒体与社会:批判的视觉[M].史安斌,译.北京:清华大学出版社,2012.

[42] 项目组.对外传播中的国家形象设计[M].北京:外文出版社,2012.

[43] 范红,郑晨予.国家形象研究[M].北京:清华大学出版社,2015.

[44] 刘朋.中国形象:传播历史与变革[M].北京:经济科学出版社,2012.

[45] 张昆.跨文化传播与国家形象建构[M].武汉:武汉大学出版社,2015.

[46] 李智.中国国家形象[M].北京:新华出版社,2011.

[47] 马克林.我看中国[M].张勇先,吴迪,译.北京:中国人民大学出版社,2013.

[48] 乔舒亚·库柏·雷默.中国形象:外国学者眼里的中国[M].沈晓雷,等.译.北京:社会科学文献出版社,2008.

[49] 杜雁云.美国政府对中国国家形象的认知[M].北京:新华出版社,2013.

[50] 周文辉.城市营销[M].北京:清华大学出版社,2004.

[51] 刘彦平.城市营销战略[M].北京:中国人民大学出版社,2005.

[52] 郭国庆.国家营销与企业发展[J].科技创新与品牌,2010(1).

[53] 郭国庆,钱明辉.加强营销创新 构建和谐社会[J].中国流通经济,2008(3).

[54] 郭国庆,刘彦平,钱明辉.城市营销的机会分析[J].财贸经济,2006(1).

[55] 郭国庆,刘彦平.城市价值的营销学思考[J].北京行政学院学报,2006(4).

[56] 朱华锋.关于政府营销通路设计的探讨[J].安徽科技学院学报,2010(2).

[57] 朱华锋,章军.政府营销价格策略探讨[J].价格月刊,2009(12).

[58] 朱芳菲.政务APP在互联网政务中的技术路径与发展建议:基于"两微一端"的比较分析[J].安徽行政学院学报,2016(3).

[59] 朱芳菲,方刚.新媒介环境下的危机传播案例研究:以5·31延安城管事件为例[J].今传媒,2014(2).

[60] 董从文,杨树立.政府营销与营销政府[J].北方经贸,2005(3).

[61] 董从文,杨树立.政府营销与服务型政府建设[J].哈尔滨商业大学学报(社会科学版),2005(1).

[62] 杨伟文,贺和平.浅论政府营销中的行政价值观[J].当代财经,2004(2).

[63] 徐小佶.试论政府营销[J].管理与效益,1996(3).

[64] 俞亚南.市场营销观念在政府组织行政管理活动中的应用分析:论政府组织行政管理的行为导向观[J].经济与管理,2002(8).

[65] 杨伟文,贺和平.浅论政府营销中的行政价值观[J].当代财经,2004(2).

[66] 朱红亮,李振国.政府营销论[J].市场观察,2003(5).

[67] 池雄标.论政府旅游营销行为的理论依据[J].旅游学刊,2003(3).

[68] 许宁.论政府营销管理[J].福建省委党校学报,2006(12).

[69] 许宁.再论政府营销管理[J].福建省委党校学报,2008(1).

[70] 陈伟,唐含宇.论政府营销及其中国化[J].商丘师范学院学报,2014(5).

[71] 金太军.西方公共行政价值取向的历史演变[J].江海学刊,2000(6).

[72] 兰志勇,陈国权.当代西方公共管理前沿理论述评[J].公共管理学报,2007(7).

[73] 俞鹏.政府营销:政府领导的一种新形式[J].行政论坛,2005(4).

[74] 彭杰.论市场经济条件下政府营销[J].江西农业大学学报(社科版),2005(6).
[75] 李菡芮,李思敏.我国政府营销研究综述[J].现代商业,2015(8).
[76] 何昊,周芳文.国家营销构筑中国软实力[J].生产力研究,2009(21).
[77] 李晓华.国家营销与"中国制造升级"[J].经济管理,2007(11).
[78] 魏国江."中国制造"价值提升中的国家营销研究[J].河北经贸大学学报(综合版),2011(12).
[79] 聂元昆,张海军.论国家营销研究的五个基本理论问题[J].中国商贸,2012(8).
[80] 张海军,聂元昆.国家营销的相关研究及理论评述[J].中国市场,2013(13).
[81] 路长全.国家营销的力量[N].中国证券报,2007-7-11.
[82] 李光斗.软崛起:国家营销之道[J].中国机电工业,2010(1).
[83] 赵可金.美国政治营销的兴起[J].美国研究,2008(2).
[84] 韩松洋.政治营销概念辨析[J].陕西行政学院学报,2014(2).
[85] 石晨旭.政治营销研究综述[J].广告大观理论版,2011(4).
[86] 潘桂娟.西方国家"政治营销"的理论渊源[J]理论界,2014(6).
[87] 章兴鸣.论政府营销的理论基础与公共管理方式的创新[J].河南社会科学,2010(6).
[88] 章兴鸣.论公共部门营销在中国的应用[J].宏观管理,2012(6).
[89] 谭翀.国内"公共部门营销"的相关研究[J].社会科学论坛,2014(4).
[90] 谭翀."政策营销":源流、概念、模式与局限[J].中国行政管理,2013(12).
[91] 谭翀.境外"公共政策营销"研究的文献综述[J].前言,2014(4).
[92] 谭翀,严强.从"强制灌输"到"政策营销"[J].南京社会科学,2014(5).
[93] 章兴鸣.转型期我国公共政策营销研究[J].现代经济探讨,2013(5).
[94] 刘瑾.政策营销研究综述[J].价值工程,2011(4).
[95] 刘凤元.政策营销:经验与教训:以治理白色污染为例[J].商业研究,2007(2).
[96] 陈晓运,张婷婷.地方政府的政策营销:以广州市垃圾分类为例[J].公共行政评论,2015(6).
[97] 李妮.对行政收费规范途径的思考[J].辽宁行政学院学报,2008(12).
[98] 张士伦.经济学理论在旅游景点门票定价中的运用[J].价格月刊,2009(7).
[99] 范红,郑晨予.论国家形象建设的概念、要素与维度[J].人民论坛·学术前沿,2016(2).
[100] 吴献举,张昆.国家形象:概念、特征及研究路径之在探讨[J].现代传播,2016(1).
[101] 姜可雨.建构主义视域下"国家形象"的概念辨析[J].湖北社会科学,2016(5).
[102] 余红,王琨.国家形象概念辨析[J].中州学刊,2014(1).
[103] 夏建萍.政府形象研究综述[J].党政建设,2014(8).
[104] 王宏禹,罗洋.国家营销视角下的中国外交战略分析[J].外交评论,2014(4).
[105] 包国宪,周云飞.中国政府绩效评价:回顾与展望[J].科学性与科学技术管理,2010(7).

[106] 包国宪,孙加献.政府绩效评价中的"顾客导向"探析[J].中国行政管理,2006(1).

[107] 包国宪,董静.政府绩效评价结果管理问题的几点思考[J].中国行政管理,2006(8).

[108] 包国宪,董静.政府绩效评价在西方的实践及启示[J].兰州大学学报(社会科学版),2006(9).

[109] 包国宪,曹西安.我国地方政府绩效评价的回顾与模式分析[J].兰州大学学报(社会科学版),2007(1).

[110] 郑方辉,段静.省级"政府绩效评价"模式及比较[J].中国行政管理,2012(3).

[111] 负杰.中国地方政府绩效评估:研究与应用[J].政治学研究,2015(6).

# 后 记

《政府营销与形象传播》是作者在长期关注政府营销理论与实践发展动态，动态跟踪政府形象传播与社会认知的基础上，结合自身持续长达10余年的教学和研究工作创作而成的。作者在创作期间几乎阅读了中国大陆引进的政府营销方面的所有译著，泛读了中国知网上关于政府营销的大部分文献，精读了政府营销的重要文献，从中吸取了大量的智慧营养和资讯素材，并尽量客观完整地在注释和参考文献中做了标注，但由于数量确实庞大，难免挂一漏万，因此在感谢众多文献贡献者的同时，必须为遗漏而抱歉。

感谢中国人民大学博士生导师郭国庆教授、对外经贸大学博士生导师王永贵教授、上海财经大学博士生导师晁钢令教授、浙江财经大学博士生导师王俊豪教授对作者创作本书的热情鼓励和精心指导。尤其是要特别感谢为本书作序的郭国庆教授，感谢他对作者的热心关怀和大力支持、对推动市场营销教学和研究升级与扩展所做出的无私奉献。

作者身边的诸多领导和专家，对作者和本书创作提供了机会和帮助，在此向吴良仁书记、袁维海教授、江观伙教授、潘理权教授、周业柱教授、周伟良教授、倪东辉教授、许跃辉教授、昂永生教授、张超教授、姜玲玲教授、欧世平教授、倪良新教授、程靖编审和陶方林研究馆员表示衷心感谢。

本书由朱华锋、朱芳菲创作，对本书写作做出贡献的还有郁青、刁李、朱盛毅、章军、罗江、江又明、周爱珠、胡伟、潘松、王景兵、桂金柏、李苡蓉、程妤、邹孟苏、洪俊国，感谢营销名师工作室和营销传播重点学科专业建设团队的所有成员为本书做出的努力与贡献。

本书既适合营销理论研究与教学工作者阅读，也适合对政府营销和政府形象传播感兴趣的实际工作者阅读，既可以从头至尾系统阅读，也可以选择其中部分内容重点阅读。受作者学识水平所限，书中难免存在疏漏和错误，敬请读者批评指正。